Estudos de Arbitragem e Transação Tributária

Estudos de Arbitragem e Transação Tributária

DESAFIOS E PERSPECTIVAS DEBATIDOS NO 1º CONGRESSO INTERNACIONAL DE ARBITRAGEM TRIBUTÁRIA

2021

Coordenadores
Giácomo Paro
Marcelo Ricardo Wydra Escobar
Roberto Pasqualin

ALMEDINA

ESTUDOS DE ARBITRAGEM E TRANSAÇÃO TRIBUTÁRIA
DESAFIOS E PERSPECTIVAS DEBATIDOS NO 1º CONGRESSO INTERNACIONAL DE ARBITRAGEM TRIBUTÁRIA

COORDENAÇÃO: Giácomo Paro, Marcelo Ricardo Wydra Escobar e Roberto Pasqualin

DIRETOR ALMEDINA BRASIL: Rodrigo Mentz

EDITORA JURÍDICA: Manuella Santos de Castro
EDITOR DE DESENVOLVIMENTO: Aurélio Cesar Nogueira
ASSISTENTES EDITORIAIS: Isabela Leite e Larissa Nogueira

DIAGRAMAÇÃO: Almedina
DESIGN DE CAPA: Roberta Bassanetto

ISBN: 9786556272498
Julho, 2021

Dados Internacionais de Catalogação na Publicação (CIP)
(Câmara Brasileira do Livro, SP, Brasil)

CEstudos de arbitragem e transação tributária: desafios e perspectivas debatidos no 1º Congresso Internacional de Arbitragem Tributária / coordenação Giácomo Paro, Marcelo Ricardo Wydra Escobar, Roberto Pasqualin.
1. ed. – São Paulo: Almedina, 2021.

Bibliografia

ISBN 978-65-5627-249-8

1. Arbitragem (Direito) – Brasil 2. Arbitragem (Direito internacional) 3. Direito tributário
I. Paro, Giácomo. II. Escobar, Marcelo Ricardo Wydra. III. Pasqualin, Roberto.

21-65710 CDU-34:336.2(81)

Índices para catálogo sistemático:

1. Brasil: Arbitragem: Direito tributário 34:336.2(81)

Maria Alice Ferreira – Bibliotecária – CRB-8/7964

Este livro segue as regras do novo Acordo Ortográfico da Língua Portuguesa (1990).

EDITORA: Almedina Brasil
Rua José Maria Lisboa, 860, Conj.131 e 132, Jardim Paulista | 01423-001 São Paulo | Brasil
editora@almedina.com.br
www.almedina.com.br

SOBRE OS COORDENADORES

Giácomo Paro

Mestre em Direito Tributário pela USP-SP. Professor do curso de pós graduação do IBDT e do MBA em Gestão Tributária do FIPECAFI. Conselheiro Fiscal do Instituto Brasileiro de Arbitragem e Transação Tributárias – IBATT. Sócio do Souto Correa Advogados.

Marcelo Ricardo Wydra Escobar

Doutor (PUC/SP) e Mestre (Mackenzie) em Direito. Professor de Arbitragem no LLM de Arbitragem do IBMEC e da Extensão em Arbitragem da PUC/SP-COGEAE. Fellow do Chartered Institute of Arbitrators de Londres. Foi Juiz do TIT/SP e Conselheiro Julgador do CMT/SP. Diretor e Cofundador do IBATT. Diretor do CIArb Brazil. Árbitro e Advogado.

Roberto Pasqualin

Advogado tributarista e arbitralista em São Paulo. Presidente do IBATT – INSTITUTO BRASILEIRO DE ARBITRAGEM E TRANSAÇÃO TRIBUTÁRIAS. Membro vitalício do Conselho Consultivo do CONIMA-CONSELHO NACIONAL DAS INSTITUIÇÕES DE MEDIAÇÃO E ARBITRAGEM, que presidiu. Membro do Conselho Diretor e do Conselho Fiscal do CBAr-COMITÊ BRASILEIRO DE ARBITRAGEM. Fundador do CENTRO DE ARBITRAGEM E MEDIAÇÃO da AMCHAM-CÂMARA AMERICANO DE COMÉRCIO, que presidiu, e onde atuou como Legal Counsel, membro do Conselho de Administração, presidente do Comitê de Legislação e do Comitê de Tributação. Atua ou atuou como árbitro e como advogado de parte no CAM da CCBC, no CAM da AMCHAM, na CAM da B3, na CCMA da CIESP/FIESP, na CAM da FGV, na CAM do Instituto de Engenharia e na Corte Internacional de Arbitragem da ICC.

SOBRE OS AUTORES

Alessandra Okuma
Doutora em Direito Tributário pela PUC/SP. Sócia da Izu Medeiros Sociedade de Advogados.

André Luiz Fonseca Fernandes
Mestre em Direito Político e Econômico pela Universidade Presbiteriana Mackenzie. Especialista em Direito Tributário pela PUC/SP. Coordenador do Comitê Temático de Transação Tributária e Negócio Jurídico Processual do Instituto Brasileiro de Arbitragem Tributária e Transação Tributárias (IBATT) e membro do Grupo de Pesquisa "Métodos Alternativos de Resolução de Disputa em Matéria Tributária" do Núcleo de Direito Tributário da FGV Direito SP.

Andréa Mascitto
Sócia da área tributária do Pinheiro Neto Advogados. Coordenadora executiva do grupo dedicado ao estudo dos métodos alternativos de solução de controvérsias tributárias da FGV Direito SP. Professora da pós graduação da FGV Direito SP (GVLaw). Conselheira do IBATT. Membro do CBAR e da Comissão de Direito Tributário da OAB-SP. Mestre em tributário pela PUC-SP.

Angelina Papulova
Teaching and Research Associate, Institute for Austrian and International Law, WU, Vienna.

Daniel Miotto
Advogado e Diretor do IBATT.

Eduardo Maneira
Professor de Direito Tributário da FND da UFRJ. Presidente da Comissão Especial de Direito Tributário da OAB Nacional.

Giácomo Paro
Mestre em Direito Tributário pela USP-SP. Professor do curso de pós graduação do IBDT e do MBA em Gestão Tributária do FIPECAFI. Conselheiro Fiscal do Instituto Brasileiro de Arbitragem e Transação Tributárias – IBATT. Sócio do Souto Correa Advogados.

José Eduardo Tellini Toledo
Doutorando em Relações Econômicas Internacionais – PUC/SP. Mestre e Especialista em Direito Tributário – PUC/SP. Professor nos cursos de pós-graduação – IBET e APET. Coordenador do curso de Arbitragem – IBET. Co-fundador do IBAT. Advogado em São Paulo.

Julia de Menezes Nogueira
Advogada – Professora – Mestre e Doutora em Direito Tributário pela PUC-SP. Conselheira Fiscal do Instituto Brasileiro de Arbitragem e Transação Tributárias – IBATT.

Marcelo Ricardo Wydra Escobar
Doutor (PUC/SP) e Mestre (Mackenzie) em Direito. Professor de Arbitragem no LLM de Arbitragem do IBMEC e da Extensão em Arbitragem da PUC/SP-COGEAE. Fellow do Chartered Institute of Arbitrators de Londres. Foi Juiz do TIT/SP e Conselheiro Julgador do CMT/SP. Diretor e Cofundador do IBATT. Diretor do CIArb Brazil. Árbitro e Advogado.

Paula Vicente-Arche Coloma
Profesora Titular de Derecho Financiero y Tributario. Universidad Miguel Hernández de Elche.

Paulo Cesar Conrado
Juiz Federal. Mestre e Doutor em Direito Tributário pela PUC-SP. Professor do Mestrado Profissional da FGV Direito-SP. Coordenador

e Professor do curso de extensão Processo Tributário Analítico do IBET.

Rogério M. Fernandes Ferreira
Mestre em Ciências Jurídico-Económicas, Pós-Graduado em Estudos Europeus e licenciado em Direito pela U. Católica. Presidente da Associação Fiscal Portuguesa (desde 2007), branch português da International Fiscal Association (IFA) e do Instituto Latinoamericano de Derecho Tributario (ILADT) Antigo Secretário de Estado dos Assuntos Fiscais do XIV Governo Constitucional (2001-2002). Membro do Grupo de Trabalho para a Reforma da Lei de Enquadramento do Orçamento do Estado (1997-1998) e da Comissão de Estudo da Tributação das Instituições e Produtos Financeiros (1998-1999), Coordenador do Grupo de Trabalho sobre o Procedimento, Processo e Relações entre Fisco e Contribuintes na Comissão para o Estudo da Competitividade Fiscal (2008-2009) e Presidente na Comissão de Reforma do Regime do Património Imobiliário Público (2005-2006). Advogado, é especialista em Direito Fiscal pela Ordem dos Advogados Portugueses e Sócio – fundador da RFF & Associados – Sociedade de Advogados, SP, RL. Autor de vários trabalhos publicados nas áreas do contencioso tributário e do direito fiscal, financeiro, segurador e orçamental e árbitro da lista de árbitros do Centro de Arbitragem Administrativa e Fiscal (CAAD).

Roberta de Azeredo Ferreira Pagetti
Advogada no Rio de Janeiro. Mestre em Direito Tributário. Conselheira do Conselho Administrativo de Recursos Fiscais de 2005 a 2015.

Roberto Pasqualin
Advogado tributarista e arbitralista em São Paulo. Presidente do IBATT – INSTITUTO BRASILEIRO DE ARBITRAGEM E TRANSAÇÃO TRIBUTÁRIAS. Membro vitalício do Conselho Consultivo do CONIMA-CONSELHO NACIONAL DAS INSTITUIÇÕES DE MEDIAÇÃO E ARBITRAGEM, que presidiu. Membro do Conselho Diretor e do Conselho Fiscal do CBAr-COMITÊ BRASILEIRO DE ARBITRAGEM. Fundador do CENTRO DE ARBITRAGEM E MEDIAÇÃO da AMCHAM-CÂMARA AMERICANO DE COMÉRCIO, que presidiu, e onde atuou como Legal Counsel, membro do Conselho de Administração, presidente do Comitê

de Legislação e do Comitê de Tributação. Atua ou atuou como árbitro e como advogado de parte no CAM da CCBC, no CAM da AMCHAM, na CAM da B3, na CCMA da CIESP/FIESP, na CAM da FGV, na CAM do Instituto de Engenharia e na Corte Internacional de Arbitragem da ICC.

APRESENTAÇÃO

Em tempos de mudanças profundas em nosso País, está mais do que na hora de aprovar reformas estruturantes em várias e importantes matérias de interesse da sociedade brasileira e de propor à deliberação das lideranças do País **inovação** ousada e especialmente importante para reformar o caos em que se encontra o **contencioso tributário brasileiro**, administrativo e judicial – a implantação da **arbitragem tributária** como uma terceira via para julgamento desse contencioso fora do Judiciário e da administração pública tributária.

Essa inovação poderá, de uma só vez, **aumentar a arrecadação tributária** das três esferas de governo; **aliviar o congestionamento do judiciário** nas suas quatro instâncias; **acelerar a solução** de processos que tramitam por anos na administração pública e no judiciário; **reduzir o custo** das estruturas administrativas e judiciais de cobrança de tributos; e trazer maior **segurança jurídica aos cidadãos e empresários**.

A arbitragem privada está consolidada no Brasil e é cada vez utilizada para solucionar rápida e adequadamente, fora do judiciário, litígios de várias naturezas, inclusive com a administração pública, sabidamente a maior litigante do país.

Apesar disso, a arbitragem ainda não é praticada para litígios em matéria tributária. Os processos entre fiscos e contribuintes são todos discutidos exclusivamente na esfera administrativa ou perante a justiça estatal e sua solução demora em média cerca de 15 anos. Ano após ano mais processos tributários entram no sistema de contencioso tributário e menos saem solucionados em forma final.

O sistema atual de cobrança tributária resulta em prejuízos financeiros para todos – governos, contribuintes, judiciário. Os governos são penalizados pelo atraso na arrecadação dos tributos. Os contribuintes são penalizados pelo alto custo para se defenderem. As empresas perdem valor e seus lucros são reduzidos pelas provisões contábeis das dívidas tributárias em discussão.

É enorme o custo de manter a máquina administrativa e judiciária que atende com exclusividade os milhões de processos tributários em andamento, com recursos que poderiam ser usados em outras prioridades. É desumana a sobrecarga de trabalho imposta a juízes, desembargadores, ministros e servidores empregados nessa tarefa, que poderiam estar servindo o país em outras atividades igualmente demandas.

A adoção da arbitragem em matéria tributária no Brasil é mais do que nunca uma inovação adequada para o contencioso tributário brasileiro. Também a *transação*, a *mediação*, a *negociação*, a *conciliação*, todas ferramentas juridicamente seguras que, a exemplo do que já se faz em outros países, poderiam ser utilizadas na discussão de matéria tributária, sem excluir a discussão administrativa ou judicial dos litígios tributários.

Haveria uma oferta mais ampla de alternativas adequadas a cada situação de conflito, que poderiam ser categorizados, por exemplo, pela natureza específica dos diferentes tributos, pela maior ou menor complexidade das hipóteses de incidência, pelas diferentes características dos fatos imponíveis que ocorrerem, pelo maior ou menor valor do crédito em discussão etc.

A introdução da arbitragem tributária e de outros métodos adequados seria uma **inovação especialmente importante** em contencioso tributário, uma **nova opção** aos fiscos e aos contribuintes para solução de suas controvérsias.

Essas ideias foram a motivação para a fundação do IBATT INSTITUTO BRASILEIRO DE ARBITRAGEM E TRANSAÇÃO TRIBUTÁRIAS e foram discutidas no 1º Congresso Internacional de Arbitragem Tributária realizado pelo IBATT.

Em nome do IBATT, agradeço a participação de todos no Congresso e a edição pela Editora ALMEDINA dos artigos produzidos pelos palestrantes e moderados dos seis painéis de discussão dessas ideias.

Roberto Pasqualin

Advogado tributarista e arbitralista em São Paulo.

Presidente do IBATT – INSTITUTO BRASILEIRO DE ARBITRAGEM E TRANSAÇÃO TRIBUTÁRIAS.

Membro vitalício do Conselho Consultivo do CONIMA-CONSELHO NACIONAL DAS INSTITUIÇÕES DE MEDIAÇÃO E ARBITRAGEM, que presidiu.

Membro do Conselho Diretor e do Conselho Fiscal do CBAr-COMITÊ BRASILEIRO DE ARBITRAGEM.

Fundador do CENTRO DE ARBITRAGEM E MEDIAÇÃO da AMCHAM-CÂMARA AMERICANO DE COMÉRCIO, que presidiu, e onde atuou como Legal Counsel, membro do Conselho de Administração, presidente do Comitê de Legislação e do Comitê de Tributação.

Atua ou atuou como árbitro e como advogado de parte no CAM da CCBC, no CAM da AMCHAM, na CAM da B3, na CCMA da CIESP/FIESP, na CAM da FGV, na CAM do Instituto de Engenharia e na Corte Internacional de Arbitragem da ICC.

SUMÁRIO

1.
A Tributação dos Rendimentos Auferidos por Árbitros

Alessandra Okuma

Introdução

Trataremos aqui das particularidades de uma questão tributária bastante debatida e relevante para os profissionais que exercem atividades personalíssimas.

Como sabemos o direito tributário distingue o regime tributário de pessoas físicas e pessoas jurídicas, sendo que – no âmbito federal – as primeiras estão sujeitas apenas ao imposto de renda das pessoas físicas – IRPF (em alíquotas progressivas até 27,5%), enquanto as pessoas jurídicas estão sujeitas ao imposto de renda da pessoa jurídica – IRPJ, à contribuição social sobre o lucro – CSLL, às contribuições para o financiamento da seguridade social –COFINS) e ao Programa de Integração Social – PIS.

Apesar dos múltiplos tributos federais, há regimes de tributação de pessoas jurídica como o lucro presumido e simples que, muitas vezes, tornam-se mais vantajosos do que o pagamento do IRPF.

A opção por constituir uma pessoa jurídica para prestação de serviços é usual para os profissionais liberais, principalmente aqueles que exercem profissões regulamentadas.

Importante mencionar que não estamos tratando do fenômeno da "pejotização" que tem como finalidade dissimular uma relação empregatícia para reduzir os encargos trabalhistas e previdenciários. Não, aqui trataremos de pessoas jurídicas constituídas por profissionais que exercem suas atividades com autonomia e independência: **os árbitros nomeados para solução de litígios**.

1. A posição da Receita Federal do Brasil

Há alguns anos, a Receita Federal do Brasil tem lavrado autos de infração para cobrança de IRPF sobre rendimentos auferidos por uma pessoa jurídica (e tributados pelo IRPJ), decorrentes da atuação pessoal de um dos sócios.

Discute-se se tais serviços poderiam submeter-se à tributação típica das pessoas jurídicas ou se, por sua natureza pessoal, deveriam sofrer a incidência do imposto de renda das pessoas físicas.

Muitas autuações tiveram como objeto os rendimentos auferidos por artistas e esportistas, que prestavam serviços personalíssimos por intermédio de pessoas jurídicas, ou que recebiam remuneração por direitos de imagem ou patrocínio por sociedades.

Nesse contexto, os precedentes mais antigos do Conselho Administrativo de Recursos Fiscais – CARF decidiram que serviços personalíssimos deveriam ser tributados no regime de pessoas físicas. Nesse sentido são as decisões do apresentador de televisão Carlos Massa (Ratinho), Acórdãos 104-18.641, 104-19.111, 104-20.574 e 104-21.583; do treinador Luiz Felipe Scolari, Acórdãos 106-14.244 e 104-20.915; do tenista Gustavo Kuerten, Acórdão 106-17.147; da apresentadora Angélica, Acórdão 2101-00.979; e outros[1]. O regime de pessoas jurídicas foi mantido apenas nos Acórdãos 2102-01.847 (Nathalia Timberg) e 2102-002.051 (Leilane Neubarth).

Idênticos argumentos são utilizados pela Receita Federal do Brasil para justificar a incidência de IRPF sobre rendimentos auferidos por árbitros.

No entanto, há importantes aspectos do direito privado e do direito tributário que devem ser avaliados.

2. Considerações gerais sobre o sistema tributário

Antes de analisarmos o caso concreto, é necessário ter em mente uma compreensão geral do sistema tributário nacional. No Brasil as principais normas tributárias estão previstas no texto da Constituição Federal e se orientam por princípios.

O princípio da legalidade estrita exige absoluta vinculação dos aplicadores do direito na edição, interpretação e execução de atos.

[1] Acórdãos 104-21.954, 2202-00.252, 2101-00.980, 2801-01.870, 2201-001.496, 2102-002.441 e 2102-002.623.

A cobrança de tributos pauta-se no texto da lei, sendo que as autoridades administrativas ou judiciais não podem restringi-la nem ampliá-la. O exercício da competência tributária está adstrito aos comandos legais *secundum* e *intra legem*.

O exercício eficiente de atividade econômica exige planejamento dos negócios de acordo com as leis e previsibilidade de custos.

A certeza do direito, a segurança jurídica, a boa-fé e a proteção da confiança dos administrados são pilares do modelo de Estado Democrático de Direito brasileiro. A segurança jurídica garante que os contribuintes não sejam surpreendidos pela cobrança de tributos ao longo do ano calendário, impede a retroatividade das leis, exige a publicação destas com uma antecedência mínima e protege a coisa julgada. Assegura-se, assim, a confiança legítima dos contribuintes em relação às expectativas normativas.

É na Constituição Federal que encontramos o conteúdo e o alcance das normas tributárias. Cada tributo tem fato gerador e base de cálculo especificas. O fato gerador é uma conduta específica que desencadeia a obrigação de pagar o tributo (art. 114 e 116 do Código Tributário Nacional – CTN[2]). Ou seja, concretizado o fato gerador, nasce a obrigação tributária que só será extinta pelo pagamento, compensação, decadência e outras hipóteses do art. 156 do CTN[3].

[2] Art. 114. Fato gerador da obrigação principal é a situação definida em lei como necessária e suficiente à sua ocorrência.
Art. 116. Salvo disposição de lei em contrário, considera-se ocorrido o fato gerador e existentes os seus efeitos:
I – tratando-se de situação de fato, desde o momento em que o se verifiquem as circunstâncias materiais necessárias a que produza os efeitos que normalmente lhe são próprios;
II – tratando-se de situação jurídica, desde o momento em que esteja definitivamente constituída, nos termos de direito aplicável.
Parágrafo único. A autoridade administrativa poderá desconsiderar atos ou negócios jurídicos praticados com a finalidade de dissimular a ocorrência do fato gerador do tributo ou a natureza dos elementos constitutivos da obrigação tributária, observados os procedimentos a serem estabelecidos em lei ordinária.

[3] Art. 156. Extinguem o crédito tributário: I – o pagamento; II – a compensação; III – a transação; IV – remissão; V – a prescrição e a decadência; VI – a conversão de depósito em renda; VII – o pagamento antecipado e a homologação do lançamento nos termos do disposto no artigo 150 e seus §§ 1º e 4º; VIII – a consignação em pagamento, nos termos do disposto no § 2º do artigo 164; IX – a decisão administrativa irreformável, assim entendida

3. A personalidade jurídica e relação entre o direito privado e o direito tributário

Como sabemos, o Direito cria suas próprias ficções. E a mais popular delas é a pessoa jurídica. A criação, a continuidade e a extinção das pessoas jurídicas seguem as normas do Código Civil, que outorga personalidade a partir do registro nos termos de seu artigo 45.

O artigo 49-A do Código Civil (com a redação dada pela Lei 13.874/2019), pessoas jurídicas tem patrimônio próprio e **não se confundem com seus sócios**. Nos dizeres de seu parágrafo único, a "*autonomia patrimonial das pessoas jurídicas é um instrumento lícito de alocação e segregação de riscos, estabelecido pela lei com a finalidade de estimular empreendimentos, para a geração de empregos, tributo, renda e inovação em benefício de todos*".

Para coibir abusos, o artigo 50 da Código Civil autoriza a desconsideração da personalidade jurídica, quando há **desvio de finalidade** ou **confusão patrimonial**[4].

a definitiva na órbita administrativa, que não mais possa ser objeto de ação anulatória; X – a decisão judicial passada em julgado. XI – a dação em pagamento em bens imóveis, na forma e condições estabelecidas em lei.

Parágrafo único. A lei disporá quanto aos efeitos da extinção total ou parcial do crédito sobre a ulterior verificação da irregularidade da sua constituição, observado o disposto nos artigos 144 e 149.

[4] Art. 50. Em caso de abuso da personalidade jurídica, caracterizado pelo desvio de finalidade ou pela confusão patrimonial, pode o juiz, a requerimento da parte, ou do Ministério Público quando lhe couber intervir no processo, desconsiderá-la para que os efeitos de certas e determinadas relações de obrigações sejam estendidos aos bens particulares de administradores ou de sócios da pessoa jurídica beneficiados direta ou indiretamente pelo abuso

§ 1º Para os fins do disposto neste artigo, desvio de finalidade é a utilização da pessoa jurídica com o propósito de lesar credores e para a prática de atos ilícitos de qualquer natureza.

§ 2º Entende-se por confusão patrimonial a ausência de separação de fato entre os patrimônios, caracterizada por:

I – cumprimento repetitivo pela sociedade de obrigações do sócio ou do administrador ou vice-versa;

II – transferência de ativos ou de passivos sem efetivas contraprestações, exceto os de valor proporcionalmente insignificante; e

III – outros atos de descumprimento da autonomia patrimonial.

§ 3º O disposto no caput e nos §§ 1º e 2º deste artigo também se aplica à extensão das obrigações de sócios ou de administradores à pessoa jurídica.

As hipóteses em que a pessoa jurídica pode ser desconsiderada para fins fiscais são aquelas apontadas pelo Código Civil: I) abuso de personalidade jurídica, mediante fraude ou simulação; II) desvio de finalidade, propósito de lesar credores e para a prática de atos ilícitos de qualquer natureza, como fraude contra credores, fraude à execução; e III) confusão patrimonial do artigo 50, parágrafo 2 do CC.

Ausentes essas hipóteses, o direito privado preza pela autonomia dos particulares, que têm liberdade para realizar qualquer atividade econômica lícita e lucrativa, mantendo seus negócios dentro dos limites das leis.

Por sua vez, o direito tributário é um direito de superposição, que adota os conceitos e formas jurídicas de direito privado, conferindo-lhes efeitos tributários. Os negócios de direito privado são o pressuposto, o critério material, para incidência da regra-matriz tributária.

Por isso, o art. 109 do CTN determina que "os princípios gerais de direito privado utilizam-se para pesquisa da definição, do conteúdo e do alcance de seus institutos, conceitos e formas, mas não para definição dos respectivos efeitos tributários." E o art. 110 do CTN impede que sejam alterados conceitos de direito privado utilizados para delimitação das competências tributárias.

O conceito de pessoa jurídica e suas consequências de direito tributário deve ser respeitado, salvo se comprovado o abuso da personalidade jurídica ou simulação dos negócios jurídicos[5].

Nesse sentido é o artigo 129 da Lei 11.196/05 estabeleceu que os serviços intelectuais, inclusive os de natureza científica, artística ou cultural, em caráter personalíssimo, sujeitam-se ao **regime de tributação de pessoas jurídicas**. E o artigo 980-A do CC, com a redação da

§ 4º A mera existência de grupo econômico sem a presença dos requisitos de que trata o caput deste artigo não autoriza a desconsideração da personalidade da pessoa jurídica.

§ 5º Não constitui desvio de finalidade a mera expansão ou a alteração da finalidade original da atividade econômica específica da pessoa jurídica.

[5] Art. 167. É nulo o negócio jurídico simulado, mas subsistirá o que se dissimulou, se válido for na substância e na forma.

§ 1 o Haverá simulação nos negócios jurídicos quando:

I – aparentarem conferir ou transmitir direitos a pessoas diversas daquelas às quais realmente se conferem, ou transmitem;

II – contiverem declaração, confissão, condição ou cláusula não verdadeira;

III – os instrumentos particulares forem antedatados, ou pós-datados.

Lei 12.441/11, permitiu que tais serviços sejam prestados por empresa individual de responsabilidade limitada (EIRELI), instituída pela Lei 12.441/11, também no regime típico das pessoas jurídicas.

Recentemente o Supremo Tribunal Federal declarou a constitucionalidade do artigo 129 da Lei 11.196/2005, na ADC 66. Em seu voto, a ministra relatora Carmen Lucia afirmou que "*o modelo de estabelecimento de vínculo jurídico estabelecido entre prestador e tomador de serviços deve pautar-se pela mínima interferência na liberdade econômica constitucionalmente assegurada e revestir-se de grau de certeza para assegurar o equilíbrio nas relações econômicas e empresariais*".

4. As sociedades de advogados no direito privado vis-à-vis a atividade do árbitro

O Código Civil brasileiro classifica as sociedades em sociedade simples e empresária. A sociedade empresária, nos termos de seu artigo 966, parágrafo único, é aquela que exerce profissionalmente atividade econômica organizada para a produção ou a circulação de bens ou serviços. Sociedade simples é a que exerce atividade intelectual de natureza científica, literária ou artística, ainda com o concurso de auxiliares ou colaboradores, mas despida de elemento de empresa.

A Lei n. 8.906/94, que dispõe sobre o Estatuto da Advocacia, expressamente admite que os advogados constituam uma sociedade simples, ou unipessoal, para prestação de serviços de advocacia. Pela referida lei, art. 3-A, a os serviços profissionais de advogado são considerados técnicos e singulares, quando comprovada a notória especialização do profissional ou sociedade.

O parágrafo único do art. 3-A da Lei 8.906/64, na redação da Lei 14.039/2020 estabelece o conceito de notória especialização, a saber:

> Parágrafo único. Considera-se notória especialização o profissional ou a sociedade de advogados cujo conceito no campo de sua especialidade, decorrente de desempenho anterior, estudos, experiências, publicações, organização, aparelhamento, equipe técnica ou de outros requisitos relacionados com suas atividades, permita inferir que o seu trabalho é essencial e indiscutivelmente o mais adequado à plena satisfação do objeto do contrato.

Ao contratar um árbitro para dirimir litígio nos termos da Lei 9.307/96, os interessados – obviamente – nomearão profissional de sua confiança (art. 13), mas que também seja um especialista no assunto.

São nomeados e aceitos pela parte contrária os árbitros que possuem notória especialização e participam órgão arbitral institucional ou entidade.

Embora a sentença arbitral seja produto de uma atividade intelectual e personalíssima, há inúmeros atos preparatórios necessários para que seja respeitado o contraditório e o direito à ampla defesa. O procedimento arbitral tem um rito, que se inicia com a instituição do tribunal arbitral. As partes têm oportunidade para produzirem as provas necessárias; devem cumprir prazos e se manifestar; podem solicitar medidas de urgência e audiência. Para realizar esses atos, os árbitros contam com equipe técnica com know-how específico, instalações físicas, biblioteca, equipamentos de hardware e software, arquivos e outros.

A sentença arbitral é a conclusão de um processo no qual o árbitro não atua sozinho, mas como uma pessoa jurídica com notória especialização, nos termos do art. 3-A, parágrafo único, da Lei 8.906/64.

Ainda que a atividade do árbitro não seja exclusiva dos advogados, a Resolução do Conselho Nacional da Justiça 75/09 a considera uma atividade jurídica.

O Código de Ética e Disciplina da OAB admite que a mediação ou a arbitragem sejam exercidas tanto individualmente, quanto pela sociedade de advogados.

O Regulamento Geral do Estatuto da Advocacia e da Ordem dos Advogados do Brasil prevê que os honorários dessas atividades podem ser revertidos para a sociedade (artigo 37).

E o Conselho Federal da OAB decidiu que a arbitragem é serviço típico da advocacia e suas receitas podem ser atribuídas à sociedade (ementa 24/13).

5. A tributação dos árbitros no CARF

A controvérsia aqui tratada foi analisada pelo CARF em março de 2020, que concluiu que os rendimentos do árbitro deveriam ser tributados na pessoa física e não na sociedade de advogados, como se depreende da ementa abaixo:

"ARBITRAGEM. ATIVIDADE PERSONALÍSSIMA. ÁRBITRO. PESSOA FÍSICA.

A arbitragem é meio de resolução de conflitos exercida por qualquer pessoa física (não jurídica), que, na condição de árbitro, equipara-se a funcionário público, quando no exercício de suas funções ou em razão delas, para os efeitos da legislação penal, e deve ser independente, imparcial e competente, atuando com diligência e discrição.

DESCONSIDERAÇÃO DA PERSONALIDADE JURÍDICA. NÃO OCORRÊNCIA.

Não há que se falar em desconsideração da personalidade jurídica quando a receita é reclassificada para ser considerada rendimentos auferidos pela pessoa física.

ÁRBITRO. REMUNERAÇÃO. HONORÁRIOS DE ARBITRAGEM. IRPF. REGRA-MATRIZ DE INCIDÊNCIA. PRÁTICAS REITERADAS. ENTIDADE DE CLASSE.

A remuneração do árbitro efetiva-se mediante honorários de arbitragem, cabíveis a qualquer pessoa física que exerça a função e que preencha os requisitos legais.

Os honorários de arbitragem constituem-se disponibilidade econômica/jurídica da pessoa física do árbitro e se amolda à regra-matriz de incidência do imposto sobre a renda da pessoa física.

A hipótese de incidência tributária, bem assim a definição da sujeição passiva da relação jurídico-tributária e da forma de tributação, decorre de lei e não da determinação de uma entidade de classe, mediante notas técnicas, resoluções ou provimentos, por mais reputação e importância que tenha.

O fato de o árbitro vinculado à determinada sociedade profissional, desta estrutura se valer para desempenhar as suas atividades na arbitragem, nenhum efeito produz sobre a sua condição de sujeito passivo da obrigação tributária, nem afeta a forma de tributação.

Apenas as práticas reiteradamente observadas pelas autoridades administrativas são oponíveis à Administração Tributária.

SERVIÇOS DE ARBITRAGEM. ART. 129 DA LEI 11.196/2005. INAPLICABILIDADE.

A inteligência do art. 129 da Lei n. 11.196/2005 é no sentido de afastar a caracterização de vínculo entre profissionais ligados à determinada sociedade (sócios ou empregados), quando da prestação de serviços intelectuais, em caráter personalíssimo, ou não, e o tomador de serviços/contratante, em detrimento do vínculo já existente daqueles com a empresa prestadora de serviços.

Não se aplica o art. 129 da Lei n. 11.196/1996 à prestação de serviço de arbitragem, quando o profissional vinculado à Sociedade de Advogados exerce a função de árbitro, em virtude da própria natureza dessa função, que prescinde, para o afastamento daquele dispositivo legal, da materialização das hipóteses do art. 50 do Código Civil.

TRIBUTO. RECOLHIMENTO INDEVIDO. PESSOA JURÍDICA. PESSOA FÍSICA. APROVEITAMENTO. IMPOSSIBILIDADE. AUSÊNCIA DE PREVISÃO LEGAL. CONTRIBUINTES DISTINTOS. CRÉDITO DE TERCEIROS.

O recolhimento indevido de tributo efetuado por pessoa jurídica constitui-se crédito dela, pessoa jurídica, e caracteriza crédito de terceiros para a pessoa física, independente desta ter com aquela qualquer tipo de vinculação.

Não há previsão legal no atual ordenamento jurídico pátrio para aproveitamento de crédito de terceiros para compensar débito próprio.

O direito de se pleitear a restituição de valores indevidamente recolhidos extingue-se com o decurso de cinco anos contados da data em que se tornar definitiva a decisão administrativa que assim os reconheceu."

(Acórdão n.º 2402-008.171 – 2ª Sejul/4ª Câmara/2ª Turma Ordinária Processo nº 12448.731372/2014-15, j. 03.03.2020)

Como se vê, prevaleceu o argumento de que o árbitro seria equiparado aos magistrados e outras pessoas físicas que exercem a função de resolver conflitos. A remuneração deveria ser incluída no Imposto de Renda das Pessoas Físicas, mesmo que o arbitro esteja vinculado a determinada sociedade profissional e use sua estrutura para desempenhar as suas atividades na arbitragem. E inadvertidamente, afastou a aplicação do artigo 129 do Lei n. 11.196/2005.

No entanto, há três pontos que precisam ser aprofundados e considerados na análise da questão.

O **primeiro ponto** é que a equiparação indevida entre os árbitros e outros julgadores que exercem funções públicas.

Os magistrados e juízes de tribunais administrativos, que prestam serviços públicos e exercem suas atividades no regime específico dos servidores (em regime de exclusividade ou não, concursados ou não), nos termos dos artigos 39 e seguintes da Constituição Federal.

É dever da União organizar e manter o Poder Judiciário, o Ministério Público do Distrito Federal e dos Territórios e a Defensoria Pública dos Territórios, nos termos do artigo 21, XVIII, da CF. Servidores públicos têm seus vencimentos estabelecidos na legislação de regência e regimes próprios de previdência. A forma de contratação de servidores públicos para funções judicantes é estabelecida pela Administração Pública.

Por sua vez, os árbitros encontram-se no regime de direito privado, no qual prevalece a autonomia e a ampla liberdade de contratar. Justifica-se, assim, a possibilidade de árbitros constituírem sociedade para o exercício de sua função, o que é vedado aos servidores públicos.

O **segundo ponto** diz respeito ao artigo 129 do Lei nº 11.196/2005. O voto vencedor do redator designado Luís Henrique Dias Lima afirmou que essa disposição não é aplicável pois não haveria vinculo a sociedade e o cliente, mas uma relação individual com o árbitro.

Não é o que se depreende da literalidade do dispositivo legal, *verbis:*

> "Artigo 129 – Para fins fiscais e previdenciários, a prestação de serviços intelectuais, inclusive os de natureza científica, artística ou cultural, em caráter personalíssimo ou não, com ou sem a designação de quaisquer obrigações a sócios ou empregados da sociedade prestadora de serviços, quando por esta realizada, se sujeita tão-somente à legislação aplicável às pessoas jurídicas, sem prejuízo da observância do disposto no artigo 50 da lei n. 10406, de 10 de janeiro de 2002 – Código Civil".

O texto é claro. Serviços intelectuais podem ser prestados por pessoas jurídicas, mesmo quando personalíssimos. E essa determinação deve prevalecer para fins fiscais e previdenciários, exceto quando houver desconsideração da personalidade judicial nas hipóteses autorizadas pelo Código Civil.

A relação de confiança que existe entre o árbitro e o cliente não é diferente daquela que permeia o relacionamento entre o cliente e seu advogado, que também exerce suas atividades de modo individual e personalíssimo. A personalidade está presente em inúmeros outros serviços, especialmente profissões independentes e regulamentadas (profissionais da saúde, arquitetos, engenheiros, contabilistas e outros), e não justifica a desconsideração da pessoa jurídica.

Por **último**, é importante observar que o CARF deve seguir o precedente do Supremo Tribunal Federal que na ADC 66 declarou constitucional o artigo 129 da Lei 11.196/2005. A desconsideração da pessoa jurídica para efeitos tributários justifica-se exclusivamente se houver o abuso da personalidade jurídica ou simulação dos negócios jurídicos[6], como já apontamos anteriormente.

Como vimos, a liberdade econômica e a autonomia privada consagrados pela nossa Constituição Federal é que devem pautar as relações entre os particulares, como é a arbitragem prevista na Lei 9.307/96. Esperamos que o CARF julgue os novos casos à luz do precedente do STF e dos argumentos acima expostos.

[6] Art. 167. É nulo o negócio jurídico simulado, mas subsistirá o que se dissimulou, se válido for na substância e na forma.
§ 1 o Haverá simulação nos negócios jurídicos quando:
I – aparentarem conferir ou transmitir direitos a pessoas diversas daquelas às quais realmente se conferem, ou transmitem;
II – contiverem declaração, confissão, condição ou cláusula não verdadeira;
III – os instrumentos particulares forem antedatados, ou pós-datados.

2.
Da Tributação dos Honorários de Árbitro

Eduardo Maneira

Introdução

A tributação da sociedade de advogados sempre enfrentou resistências e incompreensões. Atualmente, no momento que se discute no país a reforma tributária, não raro se ouve que "é preciso acabar com os privilégios dos advogados". Pura retórica carregada de desinformação.

A verdade é que a tributação dos advogados nada tem de diferente da tributação dos médicos, dentistas, psicólogos, engenheiros, arquitetos e de todos aqueles que exercem alguma profissão regulamentada.

Os advogados, organizados em sociedade, tal como todos os profissionais acima mencionados, no que se refere à tributação municipal pelo ISSQN, se submetem a um regime de tributação fixa, desde o Decreto-lei nº. 406/68 (art. 9º, §§1º e 3º), sendo sim uma exceção à regra de se calcular o ISSQN a partir de uma alíquota incidente sobre o valor dos serviços prestados.

O Supremo Tribunal Federal, em reiterada jurisprudência, firmou o entendimento de que é inconstitucional lei municipal que disponha de modo divergente ao Decreto-lei 406/68, sobre a base de cálculo do ISSQN, tendo no julgamento do RE 940769/RS, em 24/04/2019, fixado a tese jurídica ao Tema 918 da sistemática da repercussão geral, nos seguintes termos:

> *"É inconstitucional lei municipal que estabelece impeditivos à submissão de sociedades profissionais de advogados ao regime de tributação fixa em bases anuais na forma estabelecida por lei nacional".*

A posição do STF nunca foi bem aceita pelos municípios que tentam, por meio de normas municipais, driblar a jurisprudência pacificada, criando requisitos não previstos na legislação nacional, a fim de dificultar o enquadramento das sociedades como uniprofissionais, que fariam jus, nesta qualidade, à tributação calculada em relação a cada profissional habilitado, sócio, empregado, ou não.

Alguns municípios, com o intuito de desenquadrem as sociedades de advogados da tributação fixa, passaram a considerar que a sociedade que tivesse em seus quadros advogados exercendo a atividade de arbitragem, deixaria de ser considerada uniprofissional, tendo em vista que seria uma sociedade composta por advogados e árbitros, como se houvesse, no nosso ordenamento, a profissão de árbitro.

A confusão é evidente. Ora, o advogado (ou qualquer outro profissional) que exerce a função de árbitro não perde a sua condição de advogado, ou seja, o exercício da arbitragem não desnatura a profissão regulamentada à qual o árbitro pertence.

Fernando Facury Scaff, José Roberto Manesco e Hendrick Pinheiro, ao opinar sobre a manutenção do caráter uniprofissional nas sociedades de advogados em que integrantes atuam como árbitros, destacam:

> *"O fato de os advogados que compõem estas sociedades, na qualidade de sócios ou associados, prestarem serviços de árbitro, mediador ou conciliador, não descaracteriza a forma de cobrança do ISS* per capita, *pois* ***tais atividades são*** **permitidas** ***aos advogados, embora não sejam privativas da profissão****, tal qual a atuação perante o CARF e a impetração de* habeas corpus. *Isso* ***não afasta a uniprofissionalidade*** *exigida por lei."*[1]
>
> *"Frise-se: participar de arbitragem é uma forma específica de aplicação do conhecimento técnico especializado do advogado, sendo exercício de sua atividade profissional de advogado, revestindo-se das mesmas características que justificam o enquadramento da advocacia como atividade profissional, tributada pelo regime fixo do ISS. Trata-se do exercício de uma função, notadamente a de tomar uma decisão vinculante em um procedimento extrajudicial de resolução de conflitos."*[2]

[1] Parecer concedido por José Roberto Manesco e Hendrick Pinheiro à Comissão de Arbitragem da Ordem dos Advogados do Brasil – OAB, Seccional São Paulo.

[2] Parecer jurídico concedido por Fernando Facury Scaff ao Centro de Estudos das Sociedades de Advogados – CESA.

Não por outro motivo, o Tribunal de Justiça de São Paulo, examinando a tributação da sociedade de advogados, cujos integrantes exercem a função de árbitros, se manifestou – em julgamento unânime – no sentido de que "*a atuação na arbitragem constitui atividade jurídica, sendo que o Estatuto da Advocacia e da OAB (Lei nº 8.906/94) permite que o advogado postule "em juízo ou fora dele" (art. 5º), inclusive em causa própria, não podendo fazer distinção entre as atividades administrativas de mediação e arbitragem, com vistas à incidência do ISS sobre o faturamento da sociedade de advogados, como quer o fisco Municipal.*"[3].

Espera-se que a partir da decisão do TJSP, acima mencionada, a questão do ISSQN em relação à arbitragem fique pacificada, tendo em vista que o tema, salvo engano, ficou restrito a municípios do Estado de São Paulo.

Entretanto, a questão passou também para a esfera dos tributos federais. Alguns setores da fiscalização federal, a bem da verdade, em entendimento minoritário, têm considerado que a função de árbitro, por sua natureza, é exercida por pessoa física com capacidade civil – o que impede à pessoa jurídica exercer a função de árbitro e, consequentemente, os honorários de arbitragem são necessariamente rendimentos auferidos pelo contribuinte na qualidade de pessoa física.

Vejam que para alguns do Fisco Federal, o art. 13 da Lei nº 9.307/96 é claro no sentido de que apenas pessoas físicas podem ser árbitras. Esse entendimento seria corroborado por toda sistemática da Lei de Arbitragem, que, inclusive, equipara o árbitro, para fins penais, ao funcionário público em seu art. 17. Ademais, em relação à sua atividade jurisdicional, a lei define que "*o árbitro é juiz de fato e de direito(...)*".

Neste raciocínio:

a) como a atividade de árbitro é realizada por pessoa física, o árbitro não representaria qualquer pessoa jurídica;

b) por isso, o faturamento e a tributação dos valores recebidos pelo serviço de arbitragem não podem ser feitos através da sociedade de advogado a qual o árbitro integra;

[3] TJSP; Apelação Cível 1033347-81.2019.8.26.0053; Relator (a): Mônica Serrano; Órgão Julgador: 14ª Câmara de Direito Público; Foro Central – Fazenda Pública/Acidentes – 8ª Vara de Fazenda Pública; Data do Julgamento: 19/05/2020; Data de Registro: 19/05/2020.

c) caso o árbitro não ofereça estes rendimentos à tributação pelo IRPF, fica configurada omissão de receitas a justificar a lavratura do auto de infração.

Este trabalho irá se ater, especialmente, no exame da tributação federal das sociedades de advogados com integrantes que exerçam a função de árbitro.

1. Da atividade personalíssima da advocacia

Toda atividade exercida no âmbito da advocacia é de caráter personalíssimo, como fica evidenciado no art. 37 do Regulamento Geral do Estatuto da Advocacia e da OAB (previsto na Lei nº 8.906/94 – Estatuto da OAB)[4], e há previsão expressa no sentido de que os honorários poderão ser revertidos à sociedade[5].

Tanto é assim que a Lei nº 8.906/94 (Estatuto da OAB) destaca que "***o advogado postula***, *em juízo ou fora dele, fazendo prova do mandato*" (art. 5º). E, embora admita que os advogados "*podem reunir-se em sociedade simples de prestação de serviços de advocacia*" (art. 15), determina que "*as procurações devem ser outorgadas* ***individualmente aos advogados***" (art. 15, § 3º).

Ademais, o Estatuto da OAB faz questão de pontuar a independência e pessoalidade da atividade da advocacia estabelecendo que "*o advogado, no exercício da profissão, deve manter independência em qualquer circunstância*" (art. 31, §1º), que a relação de emprego "*não retira a isenção técnica nem reduz a independência profissional inerentes à advocacia*" (art. 18), e também que, embora constituídos como pessoa jurídica, os sócios da sociedade de advogados "*respondem subsidiária e ilimitadamente pelos danos causados aos clientes por ação ou omissão no exercício da advocacia*" (art. 17).

[4] "*Art. 37. Os advogados podem reunir-se, para colaboração profissional recíproca, em sociedade civil de prestação de serviços de advocacia, regularmente registrada no Conselho Seccional da OAB em cuja base territorial tiver sede.*
Parágrafo único. ***As atividades profissionais privativas dos advogados são exercidas individualmente****, ainda que revertam à sociedade os honorários respectivos.*"

[5] Cf. também reconhecido no parecer concedido por José Roberto Manesco e Hendrick Pinheiro à Comissão de Arbitragem da Ordem dos Advogados do Brasil – OAB, Seccional São Paulo, no trecho abaixo transcrito.

Não se trata de exclusividade da advocacia: a Lei nº 12.848/2012 esclarece que a atividade de medicina é privativa do médico, *o que não impede que os médicos se reúnam legitimamente em uma sociedade de profissionais.*

Esta pessoalidade é ainda confirmada pela responsabilidade ilimitada do advogado pelos eventuais prejuízos causados a seus patrocinados[6].

Não obstante o inegável caráter personalíssimo dos serviços de advocacia, a lei expressamente autoriza a criação de sociedades para o exercício da profissão de advogados. Veja-se o art. 15 do Estatuto da OAB:

> "Art. 15. Os advogados podem reunir-se em sociedade simples de prestação de serviços de advocacia ou constituir sociedade unipessoal de advocacia, na forma disciplinada nesta Lei e no regulamento geral."

A formação de sociedades de advogados tampouco dispensa a outorga de poderes individualmente a cada advogado, justamente em razão da pessoalidade da atividade:

> "Art. 15. (...)
> § 3º As procurações devem ser outorgadas individualmente aos advogados e indicar a sociedade de que façam parte."

A partir dos dispositivos legais acima, pode-se concluir:

(i) a atividade de advogado é, por definição, *exercida individualmente.*
(ii) o caráter pessoal da atividade não impede o exercício da advocacia através de sociedades de advogados; ao contrário, a própria lei autoriza a criação de tais sociedades.

E o exercício da advocacia através das sociedades de advogados é uma realidade histórica, pois são reduzidos os advogados que atuam exclusivamente em nome próprio, sem o apoio de bancas.

[6] Lei nº 8.906/94: "Art. 17. Além da sociedade, o sócio e o titular da sociedade individual de advocacia respondem subsidiária e ilimitadamente pelos danos causados aos clientes por ação ou omissão no exercício da advocacia, sem prejuízo da responsabilidade disciplinar em que possam incorrer."

Neste contexto, pergunta-se: a atividade de árbitro se insere no âmbito da advocacia? A resposta é positiva.

2. Da arbitragem como atividade dentro do escopo do exercício da advocacia

Uma premissa deve ser fixada: a atividade do árbitro é, de fato, pessoal. A pergunta a ser respondida, no entanto, é outra: o fato de ser pessoal impede que os rendimentos de tal atividade sejam tributados através das sociedades de advogados das quais os árbitros façam parte?

A resposta é evidentemente negativa. E isto é comprovado por um singelo argumento: toda atividade exercida no âmbito da advocacia também é de caráter personalíssimo, e o advogado, no exercício de sua profissão, não representa sua sociedade. Entretanto, isto jamais impediu que o advogado, que constitua banca de advocacia com outros sócios para o exercício de suas atividades, receba e tribute seus ganhos através desta sociedade (escritório).

Como se sabe, a arbitragem é forma alternativa de resolução de litígios e, como prática contenciosa, é dominada, de fato, por advogados. Vale dizer que a própria lei de arbitragem confere ao laudo arbitral a força de decisão judicial para as partes envolvidas.

Dessa forma, é natural que as partes tendam a escolher como árbitros de contendas relativas ao direito privado pessoas que tenham profundo e notório conhecimento na matéria.

Contra tal entendimento poder-se-ia argumentar que qualquer profissional poderia ser árbitro, independentemente de ter ou não formação jurídica. Essa interpretação mais restritiva apontaria no sentido de que apenas as atividades privativas de advogados, definidas no art. 1º do Estatuto da OAB, poderiam ser atribuídas à sociedade[7].

[7] "Art. 1º São atividades privativas de advocacia:
I – a postulação a qualquer órgão do Poder Judiciário e aos juizados especiais;
II – as atividades de consultoria, assessoria e direção jurídicas.
§ 1º Não se inclui na atividade privativa de advocacia a impetração de habeas corpus em qualquer instância ou tribunal.
§ 2º Os atos e contratos constitutivos de pessoas jurídicas, sob pena de nulidade, só podem ser admitidos a registro, nos órgãos competentes, quando visados por advogados.
§ 3º É vedada a divulgação de advocacia em conjunto com outra atividade."

No entanto, tal interpretação levaria a hipóteses absurdas. Como aqui já destacado, um claro exemplo é o da impetração de habeas corpus e da advocacia em esfera administrativa, que embora não sejam privativas do advogado, encontram-se no âmbito do exercício da profissão, assim como a arbitragem[8].

Tampouco se argumente que o exercício da arbitragem independe da estrutura do escritório de advocacia.

A situação do árbitro se assemelha à do parecerista. A opinião jurídica de determinado profissional de notório saber, ainda que assinado individualmente, é produzida com a ajuda de todos os recursos humanos, tecnológicos e estruturais disponíveis pela sociedade, e como tal é parte integrante de sua receita. A distribuição de dividendos dependerá, no caso concreto, do funcionamento interno de cada sociedade.

A atividade de árbitro, portanto, é uma das possibilidades de exercício da advocacia e, como tal, o árbitro utiliza-se de todos os recursos humanos e físicos do escritório do qual é parte.

Por outro lado, os ganhos auferidos pelos árbitros devem ser tributados exatamente como todos os demais ganhos do advogado: no caso dos profissionais sócios ou associados de bancas advocatícias, a tributação será feita pela sociedade de advogados.

A dinâmica das sociedades de advogados é muito simples: todos os seus membros exercem suas atividades, sendo que a cobrança de honorários é feita através da sociedade que, depois de abater os custos e despesas de seu funcionamento (aluguel, funcionários de apoio, custo com material de escritório, impostos etc.), divide os lucros de acordo com as regras estabelecidas no contrato social.

O art. 55 da Lei nº 9.430/96[9] reconhece que as sociedades civis de prestação de serviços profissionais relativos ao exercício de profissão legalmente regulamentada são contribuintes do IRPJ. Contudo, quem irá definir as atividades que se inserem no âmbito do "*exercício de profissão*

[8] O Ministério da Educação determina, inclusive, o Estágio de prática jurídica em arbitragem como matéria obrigatória do currículo da faculdade de Direito.

[9] *"Art. 55. As sociedades civis de prestação de serviços profissionais relativos ao exercício de profissão legalmente regulamentada de que trata o art. 1º do Decreto-lei nº 2.397, de 21 de dezembro de 1987, passam, em relação aos resultados auferidos a partir de 1º de janeiro de 1997, a ser tributadas pelo imposto de renda de conformidade com as normas aplicáveis às demais pessoas jurídicas."*

legalmente regulamentada"? **Evidentemente só pode ser o órgão de classe que tenha tal atribuição nos termos da lei.**

E, no caso da advocacia, corresponde à OAB, entidade que tem por finalidade, nos termos do art. 44, inc. II, da Lei 8.906/1994, "*promover, com exclusividade, a representação, a defesa, a seleção e a disciplina dos advogados em toda a República Federativa do Brasil.*"

Neste sentido, foi publicado o Provimento nº 196/2020 CFOAB **que declara ser a atuação como árbitro atividade advocatícia, podendo, ainda, ser prestada no âmbito da sociedade de advogados da qual façam parte:**

> *"O CONSELHO FEDERAL DA ORDEM DOS ADVOGADOS DO BRASIL, no uso das atribuições que lhe são conferidas pelo art. 54, V, da Lei n. 8.906 (...)*
>
> *Art. 1º Constitui atividade advocatícia, para todos os fins, a atuação de advogados como conciliadores ou mediadores, nos termos da Lei n. 13.140/2015, nos moldes preconizados pela Lei n. 9.307/1996.*
>
> ***§1º A atuação de advogados como conciliadores, mediadores, árbitros ou pareceristas e no testemunho (expert witness) ou no assessoramento às partes em arbitragem não desconfigura a atividade advocatícia por eles prestada exclusivamente no âmbito das sociedades individuais de advocacia ou das sociedades de advogados das quais figurem como sócios.***
>
> *§2º A remuneração pela prática da atividade referida no caput tem natureza de honorários advocatícios e pode ser recebida pelos advogados como pessoas físicas ou pelas sociedades das quais sejam sócios. (...).*"

Registre-se que a OAB não pretende definir a regra-matriz de incidência do IRPJ, mas tão somente esclarecer que a **arbitragem de questões jurídicas** se insere no âmbito do "*exercício de profissão legalmente regulamentada*", no caso, a advocacia, de modo a complementar o comando legal do RIR/99.

3. Do art. 129 da Lei nº 11.196/05 ("Lei do Bem")

Não há dúvidas de que a atividade de árbitro se insere no âmbito da advocacia, e também que os honorários auferidos por advogados podem ser tributados sob as regras das pessoas jurídicas.

A alegação de que os honorários de arbitragem devem ser tributados segundo as regras do IRPF, porque a atividade de árbitro só pode ser exercida por pessoa natural, na prática, inviabiliza todas as sociedades de profissão regulamentada.

Nas palavras de ALBERTO XAVIER[10]:

> "Com efeito, em uma sociedade de advogados, de médicos ou de arquitetos, é inimaginável que seja a pessoa jurídica, uma simples ficção do espírito, a redigir uma petição, a realizar uma consulta ou cirurgia ou a desenhar um projeto.
>
> Toda a prestação de serviços – como trabalho que é (art. 594 do Código Civil), só pode ser realizada, por natureza, por pessoas físicas, sendo a pessoa jurídica um instrumento criado pelo direito para imputação a um novo sujeito de direito de certos direitos, especialmente patrimoniais.
>
> Se fosse considerado que o caráter pessoal (ou mesmo pessoalíssimo) da prestação de serviços é que não pode constituir objeto de pessoas jurídicas, cair-se-ia no absurdo de recusar a existência de toda e qualquer sociedade de prestação de serviço, absurdo esse rejeitado pela realidade do mundo contemporâneo."

O cerne da questão não é *quem pode ser* árbitro. A discussão é se o ordenamento admite que a pessoa jurídica receba honorários pela prestação de serviços pessoalíssimos que é da essência do serviço jurídico. Aliás, desde a admissão no ordenamento jurídico das sociedades individuais de responsabilidade limitada, isso sequer deveria ser uma discussão.

Seja como for, mesmo que se entendesse que a atividade de árbitro não se insere no rol da advocacia, fato é que os serviços de caráter personalíssimo podem ser tributados segundo as regras das pessoas jurídicas nos termos do art. 129 da Lei do Bem:

> Art. 129. Para fins fiscais e previdenciários, a prestação de serviços intelectuais, inclusive os de natureza científica, artística ou cultural, em caráter personalíssimo ou não, com ou sem a designação de quaisquer

[10] Tributação das pessoas jurídicas tendo por objetos direitos patrimoniais relacionados com a atividade profissional de atletas, artistas, jornalistas apresentadores de rádio e TV, bem como a cessão de direito ao uso de imagem, nome, marca e som de voz. Parecer. In: Prestação de serviços intelectuais por pessoas jurídicas: aspectos legais, econômicos e tributários. Coord: Pedro Anan Jr.; Marcelo Magalhães Peixoto – São Paulo: MP Ed., 2008, p. 220

obrigações a sócios ou empregados da sociedade prestadora de serviços, quando por esta realizada, se sujeita tão-somente à legislação aplicável às pessoas jurídicas, sem prejuízo da observância do disposto no art. 50 da Lei nº. 10.406, de 10 de janeiro de 2002 – Código Civil.

Referido dispositivo, como se sabe, foi introduzido na ordem jurídica para orientar a conduta das autoridades fiscais, como se verifica da exposição de motivos da MP 252/2005 (posteriormente convertida na Lei 11.196/2005):

> "Os princípios da valorização do trabalho humano e da livre iniciativa previstos no art. 170 da Constituição Federal asseguram a todos os cidadãos o poder de empreender e organizar seus próprios negócios.
>
> O crescimento da demanda por serviços de natureza intelectual em nossa economia requer a edição de norma interpretativa que norteie a atuação dos agentes da Administração e as atividades dos prestadores de serviços intelectuais, esclarecendo eventuais controvérsias sobre a matéria."

Nota-se que a introdução do dispositivo legal acima teve por objetivo pacificar a matéria e permitir expressamente que os rendimentos decorrentes da prestação de serviços, ainda que de natureza personalíssima e intelectual, se sujeitem às regras de tributação aplicáveis às pessoas jurídicas.

É exatamente o caso do advogado que, indicado como árbitro, presta serviço pessoalíssimo e recebe dividendos relativos aos honorários através da pessoa jurídica da qual é sócio.

Discorrendo sobre a intenção do legislador, especificamente quanto ao art. 129, GUSTAVO TEPEDINO[11] assevera:

> "O legislador teve em mente serviços habitualmente prestados por pessoas jurídicas no tocante a atividades de caráter personalíssimos, como ocorre com advogados, médicos, contadores, jornalistas, artistas etc. A atividade

[11] Sociedade prestadora de serviços intelectuais: qualificação das atividades privadas no âmbito do direito tributário. In: Prestação de serviços intelectuais por pessoas jurídicas: aspectos legais, econômicos e tributários. Coord: Pedro Anan Jr.; Marcelo Magalhães Peixoto – São Paulo: MP Ed., 2008, p. 220

dos advogados, por exemplo, encontra-se tradicionalmente organizada na forma de pessoa jurídica prestadora de serviços, não obstante o caráter personalíssimo dos serviços"

É importante também trazer ao conhecimento que, no momento da elaboração deste artigo, em julgamento não finalizado, o Supremo Tribunal Federal **já formou maioria pela declaração de constitucionalidade do artigo 129 da Lei nº 11.196/2005**.

Isto é, em ação que tem como objeto a declaração de constitucionalidade do mencionado dispositivo (ADC 66), inclusive sob o aspecto tributário nos termos da inicial, a Suprema Corte já encaminhou o entendimento de que **a norma que permite a tributação, na pessoa jurídica, de serviços de caráter personalíssimo e de natureza intelectual, é constitucional** (sete votos neste sentido: Ministros Cármen Lúcia – Relatora, Alexandre de Moraes, Edson Fachin, Ricardo Lewandowski, Gilmar Mendes, Celso de Mello e Luiz Fux).

Nessa linha, a Câmara Superior de Recursos Fiscais vem aplicando o art. 129 da Lei do Bem para cancelar autuações lavradas para exigir IRPF sobre rendimentos de serviços personalíssimos já tributados pelo IRPJ. É ver:

> "IRPF. Rendimentos. Pessoa jurídica para pessoa física. Reclassificação. Demonstração de características. Ausência.
>
> São tributáveis os rendimentos do trabalho não-assalariado, tais como honorários do livre exercício das profissões de médico, engenheiro, advogado, dentista, veterinário, professor, economista, contador, jornalista, pintor, escritor, escultor e de outras que lhes possam ser assemelhadas.
>
> No presente caso, não há como tributar como rendimentos de pessoa física os oriundos de pessoa jurídica, pois restou comprovado nos autos a existência, jurídica e fática, da pessoa jurídica." (CSRF, 2ª Turma, AC 9202-003.031, Rel. Marcelo Oliveira, julgado em 12.02.2014)

Como se vê, da lei e do referido precedente, há apenas uma ressalva à aplicação do art. 129 da Lei do Bem: quando a pessoa jurídica é desconsiderada nos termos do art. 50 do Código Civil de 2002.

No entanto, o que se observa, muitas vezes, é uma tentativa do Fisco de driblar tal dispositivo, argumentando, em suas autuações, que não há propriamente a desconsideração da pessoa jurídica da sociedade de advogados, mas um "mero reenquadramento" dos rendimentos que deveriam ter sido oferecidos à tributação segundo as regras das pessoas físicas.

Com a devida vênia, trata-se de um mero *jeu de mots*. O Fisco, ao impedir que os efeitos jurídicos da sua existência sejam produzidos, de fato, desconsidera sim a pessoa jurídica da sociedade de advogados. Neste sentido, HUMBERTO ÁVILA[12]:

> "Insista-se, ao "deslocar" as receitas da pessoa jurídica para a física, a fiscalização nada mais faz do que desconsiderar atos (constituição e registro de pessoa jurídica, emissão de notas fiscais de prestação de serviços e contabilização de receitas) e negócios jurídicos (contratos de prestação de serviços com os tomadores dos serviços e contratos para execução de outros serviços com terceiros) praticados pela pessoa jurídica, atribuindo-os à pessoa física, como se a pessoa jurídica não existisse e seus atos não tivessem sido praticados. Em suma, "deslocamento" é mero eufemismo para a desconsideração".

A ressalva pela aplicação do art. 50 do Código Civil exige a comprovação de algum vício da pessoa jurídica elencado no dispositivo.

Compartilhamos a visão de RICARDO LODI RIBEIRO[13]:

> "Deste modo, o artigo 129 da Lei nº 11.196/05 impede a desconsideração da personalidade jurídica da empresa, salvo se comprovada pela fiscalização que a pessoa jurídica não existe na realidade econômica, ou que sua criação tem vício quanto à finalidade, ou ainda, haja confusão patrimonial com os seus sócios (...)".

[12] ÁVILA, Humberto. *"A prestação de serviços personalíssimos por pessoas jurídicas e sua tributação: o uso e o abuso do direito de criar Pessoas Jurídicas e o Poder de desconsiderá-las."* In: Grandes questões atuais do Direito Tributário. São Paulo: Dialética, 17º vol. p. 134.

[13] Prestação de serviços intelectuais por pessoas jurídicas – Aspectos legais, econômicos e tributários. In: Prestação de serviços intelectuais por pessoas jurídicas: aspectos legais, econômicos e tributários. Coord: Pedro Anan Jr.; Marcelo Magalhães Peixoto – São Paulo: MP Ed., 2008, p. 220.

Desta maneira, não obstante o caráter personalíssimo da atuação do advogado como árbitro, o art. 129 da Lei do Bem autoriza que tal prestação de serviços seja submetida, para fins fiscais, ao regime das pessoas jurídicas, tais como sociedades de advogados.

3.
A Tributação dos Árbitros Advogados

Roberta de Azeredo Ferreira Pagetti

Introdução

Discussão muito interessante e relativamente nova que une a Arbitragem ao Direito Tributário é a que diz respeito à tributação da remuneração recebida pelos árbitros no exercício desta função.

Sabe-se que a escolha dos árbitros que irão integrar um determinado tribunal arbitral depende, entre outras questões[1], da competência do profissional escolhido para desempenhar aquela função. Não é à toa que a lei estabelece que o árbitro deverá "ser capaz e ter a confiança das partes". Considerando que em grande parte das vezes o que está em discussão na arbitragem é uma questão jurídica (interpretação de contratos, de normas e lides de uma maneira geral), é muito comum que advogados experientes sejam chamados a atuarem como árbitros, afinal, a sua *expertise* pode ser crucial para a solução daquela contenda.

Jamais se discutiu se a atuação deste advogado como árbitro poderia desnaturar o seu papel como tal, transformando-o em um profissional de outra área[2] no momento em que atua como árbitro. Todavia, para fins fiscais, recentemente surgiram investidas do Fisco Municipal (paulistano) bem como alguns casos pontuais do Fisco Federal que podem afetar diretamente os advogados que militam na área.

[1] Disponibilidade, independência, imparcialidade.

[2] Que não a advocacia.

Em todo caso, como se verá, a questão passa muito mais pela falta de compreensão do que é exatamente o trabalho do árbitro (especialmente do advogado quando exerce este papel), do que pela questão jurídico-fiscal relativa ao enquadramento daquele profissional. Por se tratar de discussão muito específica, que aflige (por enquanto) uma pequena parte da advocacia militante, existem poucos artigos sobre o assunto, pouco material de estudo e poucos julgados em que ela tenha sido abordada.

Em um brevíssimo resumo, no âmbito municipal, a discussão versa sobre a exigência do ISS das sociedades uniprofissionais. O Fisco Municipal paulistano vem entendendo que quando uma determinada sociedade de advogados tem em seus quadros um profissional que atue como árbitro[3] ela perde o direito ao enquadramento como sociedade uniprofissional para fins de recolhimento do Imposto sobre Serviços (ISS), o que implica em um recolhimento consideravelmente maior a título desse imposto[4].

Já em âmbito federal, tem-se notícia de que a Receita Federal do Brasil autuou alguns advogados que levaram as remunerações recebidas pelo exercício da atividade de árbitros para serem tributadas pela sociedade de advogados das quais participam. Segundo o Fisco Federal, porém, o trabalho do árbitro seria "personalíssimo", o que impediria a tributação das receitas assim recebidas pela sociedade de advogados, devendo os rendimentos ser obrigatoriamente oferecidos à tributação pela pessoa física do advogado. Neste caso, não há propriamente uma descaracterização da pessoa jurídica para fins fiscais, mas apenas um deslocamento do sujeito passivo da obrigação tributária[5].

A questão não é exatamente complexa, mas demanda um olhar atento por aqueles que atuam na área. É preciso que sejam estabelecidos alguns conceitos sobre a atuação dos árbitros advogados para que, com base neles, possa o intérprete da legislação fiscal nortear o seu trabalho, e então poderão ser evitados eventuais abusos contra os contribuintes.

[3] Mesmo que ele seja advogado.

[4] A tributação do ISS para as sociedades uniprofissionais é feita através da aplicação das alíquotas do imposto sobre uma base presumida (e reduzida) – devida por profissional que atua na sociedade; enquanto que a tributação das sociedades de uma maneira geral (que não sejam uniprofissionais) é feita através da aplicação desta mesma alíquota sobre o seu faturamento mensal.

[5] Que deixa de ser a sociedade para ser a pessoa física.

1. A questão municipal: forma de tributação pelo ISS

A Prefeitura de São Paulo tem desenquadrado as sociedades de advogados do regime diferenciado aplicável às sociedades uniprofissionais quando percebe que desta sociedade participam advogados que atuam também como árbitros (ainda que eventualmente)

Como demonstra a transcrição abaixo, extraída de matéria jornalística publicada no jornal Valor Econômico em 2019[6], a Secretaria de Fazenda do Município de São Paulo alega que somente podem ser consideradas como uniprofissionais as sociedades que prestem "um único tipo de serviço", *verbis*:

> A Secretaria de Fazenda de São Paulo tem posicionamento restrito em relação ao tema e não deve ceder à pressão dos advogados. Por meio de nota, informa que "a figura da sociedade uniprofissional é caracterizada por um único tipo de serviço", conforme consta "no artigo 15 da Lei Municipal nº 13.701, de 2003, e o artigo 9º, parágrafo 3º, do Decreto federal nº 406, de 1968".
>
> "Caso o contribuinte preste mais de um serviço, não poderá fazer jus ao referido regime especial de tributação, e, na hipótese de estar enquadrado, deverá solicitar seu desenquadramento ou será desenquadrado de ofício pela administração tributária", diz a nota.

O entendimento de que a sociedade uniprofissional pode prestar "um único tipo de serviço" está correto, já que a sociedade de advogados – por sua própria natureza – somente pode prestar serviços advocatícios. Porém, o posicionamento do Fisco Municipal é mais radical em sua investida contra as sociedades uniprofissionais, pois pretende desqualificar o serviço prestado pelo advogado quando atua como árbitro como um serviço advocatício. Ou seja, pretende alterar a natureza do serviço prestado por este profissional, que, na visão do Fisco, seria um serviço de natureza diversa da advocacia.

De fato, é possível extrair da lista de serviços anexa à Lei Municipal nº 13.701/03 que existe um item específico para tratar da arbitragem e outro item para a advocacia. O item 17.14 da referida lista de serviços prevê

[6] Edição de 14/11/2019 – https://valor.globo.com/legislacao/noticia/2019/11/14/bancas--com-arbitragem-podem-recolher-iss-por-regime-fixo.ghtml

a tributação do ISS na "arbitragem de qualquer espécie"[7], e acrescenta "inclusive jurídica". Assim, existem na lista de serviços anexa à referida lei dois itens distintos para enquadramento dos serviços, que são:

> 17.13 – Advocacia.
> 17.14 – Arbitragem de qualquer espécie, inclusive jurídica.

Como se vê, existe um item específico para a advocacia como um serviço (de profissão regulamentada que é) e outro – destacado – que prevê a "arbitragem de qualquer espécie, inclusive jurídica" como serviço também passível de tributação pelo ISS. Vale notar que o item 17.13 trata da advocacia de uma forma genérica, ou seja, permite que nele sejam enquadrados quaisquer serviços advocatícios, os quais, como se sabe, podem ser diversos.

Contudo, ainda que a lei faça essa "distinção" entre os serviços – de advocacia e de arbitragem "inclusive jurídica", não seria possível desnaturar um serviço jurídico (como a arbitragem, quando feita por um advogado) para que seja tributado através das regras atinentes a um outro item da lista de serviços, que não seja aquele que trata da atividade advocatícia.

O serviço prestado pelo advogado que atua como árbitro não deixa de ser jurídico e ele não deixa de exercer a advocacia quando atua neste campo específico. Também se mostra descabido o desenquadramento de uma sociedade como sociedade de advogados[8] quando um de seus integrantes atua como árbitro.

Para que se tenha o correto enquadramento do serviço em questão dentre aqueles previstos na lista de serviços tributáveis pelo ISS, é necessária uma compreensão exata do que seria o trabalho do árbitro. Antes de mais nada, vale ressaltar que no Brasil não existe a profissão de árbitro (como profissão regulamentada). Assim, os árbitros são profissionais com formações diversas – podendo ser engenheiros, administradores, advogados e por aí vai – que atuam como árbitros em uma determinada arbitragem para a qual foram convidados a atuar[9]. Os profissionais que

[7] E não permite o enquadramento como sociedade uniprofissional, eis que não existe a profissão regulamentada do árbitro.

[8] Sociedade Civil de Profissão Regulamentada.

[9] Repita-se: justamente em razão de sua reconhecida capacidade profissional.

são chamados para atuar como árbitros são aqueles que em razão do seu alto grau de especialização sobre um determinado assunto, têm como contribuir com a solução daquele litígio específico.

Para facilitar a compreensão desta função, o Ministério da Justiça elaborou uma cartilha em que esclarece a arbitragem para aqueles que são leigos no assunto[10], da qual é possível extrair o seguinte trecho:

> Quem pode atuar como árbitro?
>
> Pode atuar como árbitro qualquer pessoa capaz (maior de 18 anos, com discernimento e que possa exprimir sua vontade) que tenha a confiança das partes envolvidas no conflito
>
> O árbitro não precisa ser advogado, mas é bom que tenha conhecimento sobre direito, já que a arbitragem envolve o uso de muitos conceitos legais.
>
> Assim como o juiz. O árbitro não pode ser amigo ou parente das partes, nem trabalhar para elas ou ter algum interesse pessoal no julgamento da causa. Segundo a lei, o árbitro deve ser independente e imparcial.
>
> É necessário possuir alguma credencial ou fazer algum curso profissionalizante para atuar com árbitro?
>
> Não há nenhuma exigência legal para que alguém possa atuar como árbitro, a não ser a capacidade civil e a confiança das partes, como já dito. Além disso ninguém é árbitro. Qualquer um pode estar árbitro. A diferença entre ser e esta é importante: a função de árbitro é uma atividade temporária, que está vinculada apenas e tão somente às pessoas envolvidas no conflito. Por isso, ser árbitro não é uma profissão. Uma vez tomada a decisão pelo árbitro, a sua função de jugar o conflito termina e ele deixa de ser árbitro.

De tais definições fica claro que o árbitro não é um profissional que se dedique exclusivamente ao trabalho da arbitragem – já que "ser árbitro não é uma profissão", mas é um profissional de uma outra área (jurídica ou não), que desempenha a função de árbitro por um determinado período e para uma arbitragem específica.

Desconsiderando por completo o conceito do que é o trabalho do árbitro, o entendimento esposado pelo Fisco paulistano é no sentido de que o serviço de arbitragem seria um serviço destacado da atividade advocatícia e diverso dele. Todavia, nunca é demais repetir que a atividade

[10] Disponível através do site do CBAr: http://cbar.org.br/PDF/cartilha.pdf

de arbitragem, quando desempenhada por um advogado, não deixa de ser uma atividade advocatícia.

A arbitragem é apenas uma das atividades que o advogado pode exercer, assim como pode patrocinar ações judiciais, exarar pareceres, defender clientes em processos administrativos, participar de audiências e tantas coisas mais.

A inclusão da atividade de árbitro entre aquelas que podem ser exercidas pelo advogado ficou expressamente consignada pelo Conselho Federal da OAB ao editar o Provimento 196, de 2020. Através dele, tal Conselho (que é a instituição competente para definir o alcance da função do advogado) deixou claro que

> Art. 1º Constitui atividade advocatícia, para todos os fins, a atuação de advogados como conciliadores ou mediadores, nos termos da Lei n. 13.140/2015, ou árbitros, nos moldes preconizados pela Lei n. 9.307/1996.
>
> § 1º A atuação de advogados como conciliadores, mediadores, árbitros ou pareceristas e no testemunho (expert witness) ou no assessoramento às partes em arbitragem não desconfigura a atividade advocatícia por eles prestada exclusivamente no âmbito das sociedades individuais de advocacia ou das sociedades de advogados das quais figurem como sócios.
>
> (...)

Fica assim afastada qualquer dúvida quanto à possibilidade do advogado atuar como árbitro, e ainda quanto à possibilidade de tal atividade ser exercida pelo advogado enquanto integrante de uma sociedade de advogados, sem que esta seja desnaturada ou desclassificada de qualquer forma.

Por todos estes motivos, mesmo que conste da lista de serviços anexa à Lei Municipal Paulistana nº 13.701/03 um item específico para a tributação do serviço de arbitragem, é fato que quando a arbitragem for exercida por advogado ela continua sendo uma atividade advocatícia, e por isso deve ser enquadrada como tal para fins fiscais[11], não sendo cabível o enquadramento deste serviço em outro item da lista de serviços que não seja o da advocacia.

[11] No item 17.13 da lista de serviços e não no 17.14.

É preciso que fique claro, de uma vez por todas que ser árbitro não é uma profissão por si só (ao menos no Brasil). Enquanto esta não for uma premissa verdadeira aos olhos do Fisco, continuará ele a insistir nesta desclassificação, que pode ainda ser ampliada a outros serviços prestados por advogados – que não necessariamente a arbitragem. Por isso, este é um tema que aflige a advocacia como um todo, e deve ser enfrentado por todos os interessados, sob pena de ser sacramentado o entendimento contrário aos interesses da classe.

Outrossim, ainda que se admitisse tal hipótese, apenas por amor à argumentação, certo é que não seria cabível a desconsideração da sociedade como uniprofissional apenas por este motivo, pois o trabalho da arbitragem – além de ser jurídico, não seria apto a desconfigurar todos os demais serviços advocatícios prestados por esta mesma sociedade. Por isso, cabe ainda uma reflexão do Fisco quanto às reais consequências do entendimento de que a arbitragem não é uma atividade advocatícia.

2. A questão federal: tributação da renda

Passando à análise da discussão, no âmbito federal, acerca da tributação dos rendimentos pagos ao advogado quando atua como árbitro, a Receita Federal manifestou o entendimento – em alguns casos isolados[12] – de que a tributação dos honorários recebidos como remuneração da atuação do advogado como árbitro só pode ser tributada pela pessoa física[13].

Nesse caso, assim como na discussão sobre o ISS, existem algumas questões simples que precisam ser compreendidas pelo intérprete na hora de (pensar em) aplicar este entendimento.

Com efeito, o trabalho do advogado como árbitro não difere em nada do trabalho que ele exerce diariamente em todas as suas demais áreas de atuação: ele usa a estrutura física do escritório, precisa de apoio de estagiários e outros advogados para pesquisas e análise de documentos; sendo, na maior parte das vezes um trabalho feito em equipe, e não individualmente, já que a arbitragem envolve grande estudo e preparação.

Tratando-se da remuneração recebida pelo advogado como contraprestação à sua atuação como árbitro em um determinado caso concreto,

[12] É importante frisarmos isso para que não se tenha a impressão de que vem acontecendo de forma usual.

[13] E não por uma sociedade de advogados (pessoa jurídica).

não se questiona o fato de se tratar de um rendimento tributável, pois é um ingresso que se enquadra no conceito de renda previsto no artigo 43 do Código Tributário Nacional (CTN).

O que se discute então é a forma como este rendimento deve ser tributado. Mais especificamente: se é um rendimento decorrente da atividade usual do advogado e passível de tributação pela Sociedade da qual este advogado figure como sócio; ou se é um rendimento de atividade estranha ao exercício da advocacia, caso em que não poderia ser tributado como se fosse receita da referida Sociedade, e então deveria ser oferecido à tributação pelo advogado como pessoa física.

Em alguns casos pontuais dos quais se tem notícia, a Receita Federal do Brasil tentou desqualificar este pagamento como uma receita passível de tributação pela sociedade de advogados, e defende o entendimento de que tais valores devem ser tributados exclusivamente no âmbito da pessoa física, por se tratar de serviço "personalíssimo".

Este primeiro argumento, porém, cai por terra ao reconhecermos que todo e qualquer serviço prestado por um profissional liberal é, via de regra, personalíssimo. Seja o médico que vai executar uma determinada cirurgia altamente especializada, ou um arquiteto que irá desenhar um projeto específico ou o advogado que irá elaborar um parecer, certo é que, em qualquer caso, se trata de trabalho personalíssimo, eis que somente aquele profissional poderia executá-lo.

Aliás, é importante mencionar que uma Sociedade, seja de advogados ou não, não "presta" um serviço. Quem o faz são os profissionais (pessoas físicas) que a integram[14]. Tanto é assim que, tomando-se o exemplo da

[14] Como referido por Fernando Facury Skaff e Alexandre Evaristo Pinto em artigo publicado no Conjur:
Mais uma vez, resta notória uma confusão no que tange ao próprio conceito de pessoa jurídica. No caso de qualquer prestação de serviço por pessoa jurídica, há uma atividade laboral realizada por uma pessoa natural, visto que a pessoa jurídica é uma abstração.
A título de ilustração, quando um mecânico constitui uma pessoa jurídica para exercer as suas atividades de reparos automotivos, ele possivelmente fará os reparos (com auxílio ou não de empregados) em nome da pessoa jurídica por ele detida.
Não é diferente do caso em que há a contratação de uma pessoa jurídica constituída por um intérprete de música brasileira para a realização de um sarau com duração de uma hora. Por mais incrível que pareça, quem irá efetivamente cantar será aquele intérprete musical, e não a pessoa jurídica.

advocacia, a procuração para atuação em juízo é sempre outorgada às pessoas e não às sociedades – o que apenas confirma a ideia de que o serviço advocatício é, por natureza, um serviço personalíssimo.

Toda prestação de serviços é pessoal, já que o serviço é prestado por uma pessoa e nunca por uma entidade ou por um ente coletivo.

No entanto, o fato de ser um serviço prestado pessoalmente por aquele profissional não impede que a remuneração dele advinda seja levada à tributação pela Sociedade da qual aquele médico, arquiteto ou advogado façam parte.

Não existe vedação a que o rendimento decorrente desse trabalho "personalíssimo" seja levado à tributação pela Sociedade de Advogados da qual este profissional integre como sócio; assim como inexiste determinação legal expressa para que o trabalho "personalíssimo" seja tributado apenas na pessoa física. Não há motivo para que se segreguem as receitas auferidas pela sociedade de advogados entre: i) receitas decorrentes da atuação do advogado como árbitro; e ii) demais receitas auferidas em qualquer outra atividade advocatícia. Todas elas, em regra, decorrem da atividade advocatícia[15].

Seguindo essa linha de raciocínio, é importante notar que a discussão não deve se dar sobre a natureza jurídica ou o "tipo" do serviço prestado. A definição sobre a forma de tributação da remuneração auferida pelo advogado (seja ao atuar como árbitro ou não) se dá muito mais em razão da forma de organização do sujeito prestador do serviço do que em razão da natureza do serviço prestado.

Em outras palavras, se o advogado é integrante de uma Sociedade de Advogados, então ele deve levar as receitas auferidas com o exercício da atividade advocatícia à tributação pela referida Sociedade. Por outro lado, não sendo ele integrante de uma sociedade, deverá oferecer tais rendimentos à tributação como pessoa física. Não há qualquer regra que impeça que assim seja feito ou que determine que tal tributação se dê de forma diversa.

Ao contrário, existe previsão legal expressa para que as sociedades civis de profissão regulamentada possam se sujeitar à tributação como qualquer outra pessoa jurídica. Nesse sentido, o art. 55 da Lei nº 9.430/96, *verbis*:

[15] Sob pena, aliás, de responsabilização profissional e ética dos integrantes desta sociedade.

> Art. 55. As sociedades civis de prestação de serviços profissionais relativos ao exercício de profissão legalmente regulamentada de que trata o art. 1º do Decreto-lei nº 2.397, de 21 de dezembro de 1987, passam, em relação aos resultados auferidos a partir de 1º de janeiro de 1997, a ser tributadas pelo imposto de renda de conformidade com as normas aplicáveis às demais pessoas jurídicas.

Considerando que a advocacia é uma das profissões regulamentadas para as quais é possível a formação de uma sociedade civil, e considerando que o exercício da função do árbitro por um advogado é exercício típico da advocacia[16], então não há que se questionar a tributação destes honorários através da referida Sociedade.

Da mesma forma, inexiste disposição legal que determine que o serviço personalíssimo seja tributado exclusivamente pela pessoa física, como já referido acima.

Na realidade, a natureza jurídica que deve ser perquirida aqui é apenas aferir se o rendimento/receita auferido é tributável ou não, ou seja, se se enquadra ou não no conceito de renda do art. 43 do CTN. E isso, como também já mencionado, não está em discussão no caso concreto, já que as receitas auferidas com a atividade de árbitro são receitas tributáveis, assim como qualquer outro serviço prestado pelo advogado.

Assim, não é demais repetir que a "opção" pela tributação do rendimento em uma ou outra modalidade, ou seja, por meio da pessoa física do advogado ou da pessoa jurídica (sociedade de advogados), é uma opção apenas do contribuinte, a depender eminentemente da sua organização específica – isto é, se ele é integrante de uma Sociedade de Advogados ou se ele atua sozinho. Não existe um critério legal e objetivo que determine para onde uma determinada receita deverá ser levada.

A depender dessa organização do contribuinte é que se deverá decidir sobre como será a tributação do rendimento auferido no exercício da função de árbitro. O advogado pode estar organizado em uma Sociedade de Advogados ou pode prestar seus serviços habitualmente sozinho, como pessoa física. Não se sustenta o entendimento de que o serviço "personalíssimo" deva ser levado à tributação exclusivamente pela pessoa física.

[16] Confirmado através do Provimento nº 196/2020 da OAB, já referido anteriormente.

Outrossim, ainda que sejam superados todos os argumentos trazidos acima, há que se analisar, também uma outra vertente do problema, cujo óbice é intransponível. Deve se aplicar ao caso concreto o disposto no artigo 129 de Lei nº 11.196/2005, que passou a permitir expressamente a tributação dos serviços "personalíssimos" através das pessoas jurídicas em que sejam prestados.

Sobre a referida norma e suas implicações para a tributação dos serviços tidos como "personalíssimos", Alessandra Okuma[17] assim se manifestou:

> (...)
> O texto é claro. Serviços intelectuais podem ser prestados por pessoas jurídicas, mesmo quando personalíssimos. E essa determinação deve prevalecer para fins fiscais e previdenciários, exceto quando houver desconsideração da personalidade judicial nas
> hipóteses autorizadas pelo Código Civil.
> A relação de confiança que existe entre o árbitro e o cliente não é diferente daquela que permeia o relacionamento entre o cliente e seu advogado, que também exerce suas atividades de modo individual e personalíssimo. A personalidade está presente em inúmeros outros serviços, especialmente profissões independentes e regulamentadas
> (profissionais da saúde, arquitetos, engenheiros, contabilistas e outros), e não justifica a desconsideração da pessoa jurídica.
> (...)

A despeito de sua clareza, desde a edição da referida norma a discussão acerca do tema passou a ser exclusivamente sobre a aplicação ou não do mencionado artigo 129 aos casos concretos – se ele seria uma norma meramente interpretativa (e por isso poderia ser aplicada a fatos geradores anteriores a 2005) ou se seria uma inovação, hipótese em que somente seria aplicável a partir de 2006.

Porém, independentemente da corrente à qual o intérprete possa se filiar, fato é que desde então passou a ser incontestável a possibilidade de tributação dos serviços em tela através da Sociedade de Advogados (pessoa jurídica).

[17] Em https://www.conjur.com.br/2020-set-08/okuma-tributacao-prestacao-personalissima--servicos

Por fim, é imperioso ainda destacar que o advogado, quando atua como árbitro, não perde a qualidade de advogado. Ele não deixa de ser advogado para exercer aquela função. Muito pelo contrário. Ele exerce momentaneamente a atividade de árbitro, para a qual ele só foi escolhido justamente em razão do seu conhecimento jurídico (experiência e capacidade) e de sua reconhecida atuação como advogado.

Ora, se a atuação específica do advogado como árbitro não desnatura a sua condição de advogado, e se, inversamente, é justamente o seu histórico de atuação como advogado que justifica esta atuação como árbitro, então não se pode falar de forma alguma que o trabalho "personalíssimo" do árbitro desnature a essência do trabalho do árbitro como um serviço advocatício, o que por si só justifica que ele seja levado à tributação na sociedade de advogados, e não na pessoa física.

Não existem duas figuras distintas: ou o profissional é árbitro ou é advogado.

A atividade do árbitro, ainda que não seja exclusiva da advocacia, é, nestes casos, uma atividade típica da advocacia, eis que o profissional destacado para atuar como árbitro foi escolhido para tal não por outro motivo que não seja pelo seu conhecimento jurídico. Se a função é exercida em decorrência do conhecimento jurídico, o qual foi adquirido justamente em razão da atuação daquele profissional na advocacia, não há motivos para que os honorários recebidos como remuneração pelo exercício desta função sejam tributados de outra forma que não pela sociedade de advogados da qual o profissional faz parte.

3. Traços comuns e divergências entre os Fiscos Municipal e Federal

Como visto anteriormente, a Receita Federal do Brasil vem pretendendo segregar as receitas que são decorrentes da atividade de árbitro quando exercidas pelo integrante de uma sociedade de advogados. Na prática, os valores percebidos pelo profissional que atuou como árbitro são "destacados" do faturamento da sociedade e lhe é exigido (na pessoa física) o imposto então devido.

Já o Fisco Municipal Paulistano não faz essa segregação das receitas conforme sua origem (se recebidas em razão da atuação do advogado como árbitro ou não). O que ocorre no âmbito municipal é o desenquadramento da sociedade de advogados, como um todo, do regime aplicável às sociedades uniprofissionais. Isso implica em que mesmo aquelas receitas tradicionalmente típicas da advocacia não possam mais ser tributadas pela sistemática das sociedades uniprofissionais na hipótese em que a sociedade receber quaisquer receitas relativas aos serviços do advogado como árbitro.

A análise dos entendimentos manifestados pelo Fisco Paulistano e pelo Fisco Federal indica uma semelhança entre ambos: o fato de tratarem a arbitragem como um serviço diverso dos serviços advocatícios.

Por outro lado, tal análise demonstra também uma diferença decorrente dos entendimentos esposados por cada um, que são as consequências decorrentes da aplicação de tais entendimentos aos casos concretos. É possível afirmar que a posição do Fisco paulistano se mostra mais gravosa aos contribuintes, na medida em que sua aplicação implica na alteração de 100% da forma de tributação da sociedade de advogados (que passa a não mais poder ser enquadrada como sociedade uniprofissional).

Já nos casos em que a Receita Federal desqualifica o rendimento auferido pelo advogado como rendimento passível de tributação pela sociedade de advogados da qual faz parte, não é alterada toda a tributação da sociedade, mas apenas aquela parte decorrente da prestação do serviço de advogado como árbitro.

Coincidência ou não, em ambos os casos a aplicação dos entendimentos em questão implica em maior arrecadação aos respectivos entes tributantes.

Por fim, vale dizer um dado que as investidas municipal e federal têm em comum: a necessidade premente de se compreender o conceito da arbitragem e consequentemente a compreensão sobre em que consiste a atividade do árbitro. Chegando-se a um consenso quanto a estes conceitos, certamente será possível chegarmos, como sociedade, a um conceito sobre como deve ser tributada a receita auferida pelo advogado quando atua na função de árbitro[18].

[18] É o que foi salientado em artigo do Conjur, subscrito por Fernando Facury Scaff e Alexandre Evaristo Pinto, verbis:
À primeira vista o caso pode parecer pequeno e isolado, pois se refere apenas à atividade de arbitragem, mas tem tudo para se tornar explosivo no âmbito da advocacia como um todo. O ponto central é saber se atividades não privativas de advogados podem ser tributadas através da sociedade de advogados ou se devem ser tributadas diretamente na pessoa física do advogado prestador de serviços.

Conclusões

A tributação dos árbitros é uma questão nova, e demanda uma análise cuidadosa de todos os envolvidos, de ambos os lados: tanto do Fisco quanto dos contribuintes.

É essencial que se amadureça a discussão sobre a forma correta de tributação dos honorários recebidos por árbitros – não só porque a arbitragem é uma realidade e seu uso tende a ser cada vez mais ampliado em nosso sistema, mas também porque é uma discussão que não encontra precedentes, pois por mais que se queira enquadrá-la dentro de quaisquer outras situações já conhecidas e julgadas por nossos tribunais, certo é que nenhum destes outros temas tem todas as nuances daquela que analisamos aqui.

A aplicação da lei nesse caso concreto precisa necessariamente passar pela análise do funcionamento do tribunal arbitral, do trabalho efetivo do árbitro, dos conhecimentos necessários para se exercer tal papel, e da dinâmica do trabalho como árbitro. Sem este conhecimento, a aplicação da lei tributária não será correta.

Referências

OKUMA, Alessandra de Souza. *A tributação da prestação personalíssima de serviços.* Conjur, publicado em 18/09/2020. https://www.conjur.com.br/2020-set-08/okuma-tributacao-prestacao-personalissima-servicos.

VALOR ECONOMICO. *Bancas com arbitragem podem recolher ISS por regime fixo.* Publicado em 14/11/2019. https://valor.globo.com/legislacao/noticia/2019/11/14/bancas-com-arbitragem-podem-recolher-iss-por-regime-fixo.ghtml.

Arbitragem: o que você precisa saber. Cartilha elaborada pelo Ministério da Justiça, com apoio do CBAR e Conima. http://cbar.org.br/PDF/cartilha.pdf.

SCAFF, Fernando Facury e PINTO, Alexandre Evaristo. *Atividade não exclusiva de advogados deve ser tributada na pessoa física?.* Conjur, publicado em 15/06/2020. https://www.conjur.com.br/2020-jun-15/justica-tributaria-atividade-nao-exclusiva-advogados-tributada-pessoa-fisica.

4.

2º Painel Resumo do Moderador "Projetos de Lei da Arbitragem Tributária Propostas em Andamento no Congresso"

Roberto Pasqualin

Introdução

Em tempos de mudanças profundas em nosso País, é chegada a hora, ainda que tardiamente, de as lideranças políticas do país aprovarem reformas estruturantes em várias e importantes matérias de interesse de toda a sociedade brasileira.

Entre elas, a tão discutida (e nunca aprovada) **Reforma Tributária** para simplificar e dar eficiência econômica ao hoje complexo e caótico sistema de imposição e cobrança de tributos de competência da União, Estados, Distrito Federal e Municípios, a maior fonte de litígios por controvérsias entre fiscos e contribuintes na sua aplicação.

São três os pilares fundamentais dessa esperada Reforma Tributária:

a) a **redução da quantidade de tributos** existentes, da carga tributária que representam para os contribuintes;
b) a **redução da burocracia e do custo de conformidade** atribuído aos contribuintes para pagar tributos e cumprir obrigações acessórias muitas vezes desnecessárias; e
c) o **aumento na eficiência da cobrança** dos tributos pelas administrações tributárias do país **e de sua discussão no contencioso tributário**, hoje de competência exclusiva dos tribunais administrativos e do judiciário.

O 2º Painel do 1º Congresso Internacional de Arbitragem Tributária do IBATT propôs à discussão a **Reforma do Contencioso Tributário** entre fiscos e contribuintes, parte de um dos pilares da Reforma Tributária ampla, com a introdução em nosso sistema jurídico-processual, **por lei ou por ato administrativo**, de uma terceira via de solução dos litígios pela implantação no Brasil da **Arbitragem Tributária**.

A discussão do aumento da eficiência do contencioso tributário brasileiro pela implantação da arbitragem tributária pode ser adotada por legislação especial ou por regulamentação administrativa, e em qualquer caso, independentemente da aprovação da Reforma Tributária como um todo.

Por isso, a realização desse 2º Painel no 1º Congresso Internacional de Arbitragem Tributária do IBATT, onde se discutiram "**Projetos de Lei da Arbitragem Tributária – Propostas em Andamento no Congresso**".

1. A adoção da arbitragem tributária no Brasil é objeto de dois Projetos de Lei em andamento no Congresso Nacional. Há também proposta de sua implantação por ato administrativo, independentemente de edição de lei.

2. Essas três propostas foram o objeto de debate neste 2º Painel do 1º Congresso Internacional de Arbitragem Tributária do IBATT.
   2.1 À palestrante TATHIANE PISCITELLI coube colocar em debate o **Projeto de Lei nº 4257, de 2019, de autoria do Senador Antonio Anastasia**, que propôs a opção pela arbitragem tributária quando já instaurado litígio judicial sobre **crédito tributário constituído**.
   2.2 O palestrante HELENO TORRES colocou em debate o **Projeto de Lei nº 4468, de 2020, de autoria da Senadora Daniella Ribeiro**, que propôs a arbitragem tributária para prevenir ou solucionar controvérsia **antes da constituição do crédito tributário** ou para quantificar crédito em liquidação de sentença passada em julgado.
   2.3 E o palestrante MARCELO ESCOBAR apresentou a debate sua proposta de implantação da **arbitragem tributária veiculada por ato administrativo** sem necessidade de lei especial, para solucionar litígios da espécie **em qualquer fase da cobrança**

do tributo, antes, durante ou depois da constituição do crédito tributário, com suporte na legislação já editada, interpretada sistematicamente.

2.4. Segue então resumo feito pelo moderador do 2º Painel do Congresso, ROBERTO PASQUALIN, destacando os aspectos principais dos debates realizados.

3. Em sua apresentação, Tathiane Piscitelli destacou que a arbitragem tributária proposta pelo Projeto de Lei 4257 segue em linha com a legislação que Portugal pioneiramente implantou em 2011 para disciplinar a arbitragem tributária naquele país.

3.1 E pontuou que, incentivado pela experiência de Portugal, o tema da arbitragem tributária passou a ser então estudado e discutido no Brasil, ainda que primariamente na academia, especialmente na Escola de Direito da Fundação Getúlio Vargas em São Paulo e em algumas outras instituições arbitrais. Esse estudo promoveu o amadurecimento da ideia de implantar a arbitragem tributária no Brasil e levou à apresentação do Projeto de Lei 4257.

3.1 **a)** Tathiane Piscitelli apontou então que em Portugal a discussão por arbitragem tributária se estendeu a todas as questões relacionadas aos litígios resultantes do fenômeno tributário para os contribuintes, limitadas estas às que foram listadas em norma administrativa do fisco português, vinculativas para a administração tributária daquele país e opcionais para seus contribuintes.

3.2 Durante o debate no painel, foi visto que, diferentemente do que se fez em Portugal, o PL 4257 limitou a aplicação da arbitragem tributária à **fase judicial** do contencioso tributário, **não incluindo** o acesso ao instituto da arbitragem tributária para a solução das controvérsias que possam ocorrer nas fases anteriores -- na **fase administrativa**, de constituição do crédito tributário; e na **fase de consultas formais**, antes mesmo da constituição administrativa do crédito tributário, para solucionar conflitos decorrentes de diferenças de interpretação do Direito posto a respeito do cumprimento de determinada obrigação tributária, principal ou acessória.

3.2 **a)** Mais adiante em sua apresentação, comentando o impulso para a implantação no Brasil da arbitragem tributária em razão de sua adoção exitosa em Portugal, Tathiane Piscitelli abordou a dificuldade de comparar sua implantação efetiva em Portugal com a possibilidade ainda não concretizada de sua implantação no Brasil.

3.2 **b)** Além da disparidade populacional, da extensão territorial e do tamanhão da economia entre os dois países, um modelo brasileiro de arbitragem tributária, ainda que inspirado pelos princípios jurídicos e filosóficos adotados em Portugal, teria que levar em conta também as diferenças entre os dois países dos sistemas jurídico-tributários e das estruturas administrativas para a instituição e arrecadação de tributos e do contencioso tributário para solução de litígios com os contribuintes.

3.2 **c)** Em Portugal, de um lado, as competências tributárias são próprias de um Estado unitário. De outro lado, no Brasil, essas competências são tripartidas, na federação brasileira, entre a União, Estados, Distrito Federal e Municípios. Não há como transportar para o Brasil o modelo português, é o que se debateu no 2º painel.

3.3 O debate, no entanto, saudou a iniciativa do Senador Anastasia de inovar no assunto, propondo a arbitragem tributária em projeto de lei ordinária e que acelerou sua discussão no Congresso Nacional, não mais apenas na academia.

3.4. Mesmo que o Projeto de Lei 4257, de 2019, não esteja vinculado aos projetos de Reforma Tributária em curso no legislativo, a proposta de implantação da arbitragem tributária no Brasil, se aprovada, complementará o leque de inovações na reforma maior do Sistema Tributário Brasileiro.

4. O segundo palestrante, Heleno Torres, trouxe à discussão no 2º Painel o Projeto de Lei nº 4468, de 2020, que propõe a implantação por lei ordinária de uma arbitragem especial tributária para solução de conflitos que possam surgir entre fisco e contribuinte antes da constituição do crédito tributário.

4.1 Heleno Torres destacou ser necessário iniciar a implantação da arbitragem tributária de forma gradual e por uma lei especial, distinta da Lei Brasileira de Arbitragem, como forma de evitar resistência ao instituto pelas administrações tributárias do País e, também, evitar a discussão judicial de sua constitucionalidade se fosse maior a abrangência da aplicação da arbitragem a conflitos envolvendo créditos tributários já constituídos.

4.2 O Projeto de Lei 4468, como mostrou Heleno Torres, tratou a arbitragem especial tributária como um modelo de contencioso tributário limitado à fase anterior à constituição administrativa do crédito tributário e com procedimentos próprios, distintos dos procedimentos previstos na Lei 9.307, de 1996.

4.3 Embora alguns desses procedimentos incluídos no Projeto de Lei 4468 tenham semelhança quase total com os da Lei Brasileira de Arbitragem, Heleno Torres pontuou que a proposta desse Projeto de Lei é de implantar um instituto especial para litígios tributários que não se iguala à arbitragem comercial e com a administração pública da Lei 9.307.

4.4 Durante o debate, os integrantes desse 2º Painel observaram que o escopo limitado e a forma especial que o Projeto de Lei 4468 propõe para a arbitragem tributária poderia receber contribuições de aperfeiçoamento para eventual submissão aos princípios e formas da Lei Brasileira de Arbitragem, inclusive tramitação conjunta com o anterior Projeto de Lei 4257 e incorporação em um único substitutivo das propostas desses dois Projetos de Lei.

4.5 Heleno Torres indicou então que a Senadora Daniella Ribeiro, autora do Projeto de Lei 4468, não se recusa a receber contribuições e a participar de debates sobre a forma, estrutura e escopo da arbitragem especial tributária, como proposto no Projeto de Lei, durante sua tramitação legislativa.

5. O último integrante do 2º Painel, Marcelo Escobar, apresentou ao debate sua proposta de implantação da arbitragem tributária no Brasil por ato administrativo que prescindisse de aprovação de lei especial pelo Congresso Nacional.

5.1 Em sua exposição, Marcelo Escobar apontou que o sistema jurídico brasileiro já dispõe de legislação suficientemente adequada para isso, bastando que se a interprete sistematicamente com o Código Tributário Nacional, o Código de Processo Civil, a Lei Brasileira de Arbitragem e a Lei de Mediação e da Autocomposição Administrativa de Litígios.

5.2 Marcelo Escobar indicou que o Direito Administrativo da União já se serviu dessa legislação, que se mostrou adequada para suportar a competência de autoridades administrativas para a edição de atos que formataram procedimentos de solução de conflitos entre entes da Administração Pública Federal e que estão sendo aplicados até hoje pela Advocacia Geral da União (AGU) e pela Câmara de Conciliação e Arbitragem da Administração Federal (CCAF), independentemente de lei especial que dispusesse sobre tais procedimentos.

5.3 Na conclusão de sua apresentação, Marcelo Escobar propôs ao debate que a arbitragem tributária seja objeto de um regulamento modelo elaborado e editado por ato administrativo pela AGU para ser primariamente adotado para a prática da arbitragem tributária pela União.

5.3 a) Propôs ainda que esse regulamento modelo viesse a ser adotado – também por ato administrativo das autoridades competentes –, por Estados, Distrito Federal e Municípios na implantação da arbitragem tributária nessas unidades da federação.

5.3 b) Marcelo Escobar apontou que essa foi a forma que a ONU, através da UNCITRAL, encontrou para uniformizar o quanto possível a regulamentação da arbitragem internacional que viesse a ser praticada por diversos países.

5.3. c) O regulamento modelo da UNCITRAL, ele pontuou, passou a ser amplamente usado na formatação da arbitragem comercial para a solução extrajudicial de conflitos, inclusive aqui no Brasil.

Conclusões

6. No encerramento do 2º Painel, foi proposto pelos seus integrantes que fossem estudadas formas de aproveitar elementos dos Projetos de Lei 4257 e 4468 para uma possível fusão, em um único substitutivo, de Projeto de Lei para a implantação da arbitragem tributária no Brasil.

6.1 Foi igualmente proposto, ao final dos debates no 2º Painel, que fossem estudadas hipóteses de aplicação dos elementos desses dois Projetos de Lei para a formatação o quanto possível uniforme de um regulamento modelo de arbitragem tributária a ser implantada por ato administrativo pelos órgãos competentes das diferentes unidades da federação.

7. Na edição deste livro estarão publicados artigos preparados por um ou mais integrantes do 2º Painel do 1º Congresso Internacional de Arbitragem Tributária realizado pelo IBATT.

5. Quebrando Paradigmas para a Arbitragem Tributária

José Eduardo Tellini Toledo

Introdução

Este artigo decorre de palestra apresentada durante o I Congresso Internacional de Arbitragem Tributária, promovido pelo Instituto Brasileiro de Arbitragem e Transação Tributários – IBATT, que ocorreu de forma virtual nos dias 28 e 29 de setembro, e onde tive a oportunidade de tecer algumas considerações sobre esse tema.

Pretendo analisar a importância da quebra de paradigmas para a efetiva instituição da Arbitragem Tributária no Brasil, que deve ter como base a Lei nº 9.307/96 (Lei Brasileira de Arbitragem – LBAr).

Apenas para um esclarecimento inicial, entenda-se, por paradigma, o modelo, exemplo ou padrão insertos em uma determinada sociedade, conforme as experiências vividas. Em outras palavras, a aceitação de certos valores por uma determinada sociedade acarreta o surgimento de um paradigma.

Assim, quebrar um determinado paradigma nada mais é do que o rompimento dos valores anteriores, substituindo-os por novas ideias, atualizadas dentro de novos conceitos em face da evolução de determinada sociedade.

É o que pretendo provocar neste estudo: quebrar um paradigma em relação à arbitragem na área tributária.

1. Das normas jurídicas e projetos existentes

A arbitragem tributária no Brasil já é uma realidade.

O Município de São Paulo, por meio da Lei nº 17.324, de 18 de março de 2020, ao instituir a Política de Desjudicialização no âmbito da Administração Pública Municipal Direta e Indireta, visando reduzir a litigiosidade, *estimular a solução adequada de controvérsias*, promover, sempre que possível a solução consensual dos conflitos e aprimorar o gerenciamento do volume de demandas administrativas e judiciais, assim estabeleceu:

> "Art. 7º A Administração Pública Municipal Direta e Indireta poderá utilizar-se da arbitragem para dirimir conflitos relativos a direitos patrimoniais disponíveis, nos termos da Lei Federal nº 9.307, de 23 de setembro de 1996".

Apesar de ainda não regulamentada até a data da elaboração do presente estudo, não existem dúvidas a sobre o grande avanço previsto nessa lei municipal, principalmente ao estabelecer, como uma das condições, que o conflito "... deve versar sobre direitos disponíveis..." (arbitrabilidade objetiva), ou seja, também sobre questões envolvendo tributos municipais.

Não é por demais lembrar que apesar do interesse público ser indisponível, isso não significa dizer que todos os direitos patrimoniais assim são considerados.

Pelo contrário, apenas aqueles relacionados ao interesse da coletividade (interesse público primário) é que devem ser indisponíveis; os demais (interesse público secundário) pode (e deve) ser disponível.

E o crédito tributário justamente se classifica como interesse público secundário e, portanto, arbitrável.

Em artigo intitulado "Arbitragem Tributária: realidade ou fantasia?", publicado no livro "Novos Rumos do Processo Tributário: Judicial, administrativo e métodos alternativos de cobrança do crédito tributário", coordenado pela Dra. Isabela Bonfá de Jesus e Dra. Renata Elaine Silva Ricetti Marques, abordei com bastante detalhe a disponibilidade do crédito tributário. Peço licença ao leitor para reproduzir minhas palavras e citações daquele artigo:

"Apesar de que em um primeiro momento haver a impressão de que todos os direitos relacionados ao Estado são indisponíveis, a doutrina mais moderna se posicionou de forma contrária, principalmente nos atos negociais onde o Estado age como um particular.

PIETRO[1] bem destacou essa diferenciação, esclarecendo:

"O interesse público é sempre indisponível pela Administração Pública, porque ele é de titularidade da coletividade e não do poder público. A administração Pública apenas o administra, protege e tem o dever de dar-lhe efetividade. Mas não pode dele dispor livremente porque não lhe pertence.

Portanto, é correto afirmar que o interesse público é indisponível. Mas isto não significa que todos os direitos patrimoniais, no âmbito do direito público, sejam indisponíveis. Por vezes, a disponibilidade de um patrimônio público pode ser de mais interesse da coletividade do que sua preservação".

SILVEIRA[2] compartilha do mesmo entendimento:

"Tal princípio [*princípio da indisponibilidade do interesse público*] determina que a Administração Pública não pode dispor do interesse da coletividade ou renunciar a poderes que a lei lhe conferiu, dado que o titular do interesse público é o Estado, o único capaz de autorizar a disponibilidade ou a renúncia mediante lei.

(...)

O princípio da indisponibilidade do direito público, portanto, a *priori* não seria um impedimento em si para a solução dos conflitos pela via arbitral".

É oportuno, neste momento, diferenciar o interesse público primário e secundário: enquanto o primeiro tem correlação direta com o interesse

[1] PIETRO, Maria Sylvia Zanella Di. **Direito Administrativo**. 31. Ed. Ver. Atual e ampl. Rio de Janeiro: Forense, 2018;

[2] SILVEIRA, Bruna Alcino Marcondes da. A arbitrabilidade dos conflitos envolvendo as agências reguladoras. *in* MUNIZ, Joaquim de Paiva. BONIZZI, Marcelo José M. FERREIRA, Olavor A.V. Alves. **Arbitragem e Administração Pública – temas polêmicos**. Ribeirão Preto, P: Migalhas, 2018. p. 35-61;

da coletividade e, portanto, indisponível, o segundo se caracteriza como disponível e pode ser objeto de alienação, como por exemplo, cláusulas financeiras.

BOSSA e VASCONCELOS[3], ao analisarem a ressignificação do princípio da supremacia do interesse público, assim se posicionaram:

> "Vale reforçar que o interesse público primário ou interesse da sociedade e da coletividade como um todo, de onde ecoa o princípio da supremacia do interesse público sobre o privado, não se confunde com o interesse público secundário.
>
> O conteúdo do interesse público secundário não corresponde ao interesse social, mas tão somente ao interesse estatal (patrimonial). Logo, não estamos tratando do interesse público propriamente dito e sim de interesses exclusivos do Estado".

Nas palavras de PASINATTO e VALLE[4]:

> "O Crédito Tributário é classificado como interesse público secundário, ou seja, disponível e arbitrável. Isso, pois, os interesses públicos secundários nada mais são do que interesses com uma natureza instrumental que "resolvem-se em relações patrimoniais e, por isso, tornaram-se disponíveis na forma da lei, não importando sob que regime". Eles existem, simplesmente, para haja uma satisfação dos interesses primários[68], estes, sim, indisponíveis.[69]".
>
> O Superior Tribunal de Justiça já teve a oportunidade de analisar a aplicabilidade de arbitragem em relação à disponibilidade dos interesses públicos, cujo relator, Ministro João Otávio de Noronha[5], assim se manifestou:

[3] BOSSA, Gisele Barra. VASCONCELOS, Mônica Pereira Coelho de. Arbitragem Tributária e a Reconstrução do Interesse Público. *In* PISCITELLI, Tathiane. MASCITTO, Andréa. MENDONÇA, Priscila Faricelli de (coord.). **Arbitragem Tributária – Desafios Institucionais Brasileiros e a Experiência Portuguesa.** São Paulo: Thomson Reuters Brasil, 2018. P. 53-56;

[4] PASINATTO, Ana Paulo. VALLE, Maurício Dalri Timm do. **Arbitragem Tributária: breve análise luso-brasileira.** Revista Jurídica Luso-Brasileira. Índice Gral do ano 3 (2017), nº 6. p. 1061;

[5] STJ. REsp 612439. Relator Ministro João Otávio de Noronha. Disponível em https://ww2.stj.jus.br/processo/revista/inteiroteor/?num_registro=200302124603&dt_publicacao=14/09/2006. Acesso em 23/05/2019;

"Em outras palavras, pode-se afirmar que, quando os contratos celebrados pela empresa estatal versem sobre atividade econômica em sentido estrito – isto é, serviços públicos de natureza industrial ou atividade econômica de produção ou comercialização de bens, suscetíveis de produzir renda e lucro –, os direitos e as obrigações deles decorrentes serão transacionáveis, disponíveis e, portanto, sujeitos à arbitragem. Ressalte-se que a própria lei que dispõe acerca da arbitragem – art. 1º da Lei n. 9.307/96 – estatui que "as pessoas capazes de contratar poderão valer-se da arbitragem para dirimir litígios relativos a direitos patrimoniais disponíveis".

Por outro lado, quando as atividades desenvolvidas pela empresa estatal decorram do poder de império da Administração Pública e, conseqüentemente, sua consecução esteja diretamente relacionada ao interesse público primário, estarão envolvidos direitos indisponíveis e, portanto, não-sujeitos à arbitragem".

LEMES[6] apresenta um importante trabalho estatístico acerca da arbitragem com a Administração pública.

"Não podemos finalizar sem antes trazer alguns dados estatísticos colhidos em seis câmaras de arbitragens brasileiras (AMCHAM, CAM-CCBC, CAM/CIESP/FIESP, CAM-BOVESPA, CAM/FGV e CAMARB) para informar que, em 2015, do total de arbitragens em curso nas citadas Câmaras, 4% representavam arbitragens com a Administração Pública direta e indireta. Em 2016, essas Câmaras processavam 55 arbitragens com o setor público de um total de 609 casos em andamento, representando, portanto, 9% do movimento dessas Câmaras. Em 2015, os valores envolvidos em arbitragens eram de R$ 10 bilhões e, em 2016, foram R$ 24 bilhões. Os valores mais do que dobraram, e isso se deve, especialmente, às arbitragens com a Administração Pública".

Veja-se que, de fato, na arbitragem com a Administração Pública não há renúncia de direitos ou poderes, mas sim uma escolha de um procedimento

[6] LEMES, Selma. Arbitragem e Administração Pública: Passado, Presente E Futuro. *In* VILLA-LOBOS, Nuno. PEREIRA, Tânia Carvalhais (org.). **Arbitragem em Direito Público**. FGV Projetos e CAAD. Disponível em: < https://fgvprojetos.fgv.br/publicacao/arbitragem-em-direito-publico>. Acesso em 23/05/2019;

para a solução de conflitos, em opção ao Poder Judiciário, que também vai ao encontro do próprio interesse público, uma vez que tal metodologia está em consonância com o artigo 3º, §§ 1º a 3º, do Código de Processo Civil de 2015, que permite a arbitragem na forma da lei, bem como determina que o Estado deverá promover, sempre que possível, a solução consensual de conflitos".

Atualmente, em decorrência das disposições contidas na Lei nº 13.129/2015 (que alterou a Lei Brasileira de Arbitragem), não existem mais dúvidas sobre a possibilidade de a administração pública direta e indireta (arbitrabilidade subjetiva), utilizar a arbitragem (como meio de solução de controvérsias), para dirimir conflitos relativos a direitos patrimoniais disponíveis (arbitrabilidade objetiva), desde que seja sempre de direito e respeitado o princípio da publicidade.

É importante trazer as observações de CARMONA:

> "As dificuldades, porém, são muitas e é necessário deixar claro que a Lei de Arbitragem, em sua origem, não se preocupou com o Estado e suas vicissitudes, de modo que o texto legal original sequer previa a arbitragem envolvendo a Administração Pública e os seus interesses, limitando-se a reforma aportada pela Lei nº 13.129/2015 a mencionar expressamente o que a doutrina já intuía, ou seja, que o Estado pode participar da arbitragem para resolver disputas patrimoniais. Com o desenvolvimento da arbitragem, que tomou impulso depois da decisão, pelo STF, de incidente de inconstitucionalidade4, aumentou a percepção da necessidade de participação do Estado neste mecanismo de solução de litígios, de modo que a Lei nº 13.129/2015 tomou o cuidado de estipular que a presença da Administração Pública no juízo arbitral ensejaria o afastamento do julgamento por equidade (equidade substitutiva) e a utilização do idioma português."

Ao lado da norma jurídica inicialmente mencionada, existem dois Projetos de Lei atualmente em tramitação no Congresso Nacional, que também pretendem criar a arbitragem tributária, além de um Projeto de Lei do Estado do Mato Grosso (que, sabemos, não podem ser chamadas ainda de normas jurídicas, mas apenas atos de enunciação se e quando as respectivas leis ordinárias forem promulgadas, publicadas e com a devida carga de validade, vigência e eficácia).

Diante de diferentes momentos processuais em que se pretende implantar a arbitragem tributária, julgo oportuno fazer uma rápida menção de cada projeto.

O primeiro deles (Projeto de Lei nº 4.257/19, de autoria do Senador Anastasia), de âmbito *nacional*, pretende alterar a Lei de Execuções Fiscais nº 6.830/80.

Em breve resumo, após o ajuizamento da competente Execução Fiscal (e, portanto, após a constituição definitiva do crédito tributário) e o oferecimento da garantia do Juízo, o contribuinte apresentará os competentes Embargos à Execução Fiscal, optando se a análise de seus argumentos será feita pelo Poder Judiciário ou por um Tribunal Arbitral.

O Projeto de Lei nº 531/2020, do Estado do Mato Grosso, tem por objetivo instituir a arbitragem *durante* a discussão da constituição do crédito tributário, ou seja, após a lavratura do auto de infração, todavia limitando a ampliação do escopo do Tribunal Arbitral, que somente poderá declarar ilegalidade de atos, de autos de infração, créditos, tributos, de atos em matéria tributável, de atos de determinação da base de cálculo e de atos de fixação de valores patrimoniais

Por fim, mas não menos importante, temos o Projeto de Lei nº 4.468/2020, de âmbito *federal*, de autoria da Senadora Daniella Ribeiro, que pretende instituir a "arbitragem especial tributária", a ser instaurada *no curso da fiscalização* (ou seja, antes da lavratura do auto de infração), para prevenir "conflitos"[7] sobre matérias de fato.

De todas as propostas atualmente existentes (e mencionadas acima), apenas o PL nº 4.468/2020 não se utiliza, subsidiariamente, da Lei Brasileira de Arbitragem (Lei nº 9307/96), mas sim da Lei Federal de Transação Tributária (Lei nº 13.988/2020)[8].

[7] Essa palavra está intencionalmente colocada entre aspas, haja vista que não vislumbro que nesse momento do exercício da fiscalização há um efetivo conflito possível de ser arbitrável. Teremos, na melhor das hipóteses, um conflito latente, que em razão de não ser declarado e que, em muitos dos casos, sequer é percebido pelas partes, não poderia, a meu ver, sujeitar-se a uma arbitragem.

[8] Como consta, inclusive, da exposição de motivos, ao estabelecer a "arbitragem especial tributária": Denomina-se "arbitragem especial tributária" para diferenciá-la da arbitragem regulada na Lei n. 9.307/96 (com a redação dada pela Lei n. 13.129/20015). Isto porque há a necessidade de dispensar tratamento próprio à arbitragem tributária, em razão de suas peculiaridades intrínsecas;

Além disso, com exceção do projeto de lei do Estado do Mato Grosso, as propostas atualmente existentes não adentram na possibilidade de utilização de um Tribunal Arbitral após a lavratura do auto de infração e antes da constituição definitiva do crédito tributário.

Um dos argumentos ventilados sobre a não aplicação do instituto da arbitragem para a análise de autos de infração, decorre da suposta necessidade de edição de Lei Complementar, visando a alteração do Código Tributário Nacional, a fim de que exista possibilidade de efetiva suspensão do crédito tributário.

Acho importante, contudo, enfrentar essa questão.

Ao analisar o artigo 151, do Código Tributário Nacional, destaco duas hipóteses que estabelecem a suspensão da exigibilidade do crédito tributário:

a) as reclamações e os recursos, nos termos das leis reguladoras do processo tributário administrativo (inciso III);
b) a concessão de medida liminar ou de tutela antecipada, em outras espécies de ação judicial (inciso V).

Começamos nosso estudo pela análise do item "a", acima.

Como já é do conhecimento daqueles que atuam na área tributária, a apresentação de reclamação, defesa e recursos com base nas leis reguladoras do processo tributário administrativo (tanto na esfera federal, quanto na esfera estadual e municipal), suspendem a exigibilidade do crédito tributário.

Veja-se que o Código Tributário Nacional não vincula a suspensão da exigibilidade do crédito tributário ao "julgamento" específico de determinado órgão do setor público. Pelo contrário, apenas estabelece que o ato administrativo realizado (defesa, reclamação ou recurso), deve ser interposto com base da legislação tributária que regula o processo tributário administrativo de determinado ente tributante.

Isso significa dizer que não há qualquer empecilho para que uma lei ordinária altere a lei reguladora do processo tributário administrativo e, com isso, estabeleça a possibilidade de o contribuinte, após a intimação da lavratura do auto de infração (ou seja, do início da constituição do crédito tributário), possa optar que seus argumentos apresentados em reclamação, defesa ou recurso administrativos, sejam objeto de análise por um Tribunal Arbitral, ou seja, por uma arbitragem.

E essa escolha decorrerá da análise do binômio custo e benefício por parte do contribuinte, que previamente saberá que ao optar por um Tribunal Arbitral deverá arcar com custos até então inexistentes no processo administrativo tributário.

Isto é plenamente possível, uma vez que a arbitragem nada mais é do que um meio heterocompositivo de solução de conflitos, onde as partes "... outorgam a particulares ou instituições poderes para dirimir conflitos decorrentes de direitos patrimoniais disponíveis, com a finalidade de obter uma decisão escrita, final, irrecorrível, que, sendo condenatória, constituíra título executivo, com força de título executivo judicial"[9].

Ou seja, com a discussão gerada em decorrência da lavratura do auto de infração (desde que, logicamente, o contribuinte entenda que improcede a alegação da fiscalização), não há qualquer obstáculo para que a legislação ordinária preveja a alternativa de submeter o julgamento a um Tribunal Arbitral.

Repita-se: apenas está sendo ofertada ao contribuinte um meio alternativo para o julgamento da lide instaurada, com os custos decorrentes dessa opção.

Sei que muitos dirão que essa é uma análise simplista da legislação mencionada, com o que respondo com muito conforto: sim, é mesmo, pois não necessita esforços desnecessários do exegeta.

Apresentada a defesa ou a reclamação, haverá suspensão da exigibilidade do crédito tributário, nos termos do já citado artigo 151, inciso III, do CTN.

Esclarecida a hipótese acima que, para mim, já é suficiente para ensejar a existência da arbitragem após a lavratura do auto de infração, sem a necessidade de qualquer alteração na legislação complementar, apenas por amor ao debate, passo a analisar a suspensão da exigibilidade do crédito tributário prevista no inciso V, do artigo 151, do CTN: a concessão de medida liminar ou de tutela antecipada, *em outras espécies de ação judicial.*

Como se sabe, não é impossível a intervenção do Poder Judiciário em uma arbitragem.

[9] ESCOBAR, Marcelo Ricardo. **Arbitragem Tributária no Brasil**. São Paulo: Almedina, 2017;

Em brevíssimo resumo podemos citar as seguintes hipóteses:

a) quando uma das partes não respeita o compromisso arbitral e a outra parte precisa se socorrer do Poder Judiciário para a instalação do Tribunal Arbitral;
b) na hipótese de o contrato estabelecer uma cláusula vazia;
c) *quando o Poder Judiciário é necessário para a análise de tutelas*; ou
d) quando o Poder Judiciário é acionado em razão de alguma nulidade da sentença arbitral.

Com isso, ainda dentro do contexto analisado (a existência de uma lei ordinária alterando a legislação que trata do processo administrativo tributário e prevendo a possibilidade da instituição da arbitragem para a análise do conflito existente após a apresentação da defesa ou reclamação), mesmo que os atos administrativos não suspendessem a exigibilidade do crédito tributário, ainda assim restaria ao contribuinte a possibilidade de ajuizamento de uma tutela de urgência (ou de evidência, na hipótese de temas já objeto de precedentes jurisprudenciais vinculantes), de forma prévia à instauração do Tribunal Arbitral[10], requerendo que sua defesa ou recurso fossem recebidos no efeito suspensivo.

Aliás, é o que se extrai da própria Lei Brasileira de Arbitragem, com a alteração que foi dada pela Lei nº 13.129/2015:

> "DAS TUTELAS CAUTELARES E DE URGÊNCIA
>
> Art. 22-A. Antes de instituída a arbitragem, as partes poderão recorrer ao Poder Judiciário para a concessão de medida cautelar ou de urgência.
>
> Parágrafo único. Cessa a eficácia da medida cautelar ou de urgência se a parte interessada não requerer a instituição da arbitragem no prazo de 30 (trinta) dias, contado da data de efetivação da respectiva decisão.
>
> Art. 22-B. Instituída a arbitragem, caberá aos árbitros manter, modificar ou revogar a medida cautelar ou de urgência concedida pelo Poder Judiciário.
>
> Parágrafo único. Estando já instituída a arbitragem, a medida cautelar ou de urgência será requerida diretamente aos árbitros".

[10] Após a instauração do Tribunal Arbitral é de competência dos árbitros o atendimento do pedido das tutelas e, portanto, por consequência, a declaração da suspensão da exigibilidade do crédito tributário, quando assim requerido pelo contribuinte;

Ou seja, já existe norma jurídica (válida, vigente e eficaz), prevendo a possibilidade de que o contribuinte, em submetendo o conflito a uma arbitragem, possa se socorrer do Poder Judiciário (antes de instaurado o Tribunal Arbitral), para obtenção de uma tutela de urgência. Se a necessidade da concessão da tutela for posterior à instituição da arbitragem, tal pleito será direcionado ao próprio Tribunal Arbitral (que, inclusive, terá a competência de manter, modificar ou revogar a tutela de urgência concedida anteriormente pelo Poder Judiciário).

Tais disposições decorrem de um dos princípios da arbitragem, chamado competência-competência (kompetenz-kompetenz), que afasta a atuação do Poder Judiciário em benefício da arbitragem.

Existem diversos acórdãos do Superior Tribunal de Justiça reconhecendo e valorizando esse princípio, dentro da cooperação mútua existente.

Um exemplo bastante interessante desse princípio decorre da recente notícia vinculada no sítio desse tribunal superior (outubro de 2020), intitulada "Juízo arbitral pode reanalisar mérito de sentença judicial em cautelar pré-arbitral, inclusive quanto a honorários"[11]. Vejamos:

> "DECISÃO
> 21/10/2020 07:50
>
> Juízo arbitral pode reanalisar mérito de sentença judicial em cautelar pré-arbitral, inclusive quanto a honorários
>
> Após a instauração da arbitragem, o juízo arbitral passa a ser competente para processar a ação que já tenha sido iniciada no Poder Judiciário, cabendo a ele reanalisar as medidas eventualmente concedidas e, inclusive, dispor de forma definitiva sobre os honorários de sucumbência.

[11] BRASIL. Superior Tribunal de Justiça. Disponível em: <https://www.stj.jus.br/sites/portalp/Paginas/Comunicacao/Noticias/21102020-Juizo-arbitral-pode-reanalisar-merito-de-sentenca-judicial-em-cautelar-pre-arbitral--inclusive-quanto-a-honorarios.aspx#:~:text=2020%2019%3A37-,Ju%C3%ADzo%20arbitral%20pode%20reanalisar%20m%C3%A9rito%20de%20senten%C3%A7a%20judicial%20em%20cautelar,arbitral%2C%20inclusive%20quanto%20a%20honor%C3%A1rios&text=Considerando%2Dse%20incompetente%20para%20apreciar,ao%20ju%C3%ADzo%20arbitral%20rec%C3%A9m%2Dinstalado.>. Acesso em 10 nov. 2020;

Com esse entendimento, a Segunda Seção do Superior Tribunal de Justiça (STJ) declarou o Centro de Arbitragem e Mediação da Câmara de Comércio Brasil-Canadá competente para julgar a apelação – inclusive em relação aos honorários – nos autos de medida cautelar antecedente de arbitragem proposta por uma empresa para solucionar controvérsias em processo de incorporação de outra do mesmo ramo.

A cautelar foi ajuizada e sentenciada antes da instauração da arbitragem. Considerando-se incompetente para apreciar a apelação, o tribunal estadual determinou a remessa imediata dos autos ao juízo arbitral recém-instalado. Em seguida, contudo, acolhendo embargos de declaração, o tribunal confirmou a sentença quanto aos honorários de sucumbência em favor dos advogados da autora da cautelar, arbitrados em cerca de R$ 14,5 milhões (10% do valor atualizado da causa).

Consectário do mérito

A parte contrária, ao suscitar o conflito de competência no STJ, alegou que todas as questões discutidas na apelação foram transferidas para o tribunal arbitral, que poderá manter, alterar ou revogar a medida cautelar – dispondo, inclusive, sobre a sucumbência.

A relatora do conflito, ministra Isabel Gallotti, afirmou que, embora o tribunal estadual tenha se considerado incompetente para julgar o mérito da apelação, "exarou decisão a respeito dos consectários de sucumbência, a qual decorreria do futuro juízo de mérito a propósito do recurso".

Segundo ela, o capítulo da sentença referente à sucumbência não é autônomo, mas consectário do que vier a ser decidido acerca do mérito. Para a ministra, antes do trânsito em julgado não há direito à sucumbência, pois o julgamento de todos os recursos poderá levar à inversão dos honorários ou ao seu redimensionamento.

Competência temporária

No caso sob análise, a ministra assinalou que a circunstância de o julgamento da apelação ter sido transferido para o tribunal arbitral não retira da apelante o direito de ter suas razões plenamente examinadas, inclusive no tocante aos honorários de sucumbência.

De acordo com Isabel Gallotti, a permissão do processamento, prévio à instauração da arbitragem, de medida cautelar perante o órgão de jurisdição estatal deriva do princípio do poder geral de cautela.

'É possível o prévio ajuizamento de ação para adoção de medidas urgentes perante o Poder Judiciário, mas a atribuição para processá-la, após a instauração da arbitragem, passa imediatamente a ser do juízo arbitral', afirmou. 'A Justiça estatal atua, até a instauração do tribunal arbitral, de forma substitutiva, cedendo à Justiça competente tão logo possa atuar no feito, de modo que a competência do Judiciário estatal é temporária e provisória', lembrou'.

Apesar de não ser o objeto deste estudo, atualmente alguns regulamentos de Instituições Arbitrais já estabelecem a figura do "árbitro de emergência", na fase pré-arbitral, como uma interessante alternativa e supressão do ajuizamento de uma tutela perante o Poder Judiciário.

Esse "árbitro de emergência" (figura já prevista no exterior no Regulamento da CCI – Câmara de Comércio Internacional), ganhou força nos regulamentos de Câmaras Arbitrais brasileiras e aperfeiçoa a arbitragem ao atender demandas que devem ser analisadas pelo Tribunal Arbitral, que por uma questão temporal, ainda não foi instaurado.

Sei que a figura do árbitro de emergência, bem como do Tribunal Arbitral, para a determinação da suspensão da exigibilidade do crédito tributário gera, a princípio, uma grande preocupação, já que paira no ar a dúvida se eles teriam esse "poder", seja antes ou depois de instaurada a arbitragem.

Tal incômodo, contudo, pode ser resolvido e solucionado não só pela leitura da Lei Brasileira de Arbitragem, como também pela parte final do inciso V, do artigo 151, do CTN, que prevê a concessão de medida liminar ou tutela "em outras espécies de ação judicial".

Sei que surge, neste momento, se o procedimento arbitral pode ser considerado uma outra espécie de "ação judicial"?

A resposta a esta indagação encontra amparo na Constituição Federal e na legislação processual civil.

Sabe-se que a Constituição Federal, em seu artigo 5º, inciso XXXV, estabelece o direito de ação (de forma abstrata), não permitindo que a lei exclua a apreciação do Poder Judiciário em qualquer lesão ou ameaça a direito.

O Código de Processo Civil de 2015, por sua vez, além de repetir esse mesmo enunciado em seu artigo 3º, acolheu formas alternativas de solução de conflito ao lado da jurisdição estatal, como se extrai da leitura dos §§1º a 3º desse mesmo artigo, além das disposições contidas nos artigos 165 a 175 e 515[12], vinculadas, inclusive, a órgãos institucionais ou realizadas por intermédio de profissionais independentes, que poderão ser regulamentadas por lei específica (seja de mediação, transação ou arbitragem).

Atinge-se, com isso, nova interpretação sobre a função jurisdicional do Estado, não se limitando apenas à solução de conflitos pelo Poder Judiciário, mas sim, por outros meios.

PARENTE[13] assim se manifesta sobre esse tema:

> "Pois bem. Fazendo agora a migração disso tudo para o âmbito da arbitragem, é verdade que embora clara a relação entre o processo arbitral e processo judicial (por exemplo, no regime de medidas de urgência pré-arbitrais), não existe um conceito legal de processo arbitral. A Lei de Arbitragem ora homenageada foi redigida de forma consciente de que não é dado ao legislador conceituar. Soube também o legislador arbitral reconhecer que os institutos *processo* e *procedimento* já estavam identificados e solidificados na referida teoria geral. Os princípios que informam o processo estatal também o fazem no arbitral.
>
> (...)
>
> Falar de processo arbitral significa equivaler as esferas estatal e arbitral como mecanismos jurisdicionais nos quais juiz e árbitro exercem mesmas funções: serem julgadores de fato e de direito, dizerem o direito, em movimento alinhado com a própria natureza jurídica da arbitragem. Uma jurisdicionalidade que advém dos próprios desígnios da Lei de Arbitragem, elaborada justamente para trazer um mecanismo que seja apto a resolver controvérsias com respaldo do Estado, pacificando situações, dizendo o direito como no processo judicial".

Assim, não existem mais dúvidas de que a arbitragem decorre da atividade jurisdicional no âmbito privado.

[12] equiparando a sentença arbitral – inciso VII – a títulos executivos e, portanto, à sentença judicial.

[13] PARENTE, Eduardo de Albuquerque. **Existira uma ordem jurídica arbitral?** CARMONA, Carlos Alberto. LEMES, Selma Ferreira. MARTINS, Pedro Batista (coord.). 20 anos da Lei da Arbitragem – homenagem a Petrônio R. Muniz. 1ª ed. São Paulo: Atlas, 2017, p. 60.

Dessa afirmação conclui-se que a decisão do árbitro de emergência (se previamente à instauração do Tribunal Arbitral), ou do corpo de árbitros (após a instituição desse Tribunal), determinando a suspensão da exigibilidade do crédito tributário, por se tratar de uma atividade jurisdicional, enquadra-se no conceito de concessão de medida liminar ou de tutela antecipada, *em outras espécies de ação judicial* e, portanto, já está prevista no artigo 151, V, do CTN.

ESCOBAR[14], ao analisar a norma jurídica em discussão, assim se posicionou:

> "Ainda quanto à previsão em lei complementar dos efeitos da sentença arbitral em matéria tributária, vale ressaltar que o inciso V do art. 151 foi acrescido quando da promulgação da LC 104/01, justamente por causa da necessidade de ampliação da interpretação da previsão contida no inciso IV do mesmo artigo que restringia a suspensão apenas quando concedida "medida liminar em mandado de segurança". Desta maneira, ao ampliar as hipóteses de suspensão da exigibilidade do crédito tributário, optou o legislador em inserir dispositivo amplo, permitindo a suspensão tanto em concessão de medidas liminares quanto de tutelas antecipadas em "outras espécies de ação judicial", sendo despiciendo digressionar sobre a reiteração prática da concessão de medidas cautelares ou de urgência em procedimentos arbitrais, diante da dicção do parágrafo único do art. 22-B da LBA que permite aos árbitros, inclusive, "manter, modificar ou revogar a medida cautelar ou de urgência concedida pelo Poder Judiciário".
>
> Como acima demonstrado, apesar dos efeitos da sentença arbitral já se encontrarem devidamente insculpidos no CTN como hipóteses claras de suspensão e extinção do crédito tributário, natural que os tributaristas reajam instintivamente pretendendo a inserção expressa de previsão da arbitragem tributária no bojo do CTN e não apenas de seus efeitos.
>
> Todavia, esse ímpeto inicial também não se sustenta, por caminhos já percorridos por discussões pretéritas, haja vista que arbitragem é matéria afeita ao processo civil e ao direito civil e tendo sido plenamente veiculada por lei ordinária – LBA – cumpriu o seu papel normativo de forma harmônica,

[14] ESCOBAR, Marcelo Ricardo Wydra. **Viabilização da Arbitragem Tributária por ato administrativo: indissociáveis lições da experiência internacional do regulamento UNCITRAL e a latência do papel protagonista da AGU e da CCAF.** Artigo inédito.

relegando ao CTN apenas prever os efeitos das sentenças arbitrais, sem que essa conclusão imponha qualquer sorte de afronta à previsão do art. 146, inciso II da CF/88".

Com isso, mais uma vez, fica demonstrada a desnecessidade de uma legislação complementar para a suspensão da exigibilidade do crédito tributário em uma arbitragem, após a lavratura de um auto de infração e durante o procedimento administrativo tributário.

A preocupação com a suspensão da exigibilidade do crédito tributário com base no PL nº 4.257/2019 também é extremamente relevante.

Isto porque, a garantia da Execução Fiscal por uma das hipóteses previstas no artigo 9º, da Lei nº 6.830/80, por si só, não é suficiente para a suspensão automática da exigibilidade do crédito tributário.

Nos termos do artigo 919, §1º, do Código de Processo Civil de 2015, para que os Embargos à Execução Fiscal tenham efeito suspensivo, há necessidade de requisição *expressa* da parte, cujo efeito será concedido se presentes os requisitos para a concessão da tutela provisória e desde que a execução já esteja garantida por penhora, depósito ou caução suficientes.

Não é por outro motivo que esse Projeto de Lei estabelece que a opção do contribuinte pela arbitragem somente ocorrerá no momento da apresentação dos competentes Embargos à Execução Fiscal (e onde, a meu ver, deve também ser pedido o efeito suspensivo), após o Juízo estar devidamente garantido.

E aqui aplica-se, novamente, a possibilidade de solicitação ao Poder Judiciário para a concessão de tutela de urgência, outorgando o efeito suspensivo ao Embargos à Execução Fiscal (no caso, ao Juízo da respectiva Execução Fiscal), ou, alternativamente, ao árbitro de emergência, antes da instauração do Tribunal Arbitral, se assim houver previsão no regulamento da Câmara Arbitral escolhida.

Comprovada, a meu ver, a desnecessidade de legislação complementar para as situações constantes neste estudo, resta enfrentar a discussão em torno de que a Lei Brasileira de Arbitragem somente se aplica a operações comerciais e societárias.

Pretendo quebrar mais esse paradigma, pela simples análise da Lei de Arbitragem.

Dividida em sete capítulos, a norma jurídica que trata sobre arbitragem no Brasil não faz qualquer vinculação a áreas específicas do Direito.

O Capítulo I trata das disposições gerais aplicáveis à arbitragem (arbitrabilidade objetiva e subjetiva), regras e princípios aplicáveis.

O Capítulo II trata sobre a convenção de arbitragem (requisito intrínseco) e seus efeitos. Aqui poderia o leitor alegar a necessidade de um prévio contrato entre as partes, com a devida convenção de arbitragem, aplicando-se, portanto, unicamente ao direito contratual.

Todavia, sabe-se que a convenção de uma arbitragem pode ser instituída previamente em acordos firmados entre as partes (denominada cláusula compromissória), ou *posteriormente* ao surgimento de determinado conflito (compromisso arbitral). Nesta hipótese, qualquer conflito, desde que referente a direito disponível (como ocorre com os tributos, como já tive oportunidade de me manifestar), pode ser objeto da competente arbitragem, sem a necessidade de prévia anuência das partes nesse sentido, inclusive como contemplado em todos os projetos de lei inicialmente citados.

O Capítulo III, por sua vez, trata de quem pode atuar como árbitro e respectivas obrigações.

O Capítulo IV trata do procedimento arbitral e o momento de instauração da arbitragem.

O Capítulo IV-A trata das tutelas cautelas e de urgência, já mencionadas neste estudo e o artigo IV-B trata da Carta Arbitral (expedida pelo árbitro ou tribunal arbitral para que o "... órgão jurisdicional nacional pratique ou determine o cumprimento, na área de sua competência territorial, de ato solicitado pelo árbitro").

Os demais capítulos (V e VI), tratam da sentença arbitral, o reconhecimento e execução de sentenças arbitrais estrangeiras. O capítulo final (VII) alterou alguns artigos do Código de Processo Civil.

Vê-se, portanto, que a Lei Brasileira de Arbitragem, ainda que tenha sido pensada e elaborada visando questões contratuais e societárias (com o largamente se alega), jamais trouxe qualquer limite temático nesse sentido, podendo (e devendo) ser aplicada a qualquer ramo do Direito, desde que visando a solução de conflitos e seja vontade das partes.

ESCOBAR[15], em artigo inédito até a data da conclusão deste estudo, trouxe o mesmo entendimento:

[15] ESCOBAR, Marcelo Ricardo Wydra. **Viabilização da Arbitragem Tributária por ato administrativo: indissociáveis lições da experiência internacional do regulamento UNCITRAL e a latência do papel protagonista da AGU e da CCAF.** Artigo inédito.

> "Da constatação do final do tópico anterior, outra que parece óbvia, faz-se necessária, qual seja, a de que a LBA não é um diploma que dispõe sobre arbitragem comercial, mas sim sobre arbitragem *lato sensu*, tanto que define, entre outras questões, a convenção de arbitragem e seus efeitos, o mesmo fazendo em relação aos árbitros, ao procedimento de arbitragem e à sentença arbitral e suas hipóteses de anulação.
>
> A LBA não restringe sua utilização às arbitragens comerciais, de forma que outros segmentos do Direito que não a utilizavam até recentes alterações legislativas, quando inseridas as devidas autorizações legais, passaram a fazê-lo como forma de dirimir suas controvérsias, haja vista o acréscimo do art. 507-A na CLT . Ressaltamos o exemplo trabalhista, posto que não vacilou – e para que arbitragem fosse, não poderia fazê-lo de outra maneira –, ao prever na legislação base (CLT) a permissão pela adoção do instituto, que evidentemente remete as diretrizes já sedimentadas da LBA, visto que o procedimento, por causa de suas peculiaridades, foi customizado pelas instituições.
>
> A prática demonstra que as instituições arbitrais recebem pedidos de instauração de procedimentos nos termos da LBA, e como há a possibilidade da mesma instituição ostentar regulamentos diferentes para tipos diversos de arbitragens (comercial, trabalhista), com base na vinculação constante na convenção arbitral, direciona-se o conflito para o regulamento correspondente, ou seja, utiliza-se o regulamento UNCITRAL em casos de disputas comerciais, ou lança-se mão do regulamento específico para demandas trabalhistas, para causas dessa natureza.
>
> E os motivos pelos quais as grandes Câmaras de todo o globo utilizam o regulamento da UNCITRAL merece um parêntese, pois será desta excelência que retiraremos o exemplo histórico para o advento da arbitragem tributária no Brasil".

Por isso, a meu ver, o PL nº 4468/2020, ao criar uma "arbitragem especial tributária", sem aplicar subsidiariamente a Lei nº 9.307/96, cria um perigoso paradoxo, já que contrário à uma legislação válida, vigente e eficaz, cuja constitucionalidade foi reconhecida pelo Supremo Tribunal Federal desde 2001 e é amplamente respeitada pelo Poder Judiciário, com diversos acórdãos favoráveis pela validade e eficácia da arbitragem por parte Superior Tribunal de Justiça.

Conclusões

Como tive a oportunidade de expor neste estudo, para a instituição da arbitragem no âmbito do Direito Tributário não há necessidade de qualquer lei complementar para suspender a exigibilidade do crédito tributário, já que existe previsão expressa no Código Tributário Nacional nesse sentido.

A lei ordinária, em sentido estrito, por si só já é suficiente para que situações fáticas e de direito sejam submetidas à arbitragem, seja no momento do início de uma fiscalização (como previsto no PL nº 4468/2020), após o lançamento (como se pretende no PL do Estado do Mato Grosso e que poderia ser aplicado nos demais Estados, na esfera federal e municipal), ou após a constituição definitiva do crédito tributário (PL nº 4257/2019).

Além disso, a Lei nº 9.307/96 não é aplicável apenas a questões contratuais ou societárias, já que trata apenas sobre os requisitos necessários para a instituição de uma arbitragem. Portanto, diante da sua generalidade, deve ser usada subsidiariamente em qualquer outro ramo do Direito onde se pretenda instituir uma arbitragem, inclusive no Direito Tributário.

Eventual solução é, a meu ver, a junção de ambos os Projetos de Lei que tramitam pelo Senado Federal (PL nº 4257/2019 e nº 4468/2020), ampliando o escopo para a aplicação da arbitragem também durante o processo administrativo tributário.

Logicamente, para a aplicação da arbitragem em tributos estaduais e municipais, diante da respectiva competência tributária e legislações específicas sobre o procedimento administrativo tributário, a união dos projetos de lei citados acima não terá qualquer aplicação a esses entes (infelizmente).

Referências

BOSSA, Gisele Barra. VASCONCELOS, Mônica Pereira Coelho de. Arbitragem Tributária e a Reconstrução do Interesse Público. *In* PISCITELLI, Tathiane. MASCITTO, Andréa. MENDONÇA, Priscila Faricelli de (coord.). **Arbitragem Tributária – Desafios Institucionais Brasileiros e a Experiência Portuguesa.** São Paulo: Thomson Reuters Brasil, 2018. P. 53-56.

BRASIL. Código Civil Brasileiro. Disponível em: http://www.planalto.gov.br/ccivil_03/leis/2002/l10406.htm. Acesso em 10 nov. 2020.

ESCOBAR, Marcelo Ricardo. **Arbitragem Tributária no Brasil**. São Paulo: Almedina, 2017.

ESCOBAR, Marcelo Ricardo Wydra. **Viabilização da Arbitragem Tributária por ato administrativo: indissociáveis lições da experiência internacional do regulamento UNCITRAL e a latência do papel protagonista da AGU e da CCAF.** Artigo inédito.

LEMES, Selma. Arbitragem e Administração Pública: Passado, Presente E Futuro. *In* VILLA-LOBOS, Nuno. PEREIRA, Tânia Carvalhais (org.). **Arbitragem em Direito Público**. FGV Projetos e CAAD. Disponível em: < https://fgvprojetos.fgv.br/publicacao/arbitragem-em-direito-publico>. Acesso em 23/05/2019.

PARENTE, Eduardo de Albuquerque. Existiria uma ordem jurídica arbitral? *In* CARMONA, Carlos Alberto. LEMES, Selma Ferreira. MARTINS, Pedro Batista (coord.). **20 anos da Lei da Arbitragem – homenagem a Petrônio R. Muniz**. 1ª ed. São Paulo: Atlas, 2017, p. 60.

PASINATTO, Ana Paulo. VALLE, Maurício Dalri Timm do. **Arbitragem Tributária: breve análise luso-brasileira.** Revista Jurídica Luso-Brasileira. Índice Gral do ano 3 (2017), nº 6. p. 1061.

PIETRO, Maria Sylvia Zanella Di. **Direito Administrativo**. 31. Ed. Ver. Atual e ampl. Rio de Janeiro: Forense, 2018.

SILVEIRA, Bruna Alcino Marcondes da. A arbitrabilidade dos conflitos envolvendo as agências reguladoras. *in* MUNIZ, Joaquim de Paiva. BONIZZI, Marcelo José M. FERREIRA, Olavor A.V. Alves. **Arbitragem e Administração Pública – temas polêmicos**. Ribeirão Preto, P: Migalhas, 2018. p. 35-61.

STJ. REsp 612439. Relator Ministro João Otávio de Noronha. Disponível em https://ww2.stj.jus.br/processo/revista/inteiroteor/?num_registro=200302124603&dt_publicacao=14/09/2006. Acesso em 23/05/2019.

STJ Disponível em:
<https://www.stj.jus.br/sites/portalp/Paginas/Comunicacao/Noticias/21102020-Juizo-arbitral-pode-reanalisar-merito-de-sentenca-judicial-em-cautelar-pre-arbitral--inclusive-quanto-a-honorarios.aspx#:~:text=2020%2019%3A37-,Ju%C3%ADzo%20arbitral%20pode%20reanalisar%20m%C3%A9rito%20de%20senten%C3%A7a%20judicial%20em%20cautelar,arbitral%2C%20inclusive%20quanto%20a%20honor%C3%A1rios&text=Considerando%2Dse%20incompetente%20para%20apreciar,ao%20ju%C3%ADzo%20arbitral%20rec%C3%A9m%2Dinstalado.>. Acesso em 10 nov. 2020.

6.
Arbitrabilidade dos Tributos – Caminhos para a Arbitragem Tributária no Brasil

Julia de Menezes Nogueira

Os tributaristas brasileiros, ao se depararem pela primeira vez com propostas de instituição de arbitragem tributária, têm como primeira reação a perplexidade. Com efeito, a ideia de que particulares possam decidir se certo crédito tributário é ou não devido parece inaceitável para quem teve a sua formação acadêmica fundada no Direito Público e em princípios inafastáveis como os da supremacia do interesse público e da indisponibilidade do crédito tributário.

Em face dessa perplexidade, pode-se rechaçar de plano a possibilidade, como absurda. Alguns seguem por esse caminho e simplesmente viram as costas para o instituto. É possível, também, dar alguns passos em busca da compreensão do tema e optar por aceitar a possibilidade da arbitragem, porém com alcance muito limitado, evitando, assim, o enfrentamento de questões difíceis. Contudo, para aqueles que se aventuram no estudo e desafiam os empecilhos geradores da perplexidade inicial, a exploração dessa possibilidade gera muitos frutos e, quanto mais se avança, mais se conclui pela sua absoluta viabilidade jurídica, além de necessidade e conveniência.

Como é sabido, o contencioso tributário brasileiro vive em crise há décadas. A morosidade, a falta de especialização dos julgadores e a litigiosidade excessiva entre Fisco e contribuinte não interessam a ninguém, e talvez por isso a discussão da arbitragem tributária tenha conquistado a tantos e se intensificado no Brasil nos últimos anos. Já há consenso de que um sistema multiportas que contemple a arbitragem, entre outros meios de solução de conflitos tributários que dispensem a intervenção do Judiciário, permite a escolha, pelas partes, do método mais adequado e contribui para a racionalização do sistema.

Nesse contexto, é importante enfrentar a perplexidade inicial e desfazer mitos que geram dúvida e impasse sobre a viabilidade da implantação da arbitragem tributária no País. Vencidas essas aparentes dificuldades, que no próprio meio jurídico-tributário criam desnecessárias ressalvas ao instituto, poderão ser afastadas as barreiras que dificultam sua implementação, que já vem sendo buscada por projetos de lei em curso.

Há alguns anos há projetos em curso buscando alterar o Código Tributário Nacional para viabilizar a arbitragem tributária, partindo da premissa de que seria necessária uma lei complementar para tanto.

Em agosto de 2019, somou-se a esses o Projeto de Lei (ordinária) nº 4.257/19, apresentado pelo Senador Antonio Anastasia (PSDB/MG) instituindo a arbitragem no processamento dos embargos à fiscal e nas ações anulatórias e de consignação, mediante alterações na Lei nº 6.830, de 22 de setembro de 1980 (Lei de Execuções Fiscais). Em setembro de 2020, foi apresentado outro projeto de lei ordinária, o PL nº 4.468/20, de iniciativa da Senadora Daniella Ribeiro (PP/PB) propondo a "arbitragem especial tributária" destinada a solucionar consultas dos contribuintes, controvérsias sobre matérias de fato no curso de fiscalização e quantificar créditos decorrente de decisões judiciais transitadas em julgado.

Esses dois projetos não são excludentes, e com ajustes podem inclusive se tornar complementares, pois pretendem implantar a arbitragem tributária em diferentes fases da constituição do crédito tributário. Ambos se encontram em fase inicial de tramitação, mas já suscitam intensos debates e têm recebido propostas de aperfeiçoamento.

O objetivo desse artigo será analisar as maiores dificuldades identificadas pelos tributaristas brasileiros quando se fala em arbitragem tributária, demonstrando, inclusive, como foram enfrentadas pelos projetos de lei acima citados. Com isso, pretende-se contribuir para o aperfeiçoamento desses e de futuros projetos sobre o tema, a fim de que a arbitragem tributária venha a ser implementada no País da forma mais técnica possível, o que seria de enorme valia para a racionalização do contencioso tributário no País.

Os pontos a serem analisados serão os seguintes:

I. É possível submeter discussões tributárias a arbitragem?
II. Como levar a discussão tributária para a arbitragem, se não há contrato?
III. Quais são as matérias tributárias arbitráveis?
IV. Quem vão ser os árbitros?
V. Como suspender a exigibilidade do crédito tributário?
VI. A sentença arbitral pode extinguir definitivamente o crédito tributário?
VII. Estados e Municípios podem ter suas próprias legislações instituidoras de arbitragem tributária?
VIII. Como harmonizar arbitragem tributária e lei de responsabilidade fiscal?

Essas são as principais dúvidas que levam à desconfiança quanto à viabilidade da arbitragem tributária. Passamos a enfrentá-las.

1. É possível submeter discussões tributárias a arbitragem?

A primeira ideia a ser discutida, quando se fala em arbitragem tributária, é a de que seria vedada pelos princípios da "supremacia do interesse público" e seu consectário princípio da "indisponibilidade do crédito tributário".

A princípio, é legítimo pensar que, se nem mesmo a autoridade pública tributária pode dispor do crédito tributário, sendo obrigada a autuar o contribuinte quando identifica inadimplemento, na condição de agente de "atividade administrativa vinculada e obrigatória"[1], muito menos poderia um particular, ou um tribunal composto por particulares, fazê-lo.

[1] "Art. 142. Compete privativamente à autoridade administrativa constituir o crédito tributário pelo lançamento, assim entendido o procedimento administrativo tendente a verificar a ocorrência do fato gerador da obrigação correspondente, determinar a matéria tributável, calcular o montante do tributo devido, identificar o sujeito passivo e, sendo caso, propor a aplicação da penalidade cabível.
Parágrafo único. A atividade administrativa de lançamento é vinculada e obrigatória, sob pena de responsabilidade funcional".

Essa ideia também pode ser reforçada pela redação do artigo 1º da Lei nº 9.307/96[2] – Lei Brasileira de Arbitragem ("LARB") – segundo a qual "as pessoas capazes de contratar poderão valer-se da arbitragem para dirimir litígios relativos a *direitos patrimoniais disponíveis*". A referência a "direitos patrimoniais disponíveis" pode levar à conclusão de que o princípio da indisponibilidade do crédito tributário o tornaria não arbitrável.

Ocorre, contudo, que não parece ser essa a melhor interpretação. Em primeiro lugar, para enfrentar essa questão é necessário ter presente a distinção feita pela Doutrina entre interesse público primário e secundário. O interesse público primário é o da sociedade, da coletividade, do povo, enquanto o secundário é o interesse exclusivo do Estado. O princípio da supremacia do interesse público se refere ao interesse social e, portanto, ao interesse público primário, e não ao secundário. Sendo assim, se e quando houver divergência entre interesse público primário e secundário, deve prevalecer o primário.

Tem-se adotado o entendimento de que a adoção de soluções adequadas de litígios entre o Estado e os particulares converge com o interesse público primário, interesse social, pois viabiliza o aperfeiçoamento da arrecadação do crédito tributário considerado em sua totalidade, necessário à satisfação das necessidades estatais. Desta forma, tem-se interpretado que a adoção desses métodos – entre os quais a mediação, a transação, a arbitragem e outros – não contraria o interesse público primário, pelo contrário, o privilegia.

A viabilidade da utilização da arbitragem pela administração pública é, inclusive, garantida pela própria "LARB", quando logo no parágrafo primeiro de seu artigo 1º estabelece que "a administração pública direta e indireta poderá utilizar-se da arbitragem para dirimir conflitos relativos a direitos patrimoniais disponíveis".

Para muitos, a fim de evitar dúvidas como a presente, o ideal seria que a redação desse dispositivo dispusesse que a administração pública

[2] "Art. 1º As pessoas capazes de contratar poderão valer-se da arbitragem para dirimir litígios relativos a direitos patrimoniais disponíveis.
§ 1º A administração pública direta e indireta poderá utilizar-se da arbitragem para dirimir conflitos relativos a direitos patrimoniais disponíveis.
§ 2º A autoridade ou o órgão competente da administração pública direta para a celebração de convenção de arbitragem é a mesma para a realização de acordos ou transações".

pode utilizar-se da arbitragem para "dirimir litígios relativos a direitos patrimoniais *que possam ser objeto de transação*". Ou seja, o direito é arbitrável sempre que for possível dirimir um conflito a ele relacionado mediante concessões mútuas (transação direta entre as partes),

Adotada essa interpretação, não haveria dúvidas quanto à arbitrabilidade dos tributos, pois a transação é prevista como hipótese de extinção do crédito tributário pelo art. 156, III do CTN, desde a sua redação original, sem qualquer questionamento quanto à constitucionalidade da hipótese, além de ter sido regulamentada recentemente pela União através da Lei nº 13.988/2020.

É nesse sentido o entendimento de Faricelli de Mendonça[3], quando afirma:

> "A possibilidade de o poder público dispor do crédito tributário mediante autorização legal é efetiva, existente e real, na medida em que o Código Tributário Nacional permite a anistia, remissão ou mesmo a transação tributárias. A disponibilidade e patrimonialidade necessárias à adoção da arbitragem para a solução do conflito tributário, requisitos legais à definição da arbitrabilidade das controvérsias em exame, encontram-se presentes".

Vale rememorar, ainda, que a LARB foi objeto de questionamentos quanto à sua constitucionalidade, logo após a sua publicação, em 1996. Mas o STF considerou-a plenamente constitucional no julgamento de recurso em processo de homologação de Sentença Estrangeira (SE 5.206), em 2001.

Por muitos anos também se discutiu a viabilidade da arbitragem com a administração pública, embora ela tenha sido validada pelo STF desde 1973, no julgamento do conhecido "Caso Laje"[4]. Para afastar

[3] Faricelli de Mendonça, Priscila. "Questões Tributárias Arbitráveis" in "Arbitragem Tributária, Desafios Institucionais Brasileiros e a Experiência Portuguesa" [coordenação] Tathiane Piscitelli, Andréa Mascitto, Priscila Faricelli de Mendonça, 2ª edição revista, atualizada e ampliada. p. 246.

[4] Esse caso é considerado pela Doutrina como um dos primeiros e mais importantes precedentes quanto à arbitragem envolvendo a Administração Pública. Um relato detalhado sobre o caso e o julgamento do STF pode ser encontrado na obra "Arbitragem Tributária no Brasil" – Escobar, Marcelo Ricardo, São Paulo: Almedina, 2017, pp. 168 a 175.

definitivamente qualquer controvérsia, os §§ 1º e 2º foram inseridos no artigo 1º da LARB pela Lei nº 13.129/2015. Desde então, a arbitragem com a administração pública se tornou uma realidade crescente no País.

Em face de todo o exposto, não nos parece correto entender inviável a arbitragem tributária, com base em suposta vedação imposta pelos princípios da supremacia do interesse público e da indisponibilidade do crédito tributário. Esses princípios devem ser interpretados levando-se em conta o interesse público primário, assim como o crédito tributário deve ser considerado arbitrável na mesma medida em que é transacionável.

Também é relevante, para confirmar essa tese, a noção de que eventual indisponibilidade do crédito tributário também não seria imune à lei. Assim como é possível instituir-se "parcelamentos especiais" – como REFIS, PAES e outros –, através de lei, dispondo-se de parcelas de créditos tributários específicos para obter uma arrecadação maior e desafogar o Judiciário, também é possível à lei autorizar a arbitragem tributária para dirimir conflitos com mais celeridade, servindo esta como mais uma porta para a solução de controvérsias na esfera tributária.

Por fim, é importante lembrar que na arbitragem tributária, diferentemente do que ocorre com parcelamentos especiais ou com a própria transação, não se está diante de qualquer tipo de concessão quanto a parte ou a totalidade do crédito tributário pelo Poder Público. O que ocorre é, simplesmente, a eleição de um tribunal privado – o tribunal arbitral – para dirimir aquele conflito. A solução dada pelos árbitros, necessariamente isentos, poderá ser a de manter ou cancelar, total ou parcialmente o crédito.

Observa-se, portanto, que com base na Doutrina e na jurisprudência mais atuais, os princípios da supremacia do interesse público e da indisponibilidade do crédito tributário não podem ser considerados empecilhos à implantação da arbitragem tributária no País.

2. Como levar a discussão tributária para a arbitragem, se não há contrato?

No instituto da arbitragem, a submissão dos conflitos ao juízo arbitral se dá pela convenção de arbitragem, que se instrumentaliza pela cláusula compromissória ou pelo compromisso arbitral[5]. O mais usual é que a arbitragem seja instaurada em relação a conflitos sobre contratos que já previam uma cláusula compromissória determinando o desejo das partes de solucionar eventuais conflitos por meio de arbitragem.

No Direito Tributário, a relação jurídica tributária não tem natureza contratual, advindo diretamente da lei que institui o tributo, da regra-matriz de incidência tributária por ela veiculada. Por esse motivo, diferentemente do que ocorre no Direito Privado, jamais haverá um contrato prévio estabelecendo que os conflitos surgidos entre as partes serão resolvidos por arbitragem.

Por essa razão, parece-nos necessária a instituição de lei que estipule quando e de que modo pode ser instaurada a arbitragem para dirimir conflitos tributários. A nosso ver, o ideal seria que tal lei tratasse apenas de elementos mínimos que viabilizassem tal instauração, podendo inclusive estabelecer que seu detalhamento fosse regulado por ato administrativo.

Em linhas gerais, entendemos que a LARB poderia ser adotada para regular os principais elementos da arbitragem em matéria tributária. Parece-nos desejável que assim seja, pois a experiência brasileira e a jurisprudência criadas em torno dessa lei já são, hoje, bastante consistentes, sendo desejável seu aproveitamento.

A nosso ver, é recomendável que haja legislação específica regulando: (i) a forma de instituição do compromisso entre Fisco e contribuinte, (ii) o momento em que pode ser instituído (antes, durante e/ou depois a

[5] Lei 9.307/96 – Lei Brasileira de Arbitragem –
"Art. 3º As partes interessadas podem submeter a solução de seus litígios ao juízo arbitral mediante convenção de arbitragem, assim entendida a cláusula compromissória e o compromisso arbitral.
Art. 4º A cláusula compromissória é a convenção através da qual as partes em um contrato comprometem-se a submeter à arbitragem os litígios que possam vir a surgir, relativamente a tal contrato.
§ 1º A cláusula compromissória deve ser estipulada por escrito, podendo estar inserta no próprio contrato ou em documento apartado que a ele se refira.
(...)
Art. 9º O compromisso arbitral é a convenção através da qual as partes submetem um litígio à arbitragem de uma ou mais pessoas, podendo ser judicial ou extrajudicial.
§ 1º O compromisso arbitral judicial celebrar-se-á por termo nos autos, perante o juízo ou tribunal, onde tem curso a demanda".

constituição do crédito tributário), além de (iii) outras questões, como a suspensão dos prazos decadencial e prescricional.

O procedimento arbitral, contudo, com pouquíssimos ajustes poderia ser o mesmo previsto na LARB e consagrado pela jurisprudência desde sua instituição.

3. Quais são as matérias tributárias arbitráveis?

Um questionamento comum diz respeito às matérias tributárias que poderiam ser decididas por arbitragem. Há quem entenda que somente matérias de fato poderiam ser decididas por arbitragem, por demandarem conhecimento técnico específico que escaparia ao dos Juízes de Direito ou mesmo auditores e bacharéis julgadores de processos administrativos.

Ocorre, contudo, que não é esse o alcance que se pretende dar à arbitragem, seja por entendermos que interessa à sociedade que todo e qualquer conflito tributário possa ser decidido por arbitragem – em paralelo aos demais métodos existentes de solução de conflitos –, seja por não haver no sistema constitucional tributário limitações que impeçam tal alcance.

A nosso ver, portanto, havendo previsão legal, qualquer litígio pode ser submetido e julgado por arbitragem.

No Projeto de Lei nº 4.257/19 não há restrições às matérias tributárias passíveis de serem julgadas por arbitragem. O que se extrai de sua análise é que qualquer matéria útil à defesa e, portanto, passível de ser arguida em sede de embargos à execução, em ação anulatória ou consignatória poderia ser decidida por arbitragem, seja ela de fato, de direito ou até mesmo envolvendo discussão de fundo constitucional.

Já o PL 4.468/20 só permite a solução de controvérsias de matérias de fato, e veda expressamente a discussão sobre constitucionalidade de normas e sobre lei em tese. Seus autores alegam, contudo, que tal escolha de escopo mais restrito foi baseada em cautela, não em limitação legal.

Naturalmente que a "declaração de inconstitucionalidade", o controle concentrado de constitucionalidade, só pode ser realizado pelo Supremo Tribunal Federal. O que a arbitragem poderia fazer seria afastar a aplicação da norma considerada inconstitucional ao caso concreto, realizando controle difuso de forma análoga à realizada pelo Poder Judiciário.

Importante ressaltar, contudo, que ambos os projetos vedam decisões contrárias a precedentes reiterados do Poder Judiciário, o que implica na nulidade da sentença arbitral, providência essa que consideramos relevantíssima, a bem da segurança jurídica, e porque a arbitragem em matéria tributária, em decorrência do princípio da legalidade estrita, deve ser exclusivamente de direito, não permitindo julgamento por equidade.

Nesse sentido, como afirma Nasser, "a não aceitação de jurisprudência vinculante como direito aplicável à espécie, com o objetivo de permitir inadvertidamente uma amplitude interpretativa ao árbitro em um espaço já ocupado por interpretação vinculante, consiste em privilegiar um sentimento de justiça, uma consciência de adequação do julgador, quando não há permissão expressa das partes"[6].

No que tange às legislações instituidoras de arbitragem tributária, o que vem se cogitando é que determinem que a arbitrabilidade, ou seja, as matérias tributárias passíveis de serem julgadas por arbitragem, seja delineada por ato administrativo a ser editado pelo ente federativo. Assim, restaria ao ente pré-estabelecer valores de alçada ou matérias em relação aos quais concordaria com a arbitragem, de forma que, quando instaurada, o consenso sobre a arbitrabilidade estaria pré-estabelecido.

4. Quem vão ser os árbitros?

Ao se falar em arbitragem, também é comum que muitas preocupações venham à tona quanto à formação e à confiabilidade dos árbitros. Ora, se já causa espécie a possibilidade de particulares virem a julgar créditos tributários, é natural a preocupação sobre quem poderá se habilitar para tanto.

Na Lei Brasileira de Arbitragem, não há requisitos específicos quanto à experiência e à formação dos árbitros. Para ser árbitro, basta que seja pessoa capaz que conte com a confiança das partes, além de serem vedadas relações entre o árbitro e as partes ensejadoras de impedimento ou suspeição, com base nos mesmos critérios do Código de Processo Civil.

Também são de extrema importância os atributos da imparcialidade, independência, competência, diligência e discrição, previstos no §6º do artigo 13 da LARB. Sobre tais atributos, ensina Cahali[7]:

[6] NASSER, Paulo Magalhães. "Vinculações Arbitrais", Rio de Janeiro, Lumen Juris, 2019, p. 158.

[7] CAHALI, Francisco José "Curso de Arbitragem: Mediação: Conciliação: Tribunal Multiportas – 7. Ed. rev. atual. e ampl. – São Paulo: Thompson Reuters Brasil, 2018, p. 225.

> "Antes de simples referência, estas qualidades do árbitro, com maior ou menor relevo, representam princípios informadores da base de sustentação do sistema arbitral enquanto instrumento adequado à solução de conflitos, através de um terceiro apto a exercer a jurisdição. São inerentes a qualquer julgador, mas pertinente a sai indicação expressa na lei enquanto conduta desejada.
>
> E alguns desses atributos não têm mero caráter pedagógico, e seu desrespeito pode gerar sérias consequências. Mais grave é a parcialidade, pois se considera causa para invalidação da sentença arbitral (art. 32, VIII, c/c art. 21, §2º). A falta de independência enseja a recusa do árbitro (art. 14 e 15). E a quebra da discrição pode ensejar responsabilidade civil do indiscreto".

Nesse contexto, é bastante relevante, também, no âmbito da arbitragem, o "dever de revelação" do árbitro, que o obriga, como a própria expressão já denota, a revelar eventual fato que possa gerar dúvida quanto à sua imparcialidade ou independência[8].

A rigor, entendemos que seria possível adotar, na arbitragem tributária, as mesmas regras da Lei de Arbitragem. A capacidade técnica dos árbitros, certamente desejável, é obtida mediante auto regulação, na medida em que as partes têm interesse em escolher árbitros com a maior capacidade técnica possível em relação à matéria sob julgamento e, certamente, de reputação ilibada.

[8] Lei 9.307/96 – Lei Brasileira de Arbitragem
"Art. 13. Pode ser árbitro qualquer pessoa capaz e que tenha a confiança das partes.
(..)
§ 6º No desempenho de sua função, o árbitro deverá proceder com imparcialidade, independência, competência, diligência e discrição".
"Art. 14. Estão impedidos de funcionar como árbitros as pessoas que tenham, com as partes ou com o litígio que lhes for submetido, algumas das relações que caracterizam os casos de impedimento ou suspeição de juízes, aplicando-se-lhes, no que couber, os mesmos deveres e responsabilidades, conforme previsto no Código de Processo Civil.
§ 1º As pessoas indicadas para funcionar como árbitro têm o dever de revelar, antes da aceitação da função, qualquer fato que denote dúvida justificada quanto à sua imparcialidade e independência".

O PL 4.257/19 não traz disposições expressas sobre o tema. Estabelece que terão que ser respeitados os requisitos da Lei de Arbitragem e do regulamento de cada entidade da Federação.

Já o PL 4.464/20 regula detalhadamente a matéria, com disposições muito semelhantes às da Lei de Arbitragem, mas também acrescentando exigências quanto à qualificação dos árbitros. Exige que detenham "conhecimento técnico compatível com a natureza do litígio a ser dirimido, jurídico ou não, sendo essencial, no mínimo, dez anos de comprovada experiência profissional na área de atuação, bem como duas graduações em nível técnico ou superior ou uma graduação e uma pós-graduação em instituições de ensino nacionais ou estrangeiras cuja titulação tenha sido reconhecida no Brasil."

Ambos os caminhos – i.e., manter os requisitos da Lei de Arbitragem ou acrescentar exigências de capacitação adicional – parecem-nos factíveis e funcionais. Entendemos, contudo, preferível a primeira opção, por aproveitar-se da experiência e da jurisprudência consolidada sobre a Lei de Arbitragem.

5. Como suspender a exigibilidade do crédito tributário?

Uma questão a ser enfrentada, no âmbito da arbitragem tributária, é a de como viabilizar a suspensão do crédito tributário durante a realização do procedimento arbitral. Tal suspensão é fundamental para o contribuinte, que não pode se sujeitar ao risco de ter seu patrimônio constrito enquanto discute a validade e o montante do crédito constituído.

Via de regra, no nosso sistema, as causas suspensivas da exigibilidade do crédito tributário são previstas pelo Código Tributário Nacional[9], e por essa razão se convencionou que a matéria é privativa de lei complementar.

[9] Código Tributário Nacional –
"Art. 151. Suspendem a exigibilidade do crédito tributário:
I – moratória;
II – o depósito do seu montante integral;
III – as reclamações e os recursos, nos termos das leis reguladoras do processo tributário administrativo;
IV – a concessão de medida liminar em mandado de segurança.
V – a concessão de medida liminar ou de tutela antecipada, em outras espécies de ação judicial;
VI – o parcelamento".

Contudo, parece-nos pertinente rever a matéria a fim de avaliar se de fato é imprescindível a lei complementar para tratar da matéria.

A Constituição Federal estabelece, em seu artigo 146, que "cabe à lei complementar: (...) III – estabelecer normas gerais em matéria de legislação tributária, especialmente sobre: (...) b) obrigação, lançamento, crédito, prescrição e decadência tributários."

A pergunta que se faz é: suspensão de exigibilidade do crédito é "norma geral sobre crédito tributário" ou é aspecto passível de ser tratado por lei ordinária?

Qualquer especulação sobre o assunto, por mais aprofundada, acabaria por esbarrar na interpretação do intérprete autêntico, o Supremo Tribunal Federal. E observamos que este, no acórdão do Plenário, proferido em dezembro/2019 na Ação Direta de Inconstitucionalidade nº 2.405/RS analisou a "possibilidade de os Estados-Membros estabelecerem, por lei ordinária, novas modalidades de extinção e suspensão de créditos tributários (...)".

Nesse processo, o relator Ministro Alexandre de Moraes, seguido por unanimidade, entendeu que "(...) a Constituição não reservou à lei complementar a enumeração dos meios de extinção e de suspensão dos créditos tributários". O voto do Ministro Alexandre de Moraes partiu de que "se o Estado pode anistiar crédito tributário, abrindo mão do recebimento daquele, por que não poderia implementar nova forma de extinção do crédito? Quem pode o mais, pode o menos". Concluiu o acórdão que "a Constituição Federal não reservou à lei complementar o tratamento das modalidades de extinção e suspensão dos créditos tributários, a exceção da prescrição e decadência, previstos no art. 146, III, b, da CF."

Com base nesse recente acórdão, portanto, a extinção e a suspensão do crédito tributário não são matérias reservadas à lei complementar, podendo ser tratadas por lei ordinária. O que a lei ordinária não pode é restringir o alcance das hipótese de suspensão previstas no CTN. Esse foi o entendimento do STF no RE nº 917.285/SC, julgado em 18/8/20.

A nosso ver, portanto, a jurisprudência atual do Supremo Tribunal Federal permite que lei ordinária instituidora de arbitragem tributária estabeleça que, entre a instauração do procedimento e a emissão da sentença arbitral, o crédito ficará suspenso.

A fim de evitar essa discussão, a Lei de Mediação (Lei nº 13.140/15 – lei ordinária) adotou mecanismo inteligente. Incluiu o artigo 14-A no Decreto nº 70.235/72, equiparando a submissão do litígio à mediação à "reclamação" para fins do disposto no artigo 151, III do CTN. A nosso ver, eventual legislação instituidora de arbitragem poderia se valer do mesmo artifício, que seria plenamente válido, embora pudesse, simplesmente, determinar que o procedimento arbitral suspenderá a exigibilidade do crédito, pelas razões expostas.

6. A sentença arbitral pode extinguir definitivamente o crédito tributário?

Além da suspensão, a possibilidade de extinção do crédito tributário por sentença arbitral também gera incerteza.

Essa questão, contudo, a nosso ver é resolvida com mais facilidade. Isso porque a Lei 9.307/96 – Lei Brasileira de Arbitragem – já equipara a sentença arbitral à sentença judicial:

> "Art. 31. A sentença arbitral produz, entre as partes e seus sucessores, os mesmos efeitos da sentença proferida pelos órgãos do Poder Judiciário e, sendo condenatória, constitui título executivo."

O Código Tributário Nacional, por sua vez, inclui entre as causas extintivas do crédito tributário a decisão judicial passada em julgado[10].

A interpretação conjunta e sistemática desses artigos de lei parece-nos resolver com tranquilidade a questão, levando-se em conta ainda que o STF já pacificou a constitucionalidade dos mecanismos da Lei de Arbitragem no processo de homologação de sentença estrangeira SE 5.206, em 2001.

7. Estados e Municípios podem ter suas próprias legislações instituidoras de arbitragem tributária?

Um questionamento reiterado sobre arbitragem tributária diz respeito à possibilidade de Estados e Municípios podem ter suas próprias

[10] "Art. 156. Extinguem o crédito tributário:
(...) X – a decisão judicial passada em julgado"

legislações instituidoras, ou se seria necessária lei complementar de caráter nacional.

Entendemos que a autonomia dos entes federativos para instituir os tributos de sua competência inclui capacidade para regular a solução de conflitos. Estados e Municípios criam seus próprios processos e tribunais administrativos, regulam parcelamentos e transações e, consequentemente, também podem instituir arbitragem tributária.

Em 2020, inclusive, o Município de São Paulo publicou a Lei nº 17.324/2020, que instituiu a "política de desjudicialização no âmbito da Administração Pública Municipal", coordenada pela Procuradoria Geral do Município.

No artigo 7º desta lei, estabeleceu que "a Administração Pública Municipal Direta e Indireta poderá utilizar-se da arbitragem para dirimir conflitos relativos a direitos patrimoniais disponíveis, nos termos da Lei Federal nº 9.307, de 23 de setembro de 1996". (Regulamentado pelo Decreto nº 59963/2020)

Seu decreto regulamentador (de 07/12/20) não faz referência específica à arbitragem tributária, mas também não exclui a possibilidade. Por outro lado, faz referência direta à aplicação da regras da Lei nº 9.307/96 e às utilizadas nas câmaras arbitrais regularmente constituídas, previamente cadastradas.

Outros Estados e Municípios têm demonstrado interesse na instituição da arbitragem, e acreditamos que novas iniciativas e sua implementação devem acontecer em breve.

8. Como harmonizar arbitragem tributária e lei de responsabilidade fiscal?

Por fim, é importante que não restem dúvidas sobre a compatibilidade da instituição de arbitragem tributária com a Lei de Responsabilidade Fiscal (Lei Complementar nº 101/2000), que regulamenta a utilização de recursos públicos.

Essa lei é de suma importância para o equilíbrio das contas públicas, pois seus mecanismos buscam fazer com que os governantes controlem seus gastos, respeitando limites de despesas e cumprindo metas orçamentárias.

Nesse contexto, cabe analisar seus artigos 11 a 14 e eventuais impactos da arbitragem tributária.

Seu artigo 11[11] obriga o gestor público a exercer sua competência tributária e a realizar a cobrança, a arrecadação dos tributos de sua competência. A nosso ver, a opção pela arbitragem para julgamento das demandas não afeta essas obrigações.

Já o artigo 12 determina estabelece regras relacionadas às previsões de receitas[12]. Entendemos que o julgamento de demandas por arbitragem não deveria afetar as previsões de receita, senão para elevá-las, pois cria alternativa jurisdicional e tende a agiliza os julgamentos. Se houver previsão de impacto, deverá constar na previsão orçamentária.

Por fim, o artigo 14 trata da concessão ou ampliação de benefício fiscal, e seu §1º define o que se deve entender por renúncia de receita[13], e o conceito adotado não contempla a arbitragem, apenas anistia, remissão e congêneres.

Ao analisar esta lei, Dos Santos[14] também chegou à conclusão de que não se identifica ofensa na adoção da arbitragem tributária. Concluiu:

[11] Lei Complementar 101/00 – Lei de Responsabilidade Fiscal –
"Art. 11. Constituem requisitos essenciais da responsabilidade na gestão fiscal a instituição, previsão e efetiva arrecadação de todos os tributos da competência constitucional do ente da Federação.
Parágrafo único. É vedada a realização de transferências voluntárias para o ente que não observe o disposto no caput, no que se refere aos impostos".

[12] Art. 12. As previsões de receita observarão as normas técnicas e legais, considerarão os efeitos das alterações na legislação, da variação do índice de preços, do crescimento econômico ou de qualquer outro fator relevante e serão acompanhadas de demonstrativo de sua evolução nos últimos três anos, da projeção para os dois seguintes àquele a que se referirem, e da metodologia de cálculo e premissas utilizadas. (...)."

[13] Lei Complementar 101/00 – Lei de Responsabilidade Fiscal
"Art. 14. A concessão ou ampliação de incentivo ou benefício de natureza tributária da qual decorra renúncia de receita deverá estar acompanhada de estimativa do impacto orçamentário-financeiro no exercício em que deva iniciar sua vigência e nos dois seguintes, atender ao disposto na lei de diretrizes orçamentárias e a pelo menos uma das seguintes condições:
(...)
§ 1º A renúncia compreende anistia, remissão, subsídio, crédito presumido, concessão de isenção em caráter não geral, alteração de alíquota ou modificação de base de cálculo que implique redução discriminada de tributos ou contribuições, e outros benefícios que correspondam a tratamento diferenciado".

[14] Dos Santos, Helder. "Arbitragem e Lei de Responsabilidade Fiscal" in "Arbitragem Tributária, Desafios Institucionais Brasileiros e a Experiência Portuguesa" [coordenação]

"Seus artigos 11, 12 e 14 são absolutamente compatíveis com o procedimento arbitral, já que não há de se falar em renúncia de receita quando da escolha e utilização de tal procedimento, e, havendo decisões favoráveis ou contrárias que possam causar impacto orçamentário, cabe ao gestor efetuar a previsão de acréscimo ou decréscimo de receita, nos termos do quanto disposto no artigo 11."

Nosso entendimento é, portanto, o de que a arbitragem tributária não caracteriza concessão ou ampliação de benefício fiscal com renúncia de receita. Não há caracterização de renúncia, nos termos da própria lei (§1º), e, portanto, não há qualquer incompatibilidade entre a instituição de arbitragem tributária e a Lei de Responsabilidade Fiscal.

Conclusões

Quanto mais se estuda a arbitragem tributária, mais se observa a perplexidade inicial dando lugar ao desejo de que se concretize, tendo em vista sua viabilidade jurídica e oportunidade no atual contexto de dificuldade de recuperação dos créditos pelo Fisco, e de necessidade solução rápida, técnica e eficiente dos conflitos para os contribuintes.

A necessidade de lei existe, porém dentro do possível deve-se permitir a aplicação da Lei de Arbitragem – Lei nº 9.307/96, já validada pelo STF e amadurecida inclusive em conflitos com a administração pública.

Referências

CAHALI, Francisco José "Curso de Arbitragem: Mediação: Conciliação: Tribunal Multiportas – 7. Ed. rev. atual. e ampl. – São Paulo: Thompson Reuters Brasil, 2018.

ESCOBAR, Marcelo Ricardo. "Arbitragem Tributária no Brasil" –São Paulo: Almedina, 2017.

NASSER, Paulo Magalhães. "Vinculações Arbitrais", Rio de Janeiro, Lumen Juris, 2019.

PISCITELLI, Tathiane, MASCITTO, Andréa e FARICELLI DE MENDONÇA, Priscila. "Arbitragem Tributária, Desafios Institucionais Brasileiros e a Experiência Portuguesa" [coordenação], 2ª edição revista, atualizada e ampliada.

Tathiane Piscitelli, Andréa Mascitto, Priscila Faricelli de Mendonça, 2ª edição revista, atualizada e ampliada. p. 257.

7.
Arbitragem Tributária no Brasil: Aprendendo com a Experiência Pioneira em Portugal

Roberto Pasqualin

"Querem, mas não sabem como,
ou sabem, mas não querem?..."

C.C., médico e filósofo em São Paulo (1941-1981)

Sob a inspiração das indagações acima, aceitei fazer breves reflexões sobre o que está no título deste artigo.

O objeto deste apanhado de ideias é, mais uma vez, o tema da necessidade e da oportunidade de implantar no Brasil a arbitragem privada como uma terceira via para solução adequada de litígios em matéria tributária entre fisco e contribuintes.

Tenho há anos a convicção de que, tal qual água em pedra dura, voltar ao mesmo tema deve resultar em que se furem as maiores pedras que travam esse caminho. Pedras duras que não têm permitido a implantação da arbitragem tributária por aqui, como vejo, são a ignorância técnica, a resistência política e o medo de aceitar mudanças. Queremos a arbitragem tributária no Brasil e não sabemos como implantá-la? Ou sabemos, mas não queremos?...

Houve oportunidades para implantá-las, mas nunca foram além de valiosos estudos acadêmicos e de projetos de lei que não vingaram. Talvez bater na mesma tecla ajude chegar a hora disso mudar.

1. Reflexões: sabem e não querem?

Antes de entrar no objeto propriamente dito deste artigo peço um instante para uma reflexão que aparentemente nada tem a ver com o tema escolhido. Explico. O convite para participar desta obra coletiva me foi feito antes do momento que vivemos neste início de 2020. Está sendo escrito em plena pandemia e será lido, espero, já ultrapassada – e o comportamento da sociedade, já modificado. *Este é fio de ligação com o tema do artigo.*

Por primeiro, um lugar comum. Absolutamente imprevisível até há poucos meses, esta nova doença é espetacularmente impactante, pela velocidade e extensão da contaminação, pelo sofrimento e morte dos infectados, pelo isolamento dos que procuram não se infectar, pela insuficiência da estrutura hospitalar para atender os doentes, pelo despreparo dos governos para enfrentar sua gravidade, por vezes desprezada... Será ainda mais impactante pela paralisia da economia mundial: cortam-se empregos, deixa-se de produzir, descumprem-se contratos, adiam-se impostos, desorganiza-se a vida em sociedade, teme-se uma judicialização intensa.

Por segundo, um outro lugar (in)comum: o despertar de sentimentos nobres de ajuda, de solidariedade, de admiração, de paciência, de respeito e de humildade ante tão impressionante situação. Surgem mudanças de comportamento social e na maneira de fazer diferente o que se fazia anteriormente. Todos torcem para que esse despertar do lado humano do ser humano continue presente no convívio em sociedade quando a pandemia passar... Sabemos que é bom, queremos que continue.

2. Até quando?

Acontece que a humanidade já experimentou esse despertar em outras pandemias, em muitas guerras, em outras calamidades. Os sentimentos nobres que também afloraram nessas ocasiões, a memória curta do ser humano fez adormecer o que a calamidade despertou. O egocentrismo voltou a ser o padrão e, com ele, a litigiosidade.

Assim será mais esta vez?!... Queremos conviver em paz? Vimos que, sim, que soubemos como! Até quando será preciso mais calamidades para despertar o bem viver? Até quando a sociedade viverá em litígio ao invés de em paz?...

3. Litígios continuam, o Direito cura

Volto à indagação inicial. A humanidade quer viver em paz, mas não sabe como? Ou sabe, mas não quer?... Enquanto permanecer esse dilema, a sociedade continuará condenada a viver com o litígio. É o que a história mostra.

Enquanto assim é, os litígios deixaram de ser resolvidos pela força bruta e construiu-se o Direito. Sim, o Direito que, em sua concepção mais ampla é 'a disciplina da convivência humana, que promove o 'viver honestamente', o 'não prejudicar o outro', o 'atribuir a cada um o que é seu'. É o Direito que faz justiça para restabelecer o bem conviver. E para fazer justiça, alguém diz o Direito a aplicar.

4. Justiça estatal e justiça privada

Dizer o Direito na solução dos litígios é preferencialmente, quando não exclusivamente, reservado ao judiciário estatal – assim o próprio Direito disciplina. A evolução da civilização mostrou que não apenas o órgão impessoal do Estado pode dizer o Direito. Viu-se que também podem dizer o Direito as próprias pessoas que convivem em sociedade – árbitros privados escolhidas livremente pelas partes em litígio, através da arbitragem., que dizem o Direito e fazem justiça. Praticada com sucesso no Brasil por particulares, empresas e a administração pública, a arbitragem privada se consolidou como instituto célere, eficaz e adequado para dizer o Direito e solucionar litígios.

Encerro aqui esta reflexão, caro leitor. A sociedade brasileira quer a justiça privada para resolver seus litígios, no caso, os em matéria tributária, e não sabe como implantá-la? Ou sabe, mas não faz?...

5. Em Portugal, se fez... e se faz

Pretendo discorrer brevemente sobre o Direito que pode disciplinar a arbitragem tributária no Brasil, aprendendo de quem a faz: a experiência de Portugal, em que lei especial de 2010 autorizou a implantação da arbitragem tributária portuguesa, em 2011, paralela e complementarmente à justiça estatal.

Analisando o cenário da época, a jurista portuguesa MARIA DA CONCEIÇÃO OLIVEIRA, criticou a (quase) exclusividade da justiça estatal em Portugal por não seguir a tendência dos países europeus de usarem métodos extra judiciais:

.... a Justiça [em Portugal] está cometida, quase exclusivamente, aos tribunais, contrariamente à tendência generalizada de desenvolvimento de meios extrajudiciais para a resolução [de conflitos] ...[1]

MANUEL FERNANDO DOS SANTOS SERRA, manifestou-se no mesmo sentido: "... uma maior abertura a meios alternativos ... é vital para o reequilíbrio do nosso sistema de justiça [e] não pode deixar de estender-se aos meios alternativos de caráter jurisdicional, designadamente a arbitragem ... confiada ao árbitro, que profere verdadeiras sentenças, com caráter obrigatório e exequibilidade não dissemelhante das proferidas pelos tribunais[2].

Também JOSÉ-MIGUEL JÚDICE deu importante depoimento sobre natureza jurisdicional da arbitragem tributária praticada em Portugal através do Centro de Arbitragem Administrativa (o "CAAD"), com competência exclusiva para administrar o dizer o Direito nas arbitragens portuguesas em matéria tributária. Esse reconhecimento foi feito pelo Tribunal de Justiça Europeu. Segue o trecho de José-Miguel:

Three years after the entry into force of the Portuguese Tax Arbitration Regime, the European Court of Justice finally issued a groundbreaking decision regarding the long standing question of whether the Tax Arbitral Court (the "CAAD") is a true 'jurisdictional body' ... [an] arbitration tribunal dealing with tax issues [that] should be considered a court or tribunal of a member State" [of the EU] ... "... the recent decision of the Court has the virtue of ... erasing any doubts that might still endure regarding the jurisdictional nature of the tax arbitral tribunals[3].

[1] OLIVEIRA, Maria da Conceição, "Mediação e Arbitragem no Roteiro da "Boa Administração" – A Experiência Portuguesa no Contexto Europeu", *in* "Mais Justiça Administrativa e Fiscal, Arbitragem, organizada por Nuno de Villa-Lobos et al, ed. Wolters Kluwer Portugal e Coimbra Editora, 1ª ed., Novembro 2010.

[2] SERRA, Manuel Fernando dos Santos, "Arbitragem Administrativa em Portugal: Evolução Recente e Perspectivas", *in* "Mais Justiça Administrtiva e Fiscal, Arbitragem, organizada por Nuno de Villa-Lobos et al, ed. Wolters Kluwer Portugal e Coimbra Editora, 1ª ed., Novembro 2010.

[3] JÚDICE, José Miguel e CASTILHO, Luis, "What Can we Infer from the Ascendi Case?", Kluwer Arbitration Blog – Latest Entries, posted 19 Oct 2014.

6. Arbitragem tributária: sabe-se como; por que não?

A arbitragem comercial privada está consolidada no Brasil e é cada vez mais utilizada para solucionar rápida e adequadamente litígios de várias naturezas, inclusive com a administração pública. A Lei Brasileira de Arbitragem de 1996 foi bem aceita pela sociedade e confirmada pela jurisprudência de nossos tribunais. Atualizada em 2015, é hoje garantia de segurança jurídica e importante fator de promoção de um melhor ambiente de negócios no Brasil. Mas houve resistências em sua implantação.

NUNO DE VILLAS-BOAS, presidente do CAAD, se referiu a essa resistência, que também aconteceu em Portugal. É a seguinte sua reflexão:

> Se a novidade suscita curiosidade, também gera incerteza, tensão e, por vezes, até suspeição; ... a falta de precedentes a nível nacional e internacional levantou naturais reservas na comunidade jurídica [portuguesa e] a decisão de avançar [com a implantação da arbitragem tributária] envolvia riscos numa área muito sensível. Receios havia de que se tornasse uma justiça elitista, pouco transparente e que não viesse resolver por si só as pendências dos tribunais tributários... No entanto, o funcionamento da arbitragem tributária tem vindo a dissipar tais receios, sendo cada vez mais vista como uma alternativa sólida e eficaz, com aplicação estrita da lei... À medida que o funcionamento da arbitragem foi sendo conhecida pelos contribuintes, a tendência de crescimento é [em 2012] cerca de 5 vezes superior à registrada no ano de arranque [2011]. Espera-se que a tendência de crescimento se mantenha em 2013, com o contributo de todos os envolvidos, nomeadamente do fisco, dos contribuintes e dos árbitros. Espera-se ainda que a replicação da experiência portuguesa a nível internacional venha a ser uma realidade[4].

Como tributarista desde o início de minha vida profissional e arbitralista que passei a ser também, ao conhecer esta notável ferramenta de solução privada de litígios, passei a empreender, bem antes de 2011, uma cruzada pessoal, quase quixotesca à época, para unir a arbitragem privada à necessidade de uma justiça tributária rápida, técnica e eficiente. A ideia de unir a arbitragem ao contencioso tributário voltou a ganhar espaço

[4] VILLAS-BOAS, Nuno de, ed. Wolters Kluwer Portugal e Coimbra Editora, 1ª ed., Novembro 2010, texto publicado em 2014.

a partir da experiência portuguesa. Não está mais tão distante e não é mais tão impensável.

7. Necessidade de inovar, um 'ovo de Colombo' tributário

Há evidente necessidade de algo novo para resolver os litígios entre fiscos e contribuintes que, arrisco dizer, em última análise se resumem simplesmente ao dever de os fiscos cobrarem legalmente seus tributos, de um lado, e, de outro, à obrigação dos contribuintes pagarem corretamente o que devem. Essa relação jurídico-tributária conceitualmente simples é, no entanto, a fonte dos litígios em matéria tributária a afogar os órgãos encarregados de sua cobrança no Brasil.

Esse algo novo pode ser a implantação da arbitragem em matéria tributária como uma nova via de contencioso tributário arbitral, paralela e complementar ao contencioso administrativo ou judicial, como em Portugal. O contencioso arbitral tributário português é praticado separada e complementarmente ao contencioso tributário administrativo e judicial, cada qual com jurisdição própria e independente.

Portugal mostra a nós que a arbitragem tributária é não apenas uma via adequada juridicamente como oportuna economicamente, e é hoje o país europeu mais avançado na solução dos litígios tributários pela via da arbitragem, o que foi reconhecido até mesmo pelo Tribunal de Justiça da União Europeia, como visto acima. Atualmente, os procedimentos arbitrais em matéria tributária em Portugal são resolvidos em média em quatro meses e meio, tempo de resolução impensável no Brasil. Sabe-se como fazer?

MANUEL FERNANDES DOS SANTOS SERRA, à época da autorização da arbitragem tributária em Portugal, declarou que:

> As vantagens normalmente associadas à arbitragem são conhecidas: ... caráter mais reservado; celeridade proporcionada por uma significativa simplificação processual; menores custos; maior especialização dos árbitros na matéria controvertida. Refira-se, por fim, que a relativa informalidade da arbitragem configura-a como uma justiça de maior proximidade, criando-se assim um ambiente propício à contenção do conflito e mesmo à aproximação de posições entre partes, que pode ... dar origem a uma resolução do litígio por processo conciliatório.[5]

[5] SERRA, Manuel Fernando dos Santos, 2010, p. 22-23

Apesar das notórias diferenças de dimensão econômica, geográfica e populacional entre Portugal e Brasil, fato é que lá em Portugal a arrecadação tributária pela via arbitral superou a arrecadação obtida nos âmbitos administrativo e judicial. Por que não poderíamos ter isso acontecendo aqui também? A implantação da arbitragem tributária no Brasil pode ser um 'Ovo de Colombo Tributário' para resolver as enormes dificuldades dos governos, dos contribuintes e do judiciário na gestão do contencioso tributário. Estamos diante de mais uma oportunidade de colocar esse 'ovo em pé'. Sabemos como?

8. Arbitragem na administração pública, por que não tributária?

Uma vez que na modernização da Lei Brasileira de Arbitragem em 2015 o uso da arbitragem privada foi expressamente admitido para resolver conflitos envolvendo a administração pública – e a administração pública tributária é parte da administração pública –, o próximo e natural passo seria então admitir a arbitragem para solucionar também os conflitos em matéria tributária, que entretanto permanecem ainda sob a jurisdição exclusiva do judiciário estatal, judicial e administrativo.

Podemos aprender com a experiência portuguesa e incluir a arbitragem tributária entre o que já é admitido na administração pública. Será construir um novo tipo de contencioso tributário, praticado em ambiente privado, por instituições arbitrais privadas e por árbitros privados. Será talvez a inovação mais relevante na história ainda recente da arbitragem privada no Brasil. E será inovação extraordinariamente útil para aliviar ao menos em parte o impressionante congestionamento do contencioso tributário submetido exclusivamente ao judiciário estatal, administrativo e judicial.

9. Terceira via no contencioso tributário brasileiro

Não se propõe que a arbitragem tributária venha retirar do judiciário a função de resolver litígios tributários de variadas naturezas. Nem se propõe extinguir a função julgadora de órgãos administrativos, O que se pretende é que a arbitragem tributária atue paralela e complementarmente a eles, uma terceira via para a solução desses litígios, ao lado dos que existem hoje. Essa terceira via pode ser construída com a segurança jurídica da arbitragem comercial privada já existente no Brasil para solução rápida e especializada de litígios tributários fora do Judiciário e fora da administração pública.

10. Sistema tributário nacional é a origem dos litígios

A mais importante razão da litigiosidade tributária tem origem no complexo e burocrático sistema tributário brasileiro. Um verdadeiro cipoal de normas que nem mais se pode se chamar de 'sistema'. Normas tributárias constitucionais, complementares, ordinárias, infra legais, interpretações jurisprudenciais e, ainda, orientações verbais nos balcões das repartições fazendárias que atendem as dúvidas dos contribuintes.

É impossível não haver erro na aplicação desse cipoal infernal. É comum os próprios agentes da administração tributária – e os contribuintes – não saberem como aplicar ou interpretar as milhares de normas que compõem o 'sistema' tributário nacional. Os erros de conformidade e os erros de interpretação são o fato gerador da impressionantemente e volumosa litigiosidade tributária, administrativa e judicial.

11. A demora é o 'perde-perde' no tributário

Trilhões de reais ficam retidos em processos que demoram anos e anos para serem solucionados, que não chegam aos cofres do Estado enquanto os processos não terminam. Apesar do esforço de juízes e julgadores administrativos, o contencioso estatal é reconhecidamente ineficiente para resolver litígios tributários em tempo razoável e em matéria tão sensível para os governos, de um lado, e para os contribuintes, do outro.

Sabe-se que nos negócios, e também nos contratos com a administração pública, no inevitavelmente acontecem litígios. Quando não se consegue evitá-los nem se consegue compô-los, cabe solucioná-los rápida e adequadamente para que não aumentem nem entravem as atividades dos envolvidos. O mundo dos negócios se movimenta cada vez mais rapidamente e as empresas não podem esperar anos e anos para a solução de litígios tributários sob pena de 'perderem o bonde da história'. A solução demorada dos litígios tributários chega fora do tempo. Quando os processos acabam, o mundo já não é mais o mesmo. Os governos e as políticas mudaram. As partes envelheceram morreram, fecharam, faliram ou foram vendidas.

O resultado da demora é um 'perde-perde' inevitável. Os governos não conseguem arrecadar o tributo no tempo previsto; o déficit fiscal aumenta enquanto a arrecadação não vem; os gastos e investimentos públicos são reduzidos porque a arrecadação não chega... Os contribuintes, por seu lado, são obrigados a fazer provisões contábeis para contingências tributárias pendentes de solução; as provisões reduzem o lucro das empresas e dos acionistas; com lucro menor, o crédito bancário e comercial fica mais difícil; os investimentos são adiados, a produção e a oferta de empregos caem...

Essa demora, que também havia em Portugal, foi estudada por MANUEL FERNANDO DOS SANTOS SERRA na implantação da arbitragem tributária lá:

> ... a demora processual, para além daquela que é necessária à cognição cabal dos factos e do direito, faz aumentar o risco da paralisia dos direitos e garantias ... no domínio das relações jurídicas administrativas e fiscais. Todos sabemos que uma sentença tardia pode resultar inútil ou até adicionar prejuízos aos já de outra forma enfrentados pela parte lesada. ...as situações consolidadas pela passagem do tempo tendem a ser materialmente irreversíveis e os danos causados de difícil avaliação pecuniária. Efeitos perversos que em tribunais assoberbados pelo grande volume de pleitos, como são, de há anos a esta parte, os tribunais administrativos e fiscais...[6]

Registro aqui também manifestação especialmente relevante a respeito da (in)eficiência da administração pública trazida por MAYARA NUNES MEDEIROS DE SOUZA, E SÂMILA VIANNA:

> Neste sentido, observe-se o que diz ALEXANDRE DE MORAES sobre a eficiência: 'Assim, o princípio da eficiência é o que impõe à administração pública direta e indireta e a seus agentes a persecução do bem comum, pelo exercício de suas competências de forma imparcial, neutra, transparente, participativa, eficaz, sem burocracia e sempre em busca da qualidade, primando pela adoção dos critérios legais e morais necessários para [a] melhor utilização possível dos recursos públicos, de maneira a evitarem-se desperdícios e garantir-se maior rentabilidade social[7].

[6] SERRA, Manuel Fernando dos Santos, 2010, p. 20.

[7] SOUZA, Mayara Nunes Medeiros de e VIANNA. Sâmila, 2016.

12. Por que não aqui? Sabemos como? Queremos?

O pioneiro sistema de arbitragem em matéria tributária implantado em Portugal evidencia sua viabilidade jurídica e impressionante celeridade operacional. Implantada essa prática aqui no Brasil haveria uma oferta mais ampla de alternativas adequadas para a solução de litígios que poderiam ser categorizados, por exemplo, pela natureza específica dos diferentes tributos, pela maior ou menor complexidade das hipóteses de incidência, pelas diferentes circunstâncias dos fatos imponíveis, pelo maior ou menor valor do crédito em discussão etc. É como se fez em Portugal.

Em tempos de mudanças profundas e reformas estruturantes que o Brasil vem procurando estabelecer está a oportunidade de propor à deliberação da sociedade e das lideranças do país a introdução da arbitragem em matéria tributária. Pode à primeira vista parecer ousadia, mas é possível, como foi em Portugal. A hora é agora, não há dúvida. Teríamos aqui, como em Portugal, uma justiça arbitral tributária privada, especializada, rápida, independente, imparcial, segura, a complementar o modelo brasileiro de contencioso tributário atual, administrativo e judicial. Podemos aproveitar a experiência de como fazer.

13. Construção da arbitragem tributária em Portugal

Quando já estava autorizada a implantação da arbitragem tributária em Portugal, em 2010, mas não estava ainda criada por lei, o que ocorreu em 2011, JOSÉ CASALTA NABAIS já alertava para a necessidade de legislação especial para incluir essa ferramenta no sistema jurídico tributário português:

> ... se pode invocar ... o facto de o direito fiscal constituir um ramo especial do direito administrativo; ... a introdução da arbitragem tributária no nosso sistema jurídico [de] uma matéria tão importante e manifestamente inovadora ... não pode resultar da disciplina da arbitragem administrativa ... se configura a arbitragem tributária como um direito potestativo dos contribuintes ... o que significa que a Administração Fiscal, em caso de litígio com os contribuintes, por um lado, é forçada a uma jurisdição arbitral e, por outro lado, é-lhe negado o acesso à justiça estadual.[8]

[8] NABAIS, José Casalta, 2010, p. 37

A implantação da arbitragem tributária em Portugal se deu pela edição do Decreto-lei 10/2011, de 20 de janeiro, alterado pelas leis ns. 64-B/2011, de 30.12; 20/2012, de 14 de Maio; e 66-B/2012, de 31 de Dezembro.

O DL 10/2011 regulou o regime jurídico da arbitragem como uma alternativa de resolução jurisdicional extrajudicial de conflitos fiscais, indicando como objetivos de sua implantação oferecer tutela eficaz de direitos e interesses dos contribuintes -- que têm a exclusividade de requerer a arbitragem para solução de litígio tributário com o fisco; dar maior celeridade à solução dos litígios fiscais, com processos sem maiores formalidades e autonomia de julgamento pelos árbitros; e para reduzir as pendências de processos fiscais no judiciário. Alguma semelhança com o Brasil de hoje é coincidência?...

Seguem as principais disposições do DL 10/2011, informados por ROGÉRIO M. FERNANDES[9]:

> 1. São princípios da legislação que introduziu a arbitragem tributária em Portugal o contraditório em relação aos fatos que originaram o litígio e quanto ao direito aplicável em sua solução; a isonomia das partes em todo o procedimento arbitral; a autonomia do tribunal arbitral na condução do procedimento e seu livre convencimento para a prolação da decisão; a oralidade, a cooperação e a boa-fé processual de todos os envolvidos no procedimento; e a publicidade das decisões, sem a identificação das partes."
>
> 2. Os tribunais arbitrais podem ser coletivos, com três árbitros escolhidos, um por cada parte e o presidente pelos árbitros escolhidos pelas partes, ou podem ser designados pela instituição arbitral; ou os procedimentos podem ter árbitro único, escolhido pela instituição arbitral.
>
> 2.1 Podem ser árbitros juristas com experiência em matéria tributária e podem também ser economistas ou administradores com experiência nos fatos objeto do litígio; o presidente do tribunal deve ser sempre um jurista com 10 anos ou mais em matéria do litígio.
>
> 2.2 Os árbitros têm o dever de imparcialidade, independência e sigilo e estão sujeitos a impedimento por conflito de interesse em relação às partes ou por interesse próprio na solução da questão; e podem ser impugnados se não atenderem a estes requisitos;
>
> 2.3 A arbitragem só se inicia quando formado o tribunal arbitral.

[9] FERNANDES, Rogério M., em estudo próprio de 2011

> 3. O procedimento arbitral somente pode ser instaurado a requerimento do contribuinte, deve ser respondido pela administração tributária e se inicia com a formação do tribunal arbitral, que tem o dever de conduzir a arbitragem e promover a primeira reunião com as partes para indicar o procedimento a ser seguido e a fixação de calendário preliminar para apresentação de razões e provas a serem produzidas.
>
> 3.1 O pedido de instauração de arbitragem deve ser feito eletronicamente, suspende a execução fiscal e suspende ou interrompe os prazos de decadência e prescrição.
>
> 3.2 A administração tributária pode revogar, ratificar, reformar substituir ou manter o ato objeto do litígio, ficando vinculada à decisão arbitral;
>
> 4. A decisão dos litígios tributários deve ser de direito, vedado o uso da equidade, e vinculam o contribuinte e a administração tributária, que não pode repetir o ato julgado inválido exceto se por fatos novos.
>
> 4.1 A decisão do Tribunal Arbitral deve ser proferida no prazo de até 6 meses do início da arbitragem, prorrogável por até mais 6 meses, justificadamente, e tem o mesmo valor jurídico da sentença judicial e é irrecorrível exceto quando contiver matéria constitucional ou quando contrariar jurisprudência pacificada.
>
> 4.2 A decisão arbitral pode ser anulada se não for justificada; for contraditória entre conteúdo das justificativas e os da decisão; for ultra petita ou se omitir em relação a qualquer pedido das partes; violar o contraditório e a igualdade das partes.

Ainda comentando o DL 10/2011, ROGÉRIO M. FERNANDES indicou a extensão das matérias que podem ser resolvidas pela arbitragem tributária portuguesa:

> O Tribunal Arbitral Fiscal poderá pronunciar-se sobre diversos tipos de pretensões, como a apreciação da declaração de ilegalidade de liquidação de tributos, de auto liquidação, de retenção na fonte e dos pagamentos por conta, assim como a apreciação de ilegalidade de actos de determinação da matéria tributável, actos de determinação da matéria colectável e actos de fixação de valores patrimoniais, entre outros.[10]

[10] FERREIRA, Rogerio M. Fernandes, 2011, p. 2

Comentando a Portaria 112-A/2011, de 22 de março, sobre a vinculação da administração tributária portuguesa à arbitragem tributária, ROGÉRIO M. FERNANDES informou:

> Estabelece ... a Portaria 112-A/2011... que a partir de julho próximo [de 2011] a Direção Geral dos Impostos (DGCI) e a Direção Geral das Alfândegas e dos Impostos Especiais sobre o Consumo (DGAIEC) se encontram vinculadas à jurisdição dos tribunais arbitrais ... em determinadas causas tributárias. Para algumas matérias, a vinculação da administração tributária fica condicionada a anterior 'recurso à via administrativa'. A vinculação da administração tributária à jurisdição arbitral foi excluída para 'os litígios de valor superior a 10 milhões de euros ...

Comentando o Regulamento das Custas nos Processos de Arbitragem Tributária, de abril de 2011, e o Regulamento de Seleção de árbitros em matéria tributária, de junho de 2011], ROGÉRIO M. FERNANDES acrescentou:

> Os árbitros deverão ser escolhidos entre 'pessoas de comprovada capacidade técnica, idoneidade moral e sentido de interesse público'. Poderão ser juristas com pelo menos dez anos de experiência profissional ... [e] ainda ... árbitros licenciados em Economia ou Gestão, embora apenas [em] questões que exijam conhecimentos especializados dessa área não jurídica e não podendo ... exercer as funções de árbitro presidente."
>
> "Para arbitragens com valores iguais ou superiores a 500 mil ou a 1 milhão de euros, o árbitro-presidente 'deve ter exercido [a] magistratura nos Tribunais tributários ou possuir o grau de mestre ... ou doutor em Direito Fiscal", respectivamente. Quem pretender fazer parte da lista de árbitros [do CAAD] ... precisa ... candidatar-se, por meio de consulta pública anual, à lista de árbitros ... ordenada segundo um critério de especialidade ...[11]

ROGÉRIO M. FERNANDES resumiu ainda a questão dos custos da arbitragem:

> As custas no processo arbitral – genericamente designadas como taxas de arbitragem – compreendem a taxa ... pelo 'impulso processual' e os

[11] Fernandes, Rogério M., 2011, p. 6-8.

> encargos do processo arbitral ... (v.g., honorários dos árbitros, despesas ... para produção de prova etc.). ... A taxa de arbitragem é calculada com base em dois critérios fundamentais: o valor da causa e o modo de designação do árbitro ... [Nos] casos de designação de árbitro pelo CAAD [1 ou 3 árbitros], o valor mínimo ascende a 306 euros ... e o valor máximo tabelado é de 4.896,00 euros" [Tabela I, faixas menores de valor da causa];... nos casos [em que] as partes designem os árbitros [sempre três], ... o limite mínimo é de 12.000 euros ... e o limite máximo [é] de 120 mil euros..." [Tabela II, faixas maiores de valor da causa].[12]

Cabe destacar neste passo aspecto peculiar à arbitragem tributária em Portugal, fator de críticas possivelmente infundadas. Trata-se da designação do CAAD como a instituição arbitral única para processar litígios em matéria tributária no país. Seja porque já estivesse instalada para administrar litígios administrativos de outras naturezas, seja pela menor extensão territorial e menor fluxo de litígios em Portugal, a determinação de uma única instituição arbitral atendeu a necessidade inicial daquele país.

Essa escolha não parece adequada para o Brasil, e daí a crítica que se faz. Aqui, será necessário escolher instituições arbitrais privadas para administrar os procedimentos de arbitragem tributária em todo o território nacional que deverão atender as diferentes unidades federativas, União, Estados, Distrito Federal e Municípios, o que não caberia a uma única instituição arbitral fazer. Temos no país número razoável de instituições arbitrais em localizações geográficas distintas e com larga experiência no trato das arbitragens comerciais. Essas instituições arbitrais poderão ser credenciadas a administrar arbitragens em litígios em matéria tributária e desempenhar, no Brasil, o que o CAAD faz em Portugal.

Registro aqui breves mas importantes anotações de DOMINGOS SOARES FARINHO sobre o modelo institucional do CAAD e a clara separação das funções institucionais das funções arbitrais, o que pode ser adotado pelas instituições arbitrais brasileiras:

> ... o CAAD é uma associação privada [em] que não se deve confundir o modelo institucional de um centro de arbitragem com a sua estrutura

[12] Fernandes, Rogério M., 2011, p. 9-10.

> funcional [e] deve ficar claro que uma coisa é o tribunal arbitral, seu objeto, seu regulamento, seus juízes-árbitros e forma de processo, e outra coisa é a instituição que gere e assegura o funcionamento regular do tribunal arbitral; ... enquanto estrutura institucional, convoca um conjunto de problemas de governo institucional que devem merece atenção e tratamento autónomo do conjunto de problemas convocado por sua dimensão funcional, ou seja, pelas questões jurídicas convocadas pela arbitragem; .... o modelo institucional do CAAD assegura de modo claro a distinção entre os problemas de governo institucional específicos de uma associação que se consubstancia como centro de arbitragem ... e sua consequente função arbitral ...[13]

Como ilustração do desempenho inicial da arbitragem tributária em Portugal, registro também algumas estatísticas reunidas por SERENA CABRITA NETO e apresentadas em Power Point em congresso arbitral realizado em Recife em 2014:

> Número de Processos: Processos decididos de Setembro a Dezembro de 2011: 26; Processos decididos em 2012: 150; Processos decididos em 2013: 285
>
> Tipos de Árbitros: Designados pelo CAAD:1,3%; Designados pelas partes: 98,7%
>
> Tipos de Arbitragem: Singular: 50,5%; Colectiva; 49,5%
>
> Sentido da Decisão: Favorável ao Contribuinte: 59%; Favorável à AT: 41%
>
> Valores totais decididos: 93.901.146,64 de Euros
>
> Tipos de Decisão: Revogação dos actos: 11; Com decisão: os restantes
>
> Prazo médio da Decisão: 4 meses e 22 dias[14]

14. Construção legal da arbitragem tributária no Brasil

Esse é o exemplo de como fazer. Será preciso ver se efetivamente queremos... Mudança de cultura e de procedimentos são normalmente difíceis da acontecer sem o trabalho permanente de colocar em prática as novas

[13] FARINHO, Domingos Soares, "Algumas notas sobre o modelo institucional do CAAD", *in* "Mais Justiça Administrtiva e Fiscal, Arbitragem, organizada por Nuno de Villa-Lobos et al, ed. Wolters Kluwer Portugal e Coimbra Editora, 1ª ed., Novembro 2010, p. 33-34 e p. 44-45.

[14] CABRITA NETO, Serena, "Arbitragem Tributária: a experiência em Portugal", apresentação em 30 de maio de 2014, no V Encontro Nacional de Mediação e Arbitragem realizado pelo CONIMA – Conselho Nacional das Instituições de Mediação e Arbitragem em Recife, PE.

ideias. Há que haver persistência até que elas se materializem. É o que estamos vendo acontecer no Brasil em relação à proposta de implantação da arbitragem tributária, dificuldade reduzida aqui com o aprendizado que podemos tirar da experiência pioneira de Portugal.

Neste aspecto, a disciplina legal da arbitragem tributária em Portugal pode nos ensinar os princípios que foram adotados lá, a começar pela lei autorizativa do instituto e pelo decreto-lei disciplinando sua implantação, com as portarias detalhando elementos operacionais. Esse conteúdo normativo de Portugal serve como experiência a ser estudada no Brasil. A implantação da arbitragem tributária aqui, no entanto, haverá de estar subordinada ao sistema jurídico brasileiro.

Defendem alguns que a arbitragem tributária deveria ser introduzida em nosso sistema por lei complementar nacional, complementada por leis ordinárias das três esferas de governo. Há por outro lado quem defenda que já temos legislação em vigor que, sistemicamente bem interpretada, permitiria que conflitos tributários fossem submetidos à arbitragem sem necessidade de legislação especial. A autorização em lei especial me parece necessária, entretanto, para dar aos agentes das administrações tributárias e aos contribuintes a segurança jurídica necessária para recorrer a esse método sem o risco de contestação judicial e de custosa e demorada construção jurisprudencial.

Pela importância das repercussões que a implantação da arbitragem tributária seguramente irá provocar, há de se ter grande cuidado na elaboração da legislação que disciplinará sua implantação. Hoje o Brasil trilha um caminho concreto rumo a essa implantação com o Projeto de Lei 4.257, 6 de agosto de 2019, do senador Antonio Anastasia, que optou fazê-lo por lei ordinária. A tramitação do Projeto de Lei do Senador Anastasia deve ser acompanhada passo a passo até que se obtenha a maior qualidade possível de texto para sua aprovação. Temos no Brasil inteligência jurídica suficiente para contribuir para essa qualidade na legislação especial que o Senador Anastasia propôs. Temos também inteligência política para isso, quero crer. Há ainda trabalho a fazer, portanto, para que a arbitragem tributária se torne realidade no Brasil.

Volto agora à indagação inicial: Queremos a arbitragem tributária no Brasil e não sabemos como fazê-la, ou sabemos, mas não queremos? É o que veremos...

Convoco a quem possa e queira que participe conosco dessa cruzada.

Referências

CABRITA NETO, Serena, "Arbitragem Tributária: a experiência em Portugal", apresentação em 30 de maio de 2014 no V Encontro Nacional de Mediação e Arbitragem realizado pelo CONIMA – Conselho Nacional das Instituições de Mediação e Arbitragem em Recife, PE.

JÚDICE, José Miguel e CASTILHO, Luis, "What Can we Infer from the Ascendi Case?", Kluwer Arbitration Blog – Latest Entries, posted 19 Oct 2014.

FERREIRA, Rogerio M. Fernandes et al, "Arbitragem Fiscal: Consagração Lega" ed. PLMJ Sociedade de Advogados, RL, *in* Informação Fiscal, 2011.

FARINHO, Domingos Soares, "Algumas notas sobre o modelo institucional do CAAD", *in* "Mais Justiça Administrativa e Fiscal, Arbitragem, organizada por Nuno de Villa-Lobos et al, ed. Wolters Kluwer Portugal e Coimbra Editora, 1ª ed., Novembro 2010.

MORAES, Alexandre de, Ministro do Supremo Tribunal Federal no Brasil, *in* "Arbitragem Tributária: Um Panorama da Experiência Portuguesa e a Perspectiva Brasileira": Mayara Nunes Medeiros de Souza et al.

NABAIS, José Cabala, "Reflexão sobre a Introdução da Arbitragem Tributária" *in* "Revista da PGFN jan/jun 2011, revisão do texto de 2010 sobre a Lei de Orçamento do Estado para 2010 (LOE/2010), autorizativa da introdução da arbitragem tributária no "direito dos impostos" em Portugal.

OLIVEIRA, Maria da Conceição, "Mediação e Arbitragem no Roteiro da "Boa Administração" – A Experiência Portuguesa no Contexto Europeu", *in* "Mais Justiça Administrativa e Fiscal, Arbitragem, organizada por Nuno de Villa-Lobos et al, ed. Wolters Kluwer Portugal e Coimbra Editora, 1ª ed., Novembro 2010,

SCHOUERI, Luis Eduardo, professor em Direito Tributário no Brasil, *in* "Arbitragem Tributária: Um Panorama da Experiência Portuguesa e a Perspectiva Brasileira": Mayara Nunes Medeiros de Souza e Sâmila Vianna, estudo próprio em 2016.

SERRA, Manuel Fernando dos Santos, "Arbitragem Administrativa em Portugal: Evolução Recente e Perspectivas", *in* "Mais Justiça Administrativa e Fiscal, Arbitragem", organizada por Nuno de Villa-Lobos et al, ed. Wolters Kluwer Portugal e Coimbra Editora, 1ª ed., Novembro 2010,

SOUZA, Mayara Nunes Medeiros de e VIANNA, Sâmila, "Arbitragem Tributária: Um Panorama da Experiência Portuguesa e a Perspectiva Brasileira", estudo próprio apresentado no CONIMA-Conselho Nacional das Instituições de Mediação e Arbitragem em Belo Horizonte, em 11 de outubro de 2016.

TORRES, Manuel Anselmo, "Domestic Tax Arbitration: A Brief Overview", *in* "Mais Justiça Administrtiva e Fiscal, Arbitragem, organizada por Nuno de Villa-Lobos et al, ed. Wolters Kluwer Portugal e Coimbra Editora, 1ª ed., Novembro 2010.

VILLAS-BOAS, Nuno de, Presidente do CAAD-Centro de Arbitragem Administrativo, "Mais Justiça Administrativa e Fiscal, Arbitragem", organizada por Nuno de Villa-Lobos et al, ed. Wolters Kluwer Portugal e Coimbra Editora, 1ª ed., Novembro 2010

YURGEL, Ana Paula Olinto, "Arbitragem Tributária em Portugal: Possibilidade de Inserção do Instituto no Direito Tributário Brasileiro", estudo próprio, *circa* julho de 2013.

8.
Arbitragem Tributária – da Necessidade à Realidade

Giácomo Paro

Introdução

No mês de setembro de 2020 foi realizado, de maneira virtual, o I Congresso Internacional de Arbitragem Tributária. Por iniciativa e sob a coordenação do então Instituto Brasileiro de Arbitragem Tributária (IBAT), atual Instituo Brasileiro de Arbitragem e Transação Tributária (IBATT), diversos professores e advogados reuniram-se virtualmente em mesas dedicadas à discussão de temas pertinentes aos métodos alternativos de soluções de litígios tributários.

Atendendo ao gentil convite do IBATT, coube a mim presidir o painel dedicado ao estudo da Arbitragem no Direito Internacional Comparado.

Nessa oportunidade tivemos a oportunidade de aprender com o grande advogado e professor Rogério Fernandes Ferreira sobre interessantes atualidades do uso da arbitragem tributária em Portugal, experiência que merece ser observada e seguida.

Pudemos ouvir muito sobre o funcionamento da arbitragem em Portugal, sobre seus prazos, ritos, custas, nomeação de árbitros, competência e, em especial, sobre a importância do papel do Centro de Arbitragem Tributária Administrativa no desenvolvimento e uso crescente desse instituto.

A explanação do citado professor deixou claro para nós que, tal lá como cá, a adoção da arbitragem tributária não ocorreu livre de críticas, algumas semelhantes às que aqui se verifica, mas que os números divulgados demonstram que Portugal tem atingido os objetivos buscados com a adoção desse instituto, quais sejam conferir celeridade às demandas entre fisco e contribuintes e conferir segurança produzindo decisões de alta qualidade técnica.

Na sequência tivemos o prazer de ouvir a palestra da professora Paula Vicente-Arch acerca dos debates travados na Espanha sobre a instituição da arbitragem tributária.

Pudemos compreender que a Espanha, tal como o Brasil, sofre com excesso de processos administrativos e judiciais tratando de matéria tributária e, por isso, estuda constantemente métodos alternativos de soluções de conflitos fiscais.

A professora Paula faz parte de um grupo de estudiosos dedicados ao tema e, ao longo de sua exposição, ficou claro que na Espanha são discutidas questões muito próximas àquelas discutidas no Brasil, tais como a possibilidade de submeter o crédito tributário ao procedimento arbitral.

O que pudemos concluir é que essas discussões permanecem por lá, embora exista uma doutrina expressiva pela possibilidade e, atualmente, não há um projeto de lei voltado especificamente a tratar da arbitragem tributária, tal como há no Brasil e será explorado a seguir.

Traçadas essas breves linhas sobre a mesa do I Congresso Internacional de Arbitragem Tributária dedicada à análise da experiência internacional, cabe agora realizar uma breve análise sobre o atual cenário brasileiro.

1. Um cenário preocupante

A pandemia trouxe à superfície um debate importante sobre o elevado nível de gastos públicos experimentado pelos governos federal, estaduais e municipais. Esse já elevado nível atingiu patamares insustentáveis após a realização necessária de gastos extraordinários para enfrentar a pandemia ainda em curso.

Ocorre que os gastos cresceram e a arrecadação caiu. Nada que não fosse esperado. Com comércios e serviços fechando as portas e indústrias reduzindo suas atividades, não houve circulação de mercadorias sobre a qual possa incidir ICMS, não houve prestação de serviços tributada pelo ISS, não houve receita a ser tributada pelo PIS e pela COFINS e, muito menos, houve lucro a ser tributado pelo imposto de renda, para citar algumas das principais fontes de arrecadação dos governos.

Não nos enganemos. O cenário é de uma insustentável pressão fiscal, que certamente obrigará nossos governantes a repensar a atual estrutura tributária.

Não basta uma reforma tributária que pretenda alterar as bases da tributação do consumo. Não basta (e essa sequer está em pauta) uma reforma que pretenda alterar os patamares de tributação da renda. É preciso repensar a estrutura de arrecadação e cobrança de tributos no Brasil, de forma a torná-la mais eficiente.

A Administração Pública deve ser guiada pela ideia de se buscar um modelo de arrecadação de tributos que consista em impor ao governo o menor custo possível para arrecadar o maior valor possível, dentro do previsto na legislação[1].

O contencioso tributário do Brasil é desordenado e convive com visões diversas sobre um mesmo tema (inclusive no mesmo tribunal, seja ele administrativo ou judicial), o que incentiva, sem dúvida, a litigiosidade.

Somado a isso temos os 12 milhões de execuções fiscais apenas no Estado de São Paulo, as quais perduram por 9 anos (em média) até uma conclusão, com uma absurda probabilidade de recuperação de crédito próxima de 25%[2] por parte do Fisco, o que contribui para os gastos estimados de 1,3% do PIB com o Poder Judiciário.

Pois bem. Esse cenário causa, basicamente, dois problemas aos envolvidos, e em polos distintos. Por um lado, ratifica-se uma insegurança jurídica há muito confrontada pelos contribuintes (e também por aqueles investidores que um dia pretendiam se tornar contribuintes). Por outro, um fortalecimento da ineficiência arrecadatória, impactando a sociedade de modo geral.

Esse problema tão complexo, por óbvio, não será resolvido com uma única solução. Repita-se, há que se repensar a estrutura de arrecadação e cobrança como um todo.

De qualquer maneira, é certo que melhorias no contencioso tributário, passando por mudanças que visem a aceleração de julgamentos e a capacitação técnica de julgadores, com consequente aumento da qualidade das decisões, são parte necessária da solução.

[1] OLIVEIRA, Phelippe Toledo de. A Transação Em Matéria Tributária – Série Doutrina Tributária v. XVIII. São Paulo: Quartier Latin, 2015. P. 40.

[2] Dados extraídos da Justificativa apresentada em conjunto com o PL 4.257/2019.

A verdade é que, até a recente instituição da transação tributária, pouco se viu de evolução no contencioso tributário, que não fosse a instituição de sanções políticas, restritivas do regular exercício das atividades do contribuinte

A verdade é que o contencioso tributário vem sofrendo com um pensamento ancorado em temas como indisponibilidade do crédito tributário, legalidade e isonomia, como se isso impedisse a adoção de métodos alternativos que melhorassem a solução dos conflitos tributários.

Em verdade, a indisponibilidade do interesse público não exige um engessamento da máquina pública. A premissa deve ser a de que os interesses coletivos devem prevalecer sobre o interesse da administração pública. E o interesse coletivo na aplicação dos métodos alternativos pode ser facilmente apurado, seja a partir do fomento à manutenção empresarial, seja a partir do aumento na arrecadação.

Assim, devemos manter o foco no interesse público envolvido, que, nas palavras de Celso Antônio Bandeira de Mello, seria "o interesse resultante do conjunto dos interesses que os indivíduos pessoalmente têm quando considerados em sua qualidade de membros da sociedade e pelo simples fato de o serem"[3].

Importante ressaltar que, amparando a adoção de medidas alternativas, a OCDE[4] entende que a atual crise financeira deve ser combatida pelas autoridades fiscais considerando "a possibilidade de permitir uma segurança jurídica rápida aos contribuintes no que diz respeito ao seu passivo fiscal, nas situações nas quais isto possa desbloquear fluxo de caixa ou liberar recursos".

Felizmente, é possível verificar no Brasil, atualmente, uma evolução do debate sobre a adoção de métodos alternativos de soluções de conflitos tributários. O instituto da transação tributária vem ganhando força, como se pode aprender nos ótimos artigos sobre o tema que são parte deste livro.

[3] MELLO, Celso Antônio Bandeira de. Curso de direito administrativo. 19. ed. São Paulo: Malheiros, 2005. p. 61.

[4] OCDE Tax Administration Responses to Covid-19: Measures Taken to Support Taxpayers. 21 de abril de 2020. P. 46. Link: https://read.oecd-ilibrary.org/view/?ref=126_126478-29c4rprb3y&title=Tax_administration_responses_to_COVID-9_Measures_taken_to_support_taxpayers

Não é diferente com a arbitragem tributária. Há muito pouco tempo a doutrina ainda prendia-se no debate sobre a possibilidade de o crédito tributário ser objeto de arbitragem[5].

Esse tempo parece estar ficando para trás, e, felizmente, o debate hoje está sendo direcionado para projetos de lei tratando de arbitragem tributária, que deverão em breve ser apreciados pelo Congresso Nacional.

Nessa linha, as próximas páginas serão dedicadas à análise dos projetos de lei tratando de arbitragem tributária em debate atualmente, os quais, a despeito das críticas que possam existir, se convertidos em lei, certamente, serão parte da solução para o complexo problema exposto até aqui.

2. Projeto de Lei 4.257/2019 – arbitragem tributária

O Projeto de Lei 4.257, apresentado em 06 de agosto de 2019, propõe a alteração da Lei de Execuções Fiscais, para, entre outras medidas, possibilitar a adoção de procedimento arbitral no âmbito da defesa às execuções fiscais.[6]

Em síntese, o referido Projeto visa a permitir que os executados, oferecendo depósito, fiança bancária ou seguro garantia, possam optar pela via da arbitragem para julgamento dos embargos à execução.

Seguem abaixo alguns pontos para reflexão. Importante sempre destacar que o objetivo é colaborar, ciente de que o Projeto de Lei 4.257 é fundamental para evolução do debate sobre arbitragem tributária e, por consequência, para evolução do contencioso tributário.

Primeiro, nada há no Projeto sobre a qualificação dos árbitros e a composição do tribunal arbitral, salvo por uma impossibilidade de o mesmo árbitro decidir mais de um processo por ano do mesmo contribuinte particular ou grupo econômico.

Esse silêncio permite que algumas questões sejam levantadas, como, por exemplo: Fazenda poderá eleger árbitros do quadro de seus servidores, o que – pela regra geral do art. 14 da Lei de Arbitragem, incorporada pelo

[5] Sobre o tema há ótimos trabalhos, mas cita-se aqui, apenas a título de exemplo: ESCOBAR, Marcelo. Arbitragem Tributária no Brasil. São Paulo: Almedina, 2017.

[6] Tramita hoje na Câmara dos Deputados o Projeto de Lei Complementar nº 469/2009, que visa a incluir no Código Tributário Nacional a adoção da arbitragem para resolução de conflitos.

art. 16-A do Projeto – estaria vedado? Poderia ser nomeado um árbitro que não seja advogado?

Um segundo assunto diz respeito à escolha das câmaras de arbitragem que decidirão as controvérsias tributárias, pois o art. 16-C do Projeto apenas refere-se ao conceito de "órgão arbitral institucional" (mesmo conceito do art. 5º da Lei de Arbitragem), sem dispor, contudo, sobre como se dará a escolha.

Assim, cabendo ao executado decidir por ofertar os embargos à execução perante o Juízo Arbitral, fica a dúvida sobre se a escolha da câmara incumbirá exclusivamente a ele. O impacto dessa escolha é relevante, porque dela depende, por exemplo, a aplicação de regras processuais, de despesas e de honorários – esses últimos dois temas, aliás, recebem ingerência direta pelo Projeto.

Ainda sobre o esse tema, vale destacar que a experiência Portuguesa demonstra que a utilização do CAAD é considerada umas das principais, senão a principal, razão do sucesso da arbitragem tributária por lá.

Um terceiro ponto que chama a atenção é a previsão de possibilidade de as partes pleitearem a anulação da sentença arbitral caso ela contrarie súmula vinculante, decisão do STF em controle concentrado de constitucionalidade, ou acórdão proferido em julgamento de incidentes de demandas repetitivas e repercussão geral.

O Projeto opta, assim, por deixar a vinculação dos árbitros aos precedentes e às decisões de controle concentrado de constitucionalidade claro, evitando que o debate geral sobre a questão adentre a seara da arbitragem tributária, como ocorre em relação à arbitragem comercial[7].

De acordo com o artigo 16-A a opção pela arbitragem só é possível quando a execução for garantia com depósito, fiança bancário ou seguro garantia, deixando de fora situação muito comum que é o oferecimento de bens. Parece-nos aqui que há uma opção por conferir ainda por segurança à administração no recebimento do crédito tributário, caso a arbitragem se encerre com sentença favorável ao fisco.

[7] Sobre esse vide AMARAL, Guilherme Rizzo. "O Controle dos precedentes na arbitragem tributária" In: *Arbitragem Tributária* : desafios institucionais brasileiros e a experiência portuguesa / [coordenação] Thatiane Piscitelli, Andréa Mascitto, Priscila Farecelli de Mendonça. – 2ª. ed. rev., atual. e ampl. – São Paulo : Thomson Reuters Brasil, 2019.

Os dados citados na própria justificativa do projeto e por vezes divulgados pelos órgãos oficiais dão conta que as execuções fiscais respondem por grande parte, senão a maior parte, do estoque de processos tributários aguardando um desfecho.

Também é verdade que esse grande volume de execuções, tratando dos mais diversos temas, por vezes impede que os juízes respondam às partes da melhor maneira e de forma célere.

Assim, não há dúvida que o Projeto tem sim um enorme valor na tentativa de solucionar esse problema. Entretanto, é preciso dizer que o procedimento arbitral, tradicionalmente, destina-se a tratar de causas mais complexas, entregando às partes a melhor decisão, tendo em consideração a expertise dos árbitros no que diz respeito ao direito material e ao procedimento.

Assim, pela própria natureza do procedimento arbitral, não nos parece que a promoção da arbitragem tributária nos termos propostos seja uma medida suficiente à promoção de expressiva redução das execuções fiscais levadas ao Poder Judiciário, mas certamente servirá como importante instrumento de solução mais ágil dos litígios tributários mais complexos, proporcionando uma análise mais especializada e mais eficiente de documentos, fatos e questões jurídicas envolvidas, resultando em maior eficiência arrecadatória.

Importante destacar que a Comissão de Assuntos Econômicos emitiu parecer sobre o Projeto de Lei nº 4257/2019, com relatoria do Senador Otto Alencar propondo algumas emendas ao Projeto, entre elas a que segue:

> "Art. 41-T. O executado pode optar pelo procedimento arbitral previsto nos arts. 16-A a 16-F caso, ao ajuizar a ação prevista no art. 164 da Lei nº 5.172, de 25 de outubro de 1966, ou a ação anulatória do ato declarativo da dívida, prevista no art. 38 desta lei, garanta o juízo por depósito em dinheiro, fiança bancária ou seguro garantia".

De acordo com essa proposta, o procedimento arbitral tributário em debate alcançaria também ações anulatórias e consignatórias, indo, assim, além das discussões travadas no âmbito das execuções fiscais.

3. Projeto de Lei 4.4.468/2020 – arbitragem especial tributária

Há na doutrina discussão sobre se a arbitragem tributária, aqui considerados o procedimento arbitral e o laudo arbitral, deveria estar prevista nos artigos 151 e 156 do Código Tributário Nacional ("CTN"), para que pudesse ser tratada como causa de suspensão e extinção do crédito tributário. Some-se a essa discussão aquela já referida acima quanto à possibilidade de o crédito tributário ser objeto de arbitragem.

O Projeto de Lei nº 4468/2020 parece ter adotado a linha de não enfrentar esse debate. Para tanto, propõe a criação da arbitragem especial tributária destinada a três situações apenas: (i) fiscalização, (ii) consultas tributárias e (iii) habilitação de créditos tributários reconhecidos judicialmente.

Ou seja, optou-se nesse Projeto por prever a possibilidade de utilização da arbitragem (chamada de arbitragem especial tributária) para solução de questões exclusivamente fáticas e como alternativa a procedimentos que ocorrem antes da constituição do crédito tributário.

Parece-nos, então, que com referido Projeto pretende-se oferecer aos contribuintes e ao Estado uma alternativa para solução de conflitos, mas não quando já exista crédito tributário constituído.

O intuito nessa delimitação é reduzir os conflitos tributários perante o judiciário estatal antes inclusive da formalização do crédito, conforme explicam os autores do Projeto de Lei nº 4468/2020:

> "Em continuidade a este movimento de simplificação e redução dos conflitos, propõe-se a criação da arbitragem tributária para prevenir controvérsias tributárias, com alcance para as questões de fato, antes da formalização do lançamento tributário"

Evidente que o uso da arbitragem especial tributária tende a conferir maior qualidade à solução de fiscalizações, evitando que discussões tributárias absolutamente sem fundamento tomem nossos tribunais administrativos, que consultas sejam respondidas de maneira pouco técnica por desconhecimento sobre as operações do consulente ou as características de uma transação complexa ou mesmo que habilitações de crédito levem anos para serem concluídas.

Não se pode negar que esses são problemas hoje verificados e que a arbitragem especial tributária endereça a solução.

Mas não se pode negar, também, que se trata de uma medida tímida quando se pensa no problema que é o contencioso tributário, aqui entendidos os processos administrativos (que se iniciam com autos de infração ou despachos que negam uma compensação ou restituição) e os processos judiciais (ações ordinárias e execuções fiscais).

Em nosso entendimento, o Projeto de Lei nº 4468/2020, nesse sentido, precisa ser pensado em conjunto com o Projeto de Lei nº 4257/2019, já que este último cobre exatamente aquilo que faltou ao primeiro.

Feitos esses comentários gerais sobre a abrangência do Projeto de Lei nº 4468/2020, passamos agora a tratar de alguns pontos específicos que entendemos merecem uma maior reflexão.

Ao contrário do Projeto de Lei nº 4257/2019, o Projeto de Lei nº 4468/2020 não faz qualquer referência à aplicação subsidiária da Lei de Arbitragem. No texto de justificação, os autores do Projeto de Lei nº 4468/2020 explicam o seguinte:

> "Outrossim, a presente lei traz um procedimento diferenciado daquele previsto na Lei 9.307/96, diante da especificidade da medida, assim como em vista dos necessários ajustes em decorrência da particularidade da relação fisco e contribuinte, que foram adaptados para o sucesso do instituto."

Nesse tocante e como será melhor detalhado abaixo, a arbitragem especial tributária seria um procedimento próprio dentro do âmbito arbitral e, dessa maneira, se faria dispensável (ou até imprópria) a aplicação subsidiária da Lei de Arbitragem, na opinião dos autores do Projeto.

Em atenção à criação de um procedimento arbitral específico e apropriado para a solução de questões tributárias, o Projeto de Lei nº 4468/2020 dispõe em seus arts. 3º a 6º sobre diversos aspectos processuais que deverão ser seguidos pelas partes. Isso demonstra um claro contraste ao Projeto de Lei nº 4257/2019, uma vez que esse último apenas estabelece parâmetros e diretrizes legais sobre a validade do procedimento, sem entrar em pormenores sobre o seu prosseguimento.

O art. 3º do Projeto de Lei nº 4468/2020 ainda estabelece regrais gerais do procedimento arbitral, determinando desde a língua da arbitragem à delimitação de pagamento de custos da arbitragem e índice de correção de valores. Estabelece também a necessária institucionalidade da arbitragem, prevendo os requisitos que a câmara escolhida pelas partes deve preencher.

Diversas das questões aventadas com relação ao Projeto de Lei nº 4257/2019 são solucionadas pelo Projeto de Lei nº 4468/2020, embora essas não sejam interligadas diante dos objetos diversos conforme explicado acima.

A despeito de poder haver uma ou outra discordância quanto ao mérito de cada um dos procedimentos previsto no Projeto de Lei nº 4468/2020, em linha com o destacado acima, parece-nos que aqui agiu bem ao tentar disciplinar a arbitragem especial tributária, deixando pouco espaço para diferenças de tratamento que poderiam resultar em discussões sobre isonomia.

A maior inovação processual prevista no Projeto de Lei nº 4468/2020 é a figura, opcional, do árbitro desempatador no caso de decisão não unânime entre os três árbitros que compõe o Tribunal Arbitral.

Servirá esse árbitro, portanto, para garantir que a decisão a ser redigida no laudo arbitral é a que melhor reflete a interpretação do fato submetido à arbitragem. Deverá ele analisar toda a documentação do processo e decidir entre as opiniões formuladas pelos árbitros anteriormente.

A dúvida que permeia nesse tocante é se o árbitro desempatador concordar com a conclusão atingida pelo árbitro de entendimento minoritário, ou seja, aquele que discordou dos outros dois árbitros que compõe o Tribunal Arbitral. Nessa hipótese, ao fim e ao cabo ainda não se atingiria uma decisão unânime e nem mesmo majoritária, ficando dois votos para cada opinião de decisão sobre as questões apresentadas.

Assim como define o Projeto de Lei nº 4257/2019, também na arbitragem especial tributária é vedado ao Tribunal Arbitral proferir *decisão contrária a entendimento consolidado pelo Poder Judiciário nas hipóteses de que trata o art. 927 da Lei nº 13.105, de 16 de março de 2015 (Código de Processo Civil), bem como julgamentos em sede de repercussão geral pelo Supremo Tribunal Federal.*

Conclusões

A partir dos comentários feitos até aqui, fica claro que a preocupação quanto à situação caótica do contencioso tributário brasileiro entrou na agenda do Congresso Nacional.

Os dois Projetos de Lei discutidos neste artigo têm abrangências bem diferentes. Enquanto o Projeto de Lei nº 4257/2019 é mais arrojado, pretendendo propiciar a adoção da arbitragem nas execuções fiscais e, considerando as emendas sofridas, ações anulatórias, o Projeto de Lei nº 4468/2020 é mais tímido e limita-se a tratar dos procedimentos de fiscalização, consultas e habilitação de créditos.

Parece-nos, nessa linha, que estamos diante de propostas complementares e que podem, a despeito de críticas que possam e devam sofrer, contribuir de maneiras diferentes na resolução do problema do contencioso tributário.

Importante considerar, nesse contexto, as autorizações para adoção da arbitragem para solução de questões atinentes a relação do trabalho, conforme autorizado pelo artigo 507-A da CLT, bem como a possibilidade de a administração pública direta e indireta utilizar-se da arbitragem para dirimir conflitos relativos a direitos patrimoniais disponíveis, conforme autoriza o artigo 1º, § 1º, da Lei de Arbitragem, com alteração trazida pela Lei nº 13.129/2015.

Temos, então, dois exemplos (podemos considerar recentes) de uso da arbitragem que também enfrentaram (e enfrentam) questionamentos e geram dúvidas, mas isso não impediu que fossem adotados e há que se reconhecer que colaboram na resolução desses tipos de conflito.

Um ponto que talvez mereça uma reflexão mais detida, especialmente em vista desses dois importantes exemplos, é como construirmos a arbitragem tributária valendo-se da experiência e da segurança adquiridas pela arbitragem comercial.

Em outras palavras, precisamos fazer uma reflexão sobre os Projetos acima comentados, considerando, em especial, onde podemos deixar de lado invenções ou inovações e adotar aquilo que já conhecemos e que funciona na arbitragem comercial.

O Instituto Brasileiro de Arbitragem Tributária (IBAT) trabalha para que a arbitragem ingresse em nosso ordenamento jurídico com um método possível para solução de disputas entre fisco e contribuintes, bem como, e principalmente, para que advogados especializados em tributação e advogados especializados em arbitragem compartilhem de forma cada vez mais intensa conhecimento e experiência.

Referências

AMARAL, Guilherme Rizzo. *Judicial Precedent and Arbitration*: are Arbitrators Bound by Judicial Precendent? London: Wildy, Simmonds & Hilly, 2017.

AMARAL, Guilherme Rizzo. "O Controle dos precedentes na arbitragem tributária" In: *Arbitragem Tributária :* desafios institucionais brasileiros e a experiência portuguesa / [coordenação] Thatiane Piscitelli, Andréa Mascitto, Priscila Farecelli de Mendonça. – 2ª. ed. rev., atual. e ampl. – São Paulo: Thomson Reuters Brasil, 2019.

BRASIL. Senado Federal. Projeto de Lei nº 4257, de 2019. / Senador Antonio Anastasia, Brasília, 2019. Disponível em: https://legis.senado.leg.br/sdleg-getter/documento?dm=7984360&ts=1594035701777&disposition=inline.

BRASIL. Senado Federal. Emenda Modificativa – CAE ao Projeto de Lei nº4257, de 2019. / Senador Weverton. Brasília, 2019. Disponível em: https://legis.senado.leg.br/sdleg-getter/documento?dm=7990556&ts=1594035701950&disposition=inline.

BRASIL. Senado Federal. Parecer (SF) nº 82, de 2019. / Senador Omar Aziz e Senador Otto Alencar, Brasília, 2019. Disponível em: https://legis.senado.leg.br/sdleg-getter/documento?dm=8028147&ts=1594035702246&disposition=inline.

BRASIL. Senado Federal. Projeto de Lei nº 4468/2020. / Senadora Daniella Ribeiro, Brasília, 2019. Disponível em: https://legis.senado.leg.br/sdleg-getter/documento?dm=8886084&ts=1601920498044&disposition=inline.

DOMINGOS, Francisco. Nicolau. *Estrutura do Centro de Arbitragem Administrativa* (CAAD): Funcionamento, Escolha dos Arbitros e Limites Institucionais. In: Arbitragem Tributária : desafios institucionais brasileiros e a experiência portuguesa / [coordenação] Thatiane Piscitelli, Andréa Mascitto, Priscila Farecelli de Mendonça. – 2ª. ed. rev., atual. e ampl. – São Paulo: Thomson Reuters Brasil, 2019.

ESCOBAR, Marcelo. *Arbitragem Tributária no Brasil*. São Paulo: Almedina, 2017.

GIANETTI, Leonardo Varella. "A composição do tribunal arbitral tributário: quem pode figurara como árbitro?" In: *Arbitragem Tributária:* desafios institucionais brasileiros e a experiência portuguesa / [coordenação] Thatiane Piscitelli, Andréa Mascitto, Priscila Farecelli de Mendonça. – 2ª. ed. rev., atual. e ampl. – São Paulo: Thomson Reuters Brasil, 2019.

HAMMOND, Leonardo Rocha. Arbitragem Tributária: a experiência portuguesa e a realidade brasileira. – Rio de Janeiro : Lumen Juris, 2019.

MASCITTO, Andréa. "Requisitos institucionais para a arbitragem entre fisco e contribuintes no Brasil: necessidade de norma geral". In: *Arbitragem Tributária :* desafios institucionais brasileiros e a experiência portuguesa / [coordenação] Thatiane Piscitelli, Andréa Mascitto, Priscila Farecelli de Mendonça. – 2ª. ed. rev., atual. e ampl. – São Paulo : Thomson Reuters Brasil, 2019.

MELLO, Celso Antônio Bandeira de. Curso de direito administrativo. 19. ed. São Paulo: Malheiros, 2005.

OLIVEIRA, Phelippe Toledo de. A Transação Em Matéria Tributária – Série Doutrina Tributária v. XVIII. São Paulo: Quartier Latin, 2015.

THE WORLD BANK, Pagamento de Impostos In: *Doing Business*: medindo a regulamentação do ambiente de negócios. 01 maio 2019. Disponível em: https://portugues.doingbusiness.org/pt/data/exploretopics/paying-taxes.

VASCONCELOS, Breno; MESSIAS, Lorreine; LONGO, Larissa. Contencioso tributário no Brasil: Relatório 2019 – Ano de referência 2018. São Paulo : INSPER, 2020. Disponível em: <https://www.insper.edu.br/wp-content/uploads/2020/07/Contencioso_tributario_Relatorio2019_092020_v2.pdf.

9.
A Arbitragem Tributária

Rogério M. Fernandes Ferreira

1. Considerações introdutórias

Até ao virar do século XX foi inquestionável ser ao Estado a quem cabia a provisão do serviço de Justiça. A arbitragem foi também considerada durante algum tempo como uma ameaça à soberania estatal e à função jurisdicional que integra um dos fundamentos do Estado de Direito. Arguia-se, igualmente, que o princípio da separação de poderes que instituiu uma administração (pública, em especial tributária) e uma ordem jurisdicional autónoma que aprecia a legalidade da actuação daquela também poderia estar a ser ultrapassada.

O poder jurisdicional, visto como um dos mais essenciais aspectos da soberania do Estado, uma manifestação de pública *potestas,* não era compatível com a instituição da arbitragem, enquanto instrumento, privado, de resolução de litígios com a Administração tributária. O direito tributário, *imperium* do Estado, não se coadunava com esta solução, nem com o poder de definir os encargos fiscais que, a final, vão recair sobre os contribuintes, de organizar essa carga fiscal e de assegurar a sua efectiva concretização.

Ultrapassados que foram estes argumentos mais, *jus publicistas,* a arbitragem tributária é uma realidade no ordenamento jurídico português, desde o Decreto-lei n.º 10/2011, de 20 de Janeiro. O regime foi já alterado pela Lei n.º 20/2012 de 14 de Maio, e pelas leis orçamentais de 2012 e de 2013 (Leis n.º 64-B/2011 de 30 de Dezembro e 66-B/2012 de 31 de Dezembro, respectivamente).

Com a introdução do Regime Jurídico da Arbitragem em Matéria Tributária, Portugal tornou-se, na Europa, país pioneiro, sendo, com excepção dos Estados Unidos da América, um dos poucos países com experiência nesta área. A experiência portuguesa, poderá, certamente, ser um contributo válido para a concretização deste meio alternativo de resolução de litígios, noutros ordenamentos jurídicos, especialmente, nos ordenamentos jurídicos de fonte lusófona, quem sabe no seio da CPLP, enquanto, forma transitória que seja, de permitir a introdução de tribunais arbitrais nos PALOP (como foi já admitido, por exemplo, em Angola e em Cabo Verde).

2. A legislação

A Arbitragem Tributária foi introduzida no ordenamento jurídico português, pelo Decreto-lei n.º 10/2011, de 20 de Janeiro.

Nesse mesmo ano, são aprovados os diplomas regulamentares com vista a operacionalizar o seu funcionamento. Assim, em 22 de Março, é aprovada, pelos Ministros das Finanças, Administração Pública e Justiça, a Portaria n.º 112-A/2011, destinada a estabelecer os termos da vinculação da Administração fiscal ao procedimento arbitral tributário (recentemente alterada pela Portaria n.º 287/2019, de 3 de Setembro).

Posteriormente, foram aprovados o Regulamento das custas e o Regulamento de Selecção de árbitros em Matéria Tributária.

Desde a sua entrada em vigor e, até à presente data, o regime foi alterado pela Lei n.º 20/2012 de 14 de Maio e pelos Orçamentos de Estado para os anos de 2012 e 2013 (Leis n.º 64-B/2011 de 30 de Dezembro e 66-B/2012 de 31 de Dezembro, respectivamente).

2.1. A arbitragem

Em termos genéricos, é possível definir a arbitragem como uma via alternativa de resolução de litígios, através de terceiros neutrais e imparciais – os árbitros – cuja decisão assume o mesmo valor jurídico que as decisões judiciais.

Nesta justa medida, a arbitragem tem, genericamente, como finalidades, a maior celeridade processual, o descongestionamento dos Tribunais judiciais e uma maior flexibilidade no que respeita a formalidades processuais, tendo tido uma crescente importância na resolução de litígios nas diferentes áreas do Direito, em particular na resolução de litígios internacionais e litígios decorrentes da actividade comercial.

2.2. Os objectivos da arbitragem tributária

Com a introdução da arbitragem fiscal, o Governo pretendeu reforçar a tutela eficaz dos direitos e interesses legalmente protegidos dos sujeitos passivos, assim como o aumento da celeridade na resolução de litígios que opõem a administração tributária aos sujeitos passivos. Foi ainda assumido como objectivo que a possibilidade de resolução de litígios tributários pela via da arbitragem, reduza a pendência de processos administrativos e fiscais.

2.3. A celeridade processual

O Regime Jurídico da Arbitragem em matéria Tributária – como é legalmente apelidado – teve como um dos seus objectivos principais a celeridade processual, prometendo o seu alcance através da adopção de um processo sem formalidades especiais, pautado pelo princípio da autonomia dos árbitros na condução do processo e impondo um limite temporal, de seis meses, à emissão da decisão arbitral (ainda que prorrogável por mais três períodos consecutivos de dois meses).

3. Os Tribunais fiscais arbitrais competentes

Neste domínio, apenas são competentes para proferir a decisão fiscal arbitral, os tribunais que funcionam sob a égide do Centro de Arbitragem Administrativa (CAAD), entidade que entrou em funcionamento a 28 de Janeiro de 2009 (resolvendo litígios, quer através da mediação, quer através da Arbitragem).

A razão de ser da submissão dos Tribunais fiscais arbitrais à organização do CAAD, prende-se com o facto de ser o único centro de arbitragem a funcionar sob a égide do Conselho Superior dos Tribunais Administrativos e Fiscais, o qual, por sua vez, é a entidade competente para nomear o presidente do Conselho Deontológico do Centro de Arbitragem Administrativa.

4. As matérias do Tribunal fiscal arbitral

O Tribunal fiscal arbitral poderá pronunciar-se sobre diversos tipos de pretensões, incluindo a declaração de ilegalidade da liquidação de tributos, da autoliquidação, da retenção na fonte e dos pagamentos por conta, assim como a apreciação da ilegalidade dos actos de determinação da matéria tributável, dos actos de determinação da matéria colectável e dos actos de fixação de valores patrimoniais. No entanto, a Portaria que estabeleceu as regras de vinculação da Administração tributária ao procedimento arbitral, restringiu as matérias a que a Administração tributária se encontra vinculada ao procedimento arbitral o que, diminui, necessariamente, o seu âmbito de aplicação.

5. A vinculação da Administração Tributária

O legislador não pretendeu vincular a Administração tributária ao procedimento arbitral em relação a todas as pretensões.

5.1. O objecto da vinculação

Em primeiro lugar, o legislador estabeleceu as matérias para as quais os Tribunais fiscais arbitrais não têm competência e que, assim, se encontram excluídas como as relativas: à declaração de ilegalidade de actos de autoliquidação, retenção na fonte e pagamento por conta que não tenham sido precedidos de recurso à via administrativa; aos actos de determinação de matéria colectável e de determinação da matéria tributável, ambos por métodos indirectos, incluindo a decisão do procedimento de revisão; aos direitos aduaneiros sobre importação e demais impostos indirectos que incidam sobre mercadorias sujeitas a direitos de importação; e à classificação pautal, origem e valor aduaneiro das mercadorias e a contingentes pautais, ou cuja resolução dependa de análise laboratorial ou de diligências a efectuar por outro Estado membro no âmbito da cooperação administrativa em matéria aduaneira.

Recentemente, no passado dia 3 de Setembro, através da Portaria n.º 287/2019, de 3 de Setembro foi alterada a Portaria do Governo que estabelece tal vinculação da Administração tributária (Portaria n.º 112-A/2011, de 22 de Março) no sentido de excluir do âmbito da aludida vinculação as pretensões relativas à declaração de ilegalidade da liquidação de tributos efectuada com base na disposição anti-abuso, que não tenham sido precedidos de recurso à via administrativa.

Existe, ainda, uma outra limitação, em função do valor em causa, optando o legislador por não vincular a Administração tributária ao procedimento arbitral nos litígios de valor superior a € 10.000.000,00, estabelecendo, pois, uma regra de submissão à arbitragem em função, do valor da causa, e aparentemente, não confiando relativamente nestes tribunais, pelo menos nesta fase de "inicial" as causas de maior valor.

5.2. Os serviços vinculados

Nem toda a Administração tributária ficou, inicialmente, vinculada ao procedimento arbitral. Apenas a (ex) Direcção-Geral dos Impostos (DGCI) e a (ex) Direcção-Geral das Alfândegas e dos Impostos Especiais sobre o Consumo (DGAIEC) se encontraram vinculadas à jurisdição dos Tribunais fiscais arbitrais, em funcionamento no CAAD. Assim, não se encontram vinculados ao procedimento arbitral os demais organismos com competências em matéria fiscal, tais como as Câmaras Municipais, ou a Segurança Social, pese embora se encontrem dentro do conceito de Administração tributária previsto na Lei Geral Tributária.

6. A composição do Tribunal fiscal arbitral

De acordo com o regime dos Tribunais arbitrais em matéria tributária, a composição do Tribunal fiscal arbitral dependerá, em primeiro lugar, da designação ou não, por parte do contribuinte de um árbitro – critério que também influenciará o regime das custas que nos ocupará mais adiante. Assim, no caso de o contribuinte designar um árbitro, o Tribunal fiscal arbitral funcionará em colectivo (três árbitros), cabendo a cada uma das partes a nomeação de um árbitro e aos árbitros nomeados a nomeação de um terceiro árbitro, que será o árbitro-presidente. Nos casos em que o contribuinte não decida nomear um árbitro e o valor da causa seja inferior à alçada do Tribunal Central Administrativo (€ 60.000), o tribunal funcionará com um árbitro singular, cabendo a designação ao Conselho Deontológico do CAAD. Já nos casos em que o contribuinte não nomeie um árbitro e o valor da causa exceda a alçada do Tribunal Central Administrativo (€ 60.000), o Tribunal funcionará com um colectivo de três árbitros, cabendo a designação ao Conselho Deontológico do CAAD.

7. Os árbitros

7.1. Os requisitos dos árbitros

Os árbitros deverão ser escolhidos entre "pessoas de comprovada capacidade técnica, idoneidade moral e sentido de interesse público". Poderão ser juristas, com pelo menos dez anos de experiência profissional, através do exercício de funções públicas, magistratura, advocacia, entre outras.

O regime jurídico da arbitragem tributária prevê, ainda, que possam ser nomeados árbitros licenciados em Economia ou Gestão, embora apenas questões que exijam conhecimentos especializados dessa área não jurídica e não podendo este árbitro não jurista, exercer as funções de árbitro-presidente. De referir que a norma que estabelece a possibilidade de nomeação de árbitros não juristas, impõe ainda que com as necessárias adaptações tenham as mesmas características que os árbitros juristas, ou seja, que sejam pessoas com comprovada capacidade técnica, idoneidade moral e sentido de interesse público e que tenham pelo menos dez anos de experiencia profissional na área da economia ou gestão.

No entanto, a Portaria veio a estabelecer uma regra particular, estabelecendo que, nos litígios de valor igual ou superior a € 500.000,00, o árbitro-presidente deve ter exercido funções públicas de magistratura nos Tribunais tributários ou possuir o grau de mestre em Direito Fiscal; já nos litígios de valor igual ou superior a € 1.000.000,00 os requisitos são ainda mais exigentes, impondo que o árbitro-presidente haja exercido funções públicas de magistratura nos Tribunais tributários ou que possua o grau de doutor em Direito Fiscal. E apenas no caso de se verificar uma impossibilidade de designação de árbitro com tais qualificações será permitido, ao presidente do Conselho Deontológico do CAAD, a designação do árbitro-presidente.

Relativamente ao modo de designação do árbitro estão previstos, na referida Portaria, não só diferentes valores a título de custas em função da entidade que designe os árbitros (CAAD ou sujeito passivo) – razão pela qual são aprovadas duas tabelas distintas – mas, também, regras específicas quanto ao encargo decorrente destas.

7.2. A lista dos árbitros

A lista dos árbitros é elaborada pela Direcção do CAAD, mediante voto favorável do Conselho Deontológico do CAAD. Quem pretender fazer parte da lista dos árbitros a exercer funções nos futuros Tribunais fiscais arbitrais precisa reunir as qualidades *supra* referidas e candidatar-se, por meio de consulta pública anual, à lista de árbitros. Esta lista será ordenada segundo um critério de especialidade, sendo a mesma ordem a usada aquando da designação dos árbitros para o Tribunal fiscal arbitral.

Desde a implementação deste regime a lista de árbitros tem vindo a ser alargada regularmente tendo a última admissão de novos árbitros ocorrido em Novembro de 2017.

8. As decisões arbitrais

8.1. A irrecorribilidade da decisão arbitral

As decisões proferidas pelos Tribunais fiscais arbitrais são, em regra, irrecorríveis. Haverá, no entanto, casos excepcionais em que poderá haver recurso para o Tribunal Constitucional, para o Supremo Tribunal Administrativo, para o Tribunal Central Administrativo e, ainda, eventual reenvio prejudicial para o Tribunal de Justiça da União Europeia.

Poderá recorrer-se para o Tribunal Constitucional nos casos em que a sentença arbitral recuse a aplicação de qualquer norma com fundamento na sua inconstitucionalidade ou aplique uma norma cuja constitucionalidade haja sido suscitada. Por seu lado, haverá recurso para o Supremo Tribunal Administrativo nos casos em que a decisão arbitral esteja em oposição quanto à mesma questão fundamental de direito, com acórdão proferido pelos Tribunais Centrais Administrativos ou do Supremo Tribunal Administrativo. Pode ainda a decisão proferida pelo Tribunal fiscal arbitral ser anulada pelos Tribunais Centrais Administrativos, com fundamento na não especificação dos fundamentos de facto e de direito que sustentam a decisão, assim como nos casos em que haja oposição dos fundamentos da decisão com a própria decisão, casos de omissão ou excesso de pronúncia, ou violação dos princípios do contraditório e da igualdade das partes.

Mais recentemente, a Lei n.º 119/2019, de 18 de Fevereiro de 2019, veio alterar o Regime Jurídico da Arbitragem Tributária (RJAT), permitindo um aumento das possibilidades de recurso da decisão arbitral em matéria tributária para o Supremo Tribunal Administrativo.

Esta alteração vem permitir que uma decisão arbitral passe a poder ser revista, quando se encontrar em oposição, não apenas com uma decisão judicial, definitiva, proferida pelos tribunais superiores, mas, também, com outra decisão arbitral.

Esta nova possibilidade de recurso parece basear-se no facto de, conforme já referido, as decisões arbitrais em matéria tributária, ainda que equiparáveis a decisões judiciais de primeira instância, serem, por regra, irrecorríveis, decidindo, desta forma, os tribunais arbitrais em "última instância", à semelhança dos tribunais judiciais superiores.

Nesse sentido, já alguma doutrina vinha defendendo que, tendo as partes do processo tributário o direito à mesma tutela que é facultada às partes do processo judicial, a irrecorribilidade da decisão arbitral tributária deveria permitir que a sua contradição com outra decisão arbitral transitada em julgado fosse fundamento de recurso por oposição de acórdãos para o Supremo Tribunal Administrativo – caminho que o legislador decidiu, efectivamente, seguir.

Prevê-se, que a alteração legislativa operada pela Lei n.º 119/2019 se, por um lado, pode ter um impacto negativo na celeridade que caracteriza a arbitragem tributaria, por outro, dela pode também, resultar um aumento da procura deste meio de resolução de litígios entre os contribuintes e a Administração tributária, reforçando-se, assim, a sua "alternatividade" em relação à impugnação judicial.

Por fim, poderá ainda haver reenvio prejudicial, para o Tribunal de Justiça da União Europeia, sempre que seja suscitada no Tribunal fiscal arbitral uma questão sobre a interpretação dos Tratados da União Europeia ou questão sobre a validade ou interpretação dos actos adoptados pelas instituições, órgãos ou organismos da União Europeia.

8.2. Os efeitos das decisões fiscais arbitrais

As decisões proferidas no âmbito dos processos arbitrais terão o mesmo valor e efeitos jurídicos das sentenças proferidas pelos tribunais administrativos e fiscais, pelo que, em caso de incumprimento pela Administração tributária de decisões que lhe sejam desfavoráveis, os contribuintes poderão lançar mão dos meios de execução de julgados previstos, designadamente, no Código de Processo nos Tribunais Administrativos.

9. As custas da arbitragem fiscal

As custas no processo arbitral – genericamente designadas como taxas de arbitragem – compreendem a taxa de arbitragem inicial, que corresponde ao montante devido pelo "impulso processual", e os encargos do processo arbitral, que se consubstanciam nas despesas resultantes da condução do processo arbitral (*v.g.*, honorários dos árbitros, despesas incorridas para produção de prova).

9.1. Os critérios da taxa de arbitragem

A taxa de arbitragem é calculada com base em dois critérios fundamentais: o valor da causa e o modo de designação do árbitro. No que diz respeito ao valor da causa, este será, em regra, determinado com base no disposto no Código de Procedimento e Processo Tributário, o qual determina que o valor atendível, para efeitos de custas, deverá ser o valor da liquidação cuja anulação se requer ou o valor contestado. Determinado o valor da causa, a taxa de arbitragem devida será aquela que resultar das Tabelas I e II, anexas ao Regulamento de Custas nos Processos de Arbitragem Tributária.

9.2. As custas com árbitro designado pelo CAAD

De acordo com o Regime jurídico da arbitragem tributária, a designação de árbitros pelo CAAD ocorre sempre que o Tribunal fiscal arbitral funcione com árbitro singular ou, funcionando com intervenção do colectivo, as partes não designem árbitros, competindo, assim, tal designação ao CAAD. Nestes casos, estipula o Regulamento que será devida – pelo "impulso processual" – a taxa de arbitragem inicial, que corresponde a 50% da taxa de arbitragem, a pagar por transferência bancária para a conta do CAAD, e em momento prévio ao pedido de constituição do Tribunal fiscal arbitral; os restantes 50% serão devidos no final do processo, aquando da fixação do montante das custas finais do processo arbitral, altura em que, o tribunal fiscal arbitral poderá, conforme já resultava do disposto no Regime da Arbitragem Tributária decidir quanto à eventual repartição das custas pelas partes.

No que diz respeito aos valores devidos, a título de taxa de arbitragem, nestes casos de designação de árbitro pelo CAAD, o valor mínimo ascende a € 306,00 – aplicável a causas cujo valor seja inferior a € 2.000,00 –, e o valor máximo tabelado é de € 4.896,00 para causas até € 275.000,00 (cfr. Tabela I *infra*), sendo que em causas com valor superior a € 275.000,00, serão ainda devidos € 306,00, por cada € 25.000,00.

9.3. As custas com árbitro designado pelo contribuinte

De acordo com o Regime jurídico da arbitragem tributária, a designação do árbitro pelo contribuinte apenas é possível nos casos em que haja lugar a Tribunal fiscal arbitral colectivo, o que só poderá ocorrer em causas superiores a € 60.000,00 (valor correspondente a duas vezes a alçada do

Tribunal Central Administrativo). Assim, nos casos em que o Tribunal fiscal arbitral funcione em colectivo, e as partes designem os árbitros, o pagamento será integralmente suportado pelo contribuinte, devendo ser efectuado por transferência bancária para a conta do CAAD, antes de formulado o pedido de constituição de Tribunal fiscal arbitral.

Também nestes casos a taxa será dependente do valor da causa, sendo o limite mínimo de € 12.000,00 – em causas inferiores a € 60.000,00 – e o limite máximo de € 120.000,00 para causas até € 10.000.000,00 (cfr. Tabela II *infra*).

10. O regime transitório

O Decreto-lei que regula a arbitragem tributária previu, ainda, um regime transitório e que conferiu aos contribuintes com processos pendentes nos Tribunais tributários há mais de dois anos a possibilidade de submeterem a apreciação das questões objecto desses mesmos processos aos Tribunais fiscais arbitrais, com dispensa do pagamento de custas judiciais, o que não logrou alcançar o seu objectivo pelo facto de a Portaria que aprovou a autovinculação ter sido aprovada com atraso em relação ao Decreto-Lei que instituiu a arbitragem fiscal.

Actualmente, no âmbito de uma iniciativa, do Governo, de recuperação de pendências na jurisdição administrativa e tributária concretizada através do Decreto-lei n.º 81/2018 de 15 de Outubro, está a ser concedida, aos contribuintes, com processos pendentes nos tribunais judiciais, a possibilidade de optarem, até 31 de Dezembro do corrente ano, pela migração desses processos para o CAAD, cometendo-os, desse modo, à arbitragem tributária.

11. O Conselho deontológico

O Conselho Deontológico do CAAD é o órgão responsável por assegurar a transparência e neutralidade.

Entre outras funções, o Conselho Deontológico está incumbido de se pronunciar sobre a lista de árbitros do Centro, nomear os árbitros da lista quando as partes não o fazem e ainda, desenvolver e assegurar a aplicação do Código Deontológico.

O Código Deontológico foi concebido para assegurar, acima de tudo, a independência e neutralidade que devem pautar qualquer instituição que administre o poder jurisdicional.

Este Código Deontológico estabelece expressamente os parâmetros de conduta dos árbitros administrativos e fiscais, mediante a implementação de um conjunto apertado de impedimentos e deveres.

Assim, visando regular a conduta, não de magistrados, mas sim, na sua maioria, de Advogados, Consultores, Professores Catedráticos, Contabilistas e ex-Funcionários da Administração tributária, as regras contidas no dispositivo legal em apreço, têm como fim último garantir que são respeitados deveres tão elementares como o não uso de qualquer informação obtida no decorrer do processo com o objectivo de retirar algum partido para si próprio ou para terceiro, e bem assim, a proibição do proibição do árbitro comunicar com as partes ou seus mandatários em privado.

A preocupação com a garantia de imparcialidade e idoneidade deste meio de resolução de litígios é respaldada, também, na decisão de nomear como presidente do Conselho de Deontologia um Juiz jubilado e de encarregar o Conselho Superior dos Tribunais Administrativos e Fiscais dessa nomeação, dando desta forma um indício claro aos contribuintes e à Administração tributária de que existe um sistema de "*check and balaces*" preocupado em assegurar a tutela da confiança, a imparcialidade, a transparência e a idoneidade da arbitragem tributária.

Julgamos, aliás, que é este "*set*" de regras de conduta que tem permitido sustentar a boa reputação da arbitragem tributária como uma via, efectivamente, legitima de resolução de litígios entre a Administração tributária e os contribuintes e alternativa viável e fiável à Impugnação Judicial.

12. A cumulação de pedidos e coligação de autores na arbitragem tributária

O Tribunal arbitral pode, pois, pronunciar-se sobre diversos tipos de pretensões, incluindo a ilegalidade da liquidação de tributos, da autoliquidação, da retenção na fonte e dos pagamentos por conta, assim como sobre a ilegalidade em actos de fixação de valores patrimoniais.

Os prazos para a formulação de pedido de constituição do Tribunal arbitral não são, porém, hoje idênticos aos da impugnação judicial, de constituir, assumidamente, alternativa.

De facto, a regra a geral dos prazos para pedido de constituição de tribunal arbitral é de 90 dias – e não a de 3 meses, como é agora o prazo da impugnação judicial –, a contar, designadamente: do termo do prazo do pagamento voluntário das prestações tributárias, da citação dos responsáveis subsidiários em processo de execução fiscal, da formação da presunção de indeferimento tácito, da notificação da decisão ou do termo do prazo legal de decisão de recurso hierárquico, ou da notificação da decisão de indeferimento de reclamação graciosa. Nota-se que, também no caso de estarmos perante a apreciação da ilegalidade de actos de pagamentos por conta o prazo será o de 90 dias – e não o de 30 dias, como é a regra na impugnação judicial-, com a obrigatoriedade, aqui comum, de ser precedida de contestação graciosa dos mesmos.

No tocante aos actos de fixação de matéria tributável – que não dêem origem à liquidação de qualquer tributo –, a actos de determinação da matéria colectável e a actos de fixação de valores patrimoniais, o regime jurídico da arbitragem tributária (RJAT) prevê já o prazo de 30 dias, contado da notificação dos mesmos, para a formulação do pedido de constituição de Tribunal arbitral.

A lei do Orçamento do Estado para 2013 aditou uma norma ao RJAT referente à contagem dos prazos (o artigo 3.º-A). Assim, no tocante ao procedimento arbitral, os prazos são contados nos termos do Código de Procedimento Administrativo (CPA) e, no processo arbitral, de acordo com o Código de Processo Civil (CPC). Daqui resultaram importantes diferenças: no processo arbitral, quando se trata de prazos inferiores a seis meses e não se trata de actos que a lei considera urgentes, caso em que, os prazos se suspenderão durante as férias judiciais. Por seu lado, no procedimento arbitral, quando se tratar de prazos inferiores a seis meses, os mesmos suspendem-se em sábados, domingos e feriados (ao contrário do que ocorre no processo arbitral, em que há transferência do termo do mesmo para o primeiro dia útil seguinte).

Para este efeito, deverá ter-se presente, porém, que o processo arbitral se inicia na data da constituição do Tribunal arbitral, sendo as partes informadas da designação dos árbitros nomeados e, bem assim, dessa notificação da constituição do Tribunal arbitral, que se considera ocorrer nos 10 dias após aquela designação, sem oposição. O procedimento arbitral inicia-se apenas a partir da decisão do presidente do CAAD da aceitação do pedido de pronuncia arbitral e da notificação da Administração tributária.

No RJAT prevê-se, ainda, que, no processo arbitral, enquanto meio (mais célere) de resolução de litígios, seja proferida decisão no prazo de

6 meses, prazo este que é prorrogável por sucessivos períodos de 2 meses, com o limite máximo, portanto de mais 6 meses, havendo aqui, também, suspensão de prazos em férias judiciais.

Atendendo aos poderes e competências do Tribunal arbitral, é de referir a possibilidade de julgar causas em que exista uma pluralidade subjectiva de autores (coligação) e ou diversos pedidos (cumulação), sendo, aqui, considerados os princípios da simplificação e da economia processuais.

Nos termos do RJAT a cumulação está sujeita a critérios algo diversos, pois é possível a cumulação quanto a diferentes actos ou tributos, desde que estejam em causa as mesmas circunstâncias de facto e a interpretação e aplicação dos mesmos princípios ou regras de direito.

Importa ter presente, ainda, que o RJAT prevê mesmo a possibilidade de cumulação de impugnação judicial com pedido arbitral ainda que em relação ao mesmo acto, desde que os factos e fundamentos invocados sejam diferentes.

Por seu turno, enquanto a coligação de autores é admitida no processo de impugnação judicial, exigindo para além da identidade dos fundamentos, de facto e de direito, invocados, idêntica natureza dos tributos a que se reportam os actos impugnados, no âmbito da arbitragem tributária a coligação de autores é possível nos mesmos termos em que é admissível a cumulação de pedidos, afastando-se, aqui também, a necessidade de estarem em causa tributos idênticos.

No que toca à ilegalidade da cumulação ou de coligação, o regime que prevê, para a situação de cumulação, que, após a notificação do juiz, deva ser indicado o pedido que se pretende ver apreciado no processo, sob pena de absolvição da instância quanto a todos os pedidos, é o que será aplicado subsidiariamente aos processos arbitrais tributários, de acordo com o RJAT.

13. Um balanço da Arbitragem tributária em Portugal

As informações disponíveis no *site* do CAAD revelam que, desde o seu início, o CAAD recebeu cerca de 3.600 processos, os quais se concretizam em mais de 840 milhões de euros de imposto, cuja legalidade foi posta em causa.

Dos 840 milhões de euros, 230 milhões de euros foram discutidos em 2017.

Quanto aos dados existentes relativamente a 2018, o CAAD refere que deram entrada 709 processos aos quais, é, nesta data, possível somar, já, os 250 processos que deram entrada nos primeiros meses de 2019.

De acordo com as informações disponibilizadas pelo CAAD, o primeiro trimestre de 2019 conta com um aumento do número de processos, tendo dado entrada mais 82 processos que no período homologo do ano de 2018 (de Janeiro a Abril do ano passado entraram no CAAD 177 processos) a fazer antecipar novo crescimento do recurso a este meio de resolução de litígios entre a administração tributária e o contribuinte.

Os mesmos dados, mostram, também, que em cerca de 60% dos casos o litigio é resolvido (total ou parcialmente) a favor do contribuinte e que os restantes 40% a favor da Administração tributária. Repartição semelhante, de acordo com a OCDE, ao que acontece nas decisões tomadas pelos tribunais judiciais.

Tendo por referência, não só as decisões publicadas, mas, também, as estatísticas periódicas publicitadas pelo Centro de Arbitragem, os números revelam que o imposto mais discutido é o IRC, sendo, nesta medida, as empresas, quem mais recorre à arbitragem enquanto forma de solução das disputas que as opõem à Administração tributária.

Como atrás ficou dito um dos grandes objectivos da instituição da arbitragem como meio alternativo aos tribunais tributários, era o compromisso de administrar a justiça em matéria fiscal de forma mais célere e eficaz.

Tal objectivo, no que respeita aos processos no CAAD, parece-nos, atentos os dados disponibilizados pelo CAAD, alcançado, sendo que o tempo médio de decisão está, à data, nos 4,5 meses. Não nos parece, porém, que o número dos processos que correm no CAAD em razão dos que correm nos tribunais tributários permitam dizer que se alcançou celeridade na justiça fiscal em geral ou que a arbitragem fiscal irá resolver alguns dos problemas clássicos.

Do ponto de vista técnico, as qualificações, altamente especializados, dos árbitros do CAAD, seja ao nível académico, seja do ponto de vista prático, têm ajudado a instituir a jurisprudência do CAAD como um ponto de referência do aconselhamento jurídico e das próprias instâncias tributárias superiores.

De notar é, porém, que as vozes mais críticas que tinham apontado como *calcanhar de aquíles* deste sistema a impraticabilidade do sistema de recursos implementado, acima descrito e que era também incapaz, tal como está gizado, inicialmente, de resolver as contradições existentes em algumas das decisões arbitrais com objecto idêntico ou semelhante, deixam de fazer sentido em razão da alteração legislativa mais recente, acima evidenciada, e operada pela Lei 119/2019, de 18 de Fevereiro de 2019.

É assim apontando que, não raras vezes, a escolha entre o recurso à arbitragem tributária e o sistema jurisdicional ordinário dos tribunais tributários faz-se, não com base nos custos associados, na especialidade dos árbitros, ou na celeridade que se pretende conferir à disputa, mas, sim, com base na segurança que o sistema jurisdicional confere de recurso a um duplo (ou triplo) grau de decisão.

Não podendo, nem querendo, fazer tábua rasa das críticas apontadas ao processo arbitral, parece-nos que o mesmo esteve apto, nestes breves 8 anos de existência, a cumprir alguns dos seus mais ambiciosos objectivos, de celeridade, qualidade e imparcialidade, a que o regime instituído se propôs.

10.

Legitimidad de la Implementación del Arbitraje en Materia Tributaria: Su Compatibilidad con los Principios de Legalidad e Indisponibilidad de la Obligación Tributaria

PAULA VICENTE-ARCHE COLOMA

1. Planteamiento de la cuestión

En España, como en otros muchos países, desde hace décadas se viene hablando de la alta conflictividad existente en materia tributaria y de las posibles medidas a adoptar para evitarla o, en su caso, reducirla.

Basten unos pocos datos para comprobar la necesidad de poner remedio la ingente conflictividad en materia tributaria en España, no sólo por el número de conflictos que se presentan en la vía económico-administrativa, o el número de casos que llegan a los Tribunales contencioso-administrativos, sino también por el retraso en la resolución de los recursos; motivos todos ellos que siguen aconsejando la implementación de diferentes medidas que puedan solventar dicha situación.

Comenzando con el ámbito de las reclamaciones económico-administrativas, según la última memoria publicada de los Tribunales Económico-Admnninistrativos (en adelante, TEA) en los momentos en que se escriben estas líneas –la referida a 2018–, en España se presentaron un total de 200.562 reclamaciones económico-administrativas.

Desde el año 2012 (período en que se registró la cifra más alta de reclamaciones en la historia de los TEA en España, con un total de 223.417 reclamaciones presentadas), se había producido una tendencia a la baja, dado que en 2013 se presentaron globalmente 208.602 reclamaciones, mientras que en los años 2014, 2015 y 2016, las cifras quedaron fijadas, respectivamente, en 207.053, 204.698 y 192.005 solicitudes presentadas. Sin embargo, y de conformidad con la Memoria de dichos órganos correspondiente al año 2017, dicha cantidad se vió incrementada, dado que se presentaron un total de 194.279, tendencia al alza que parece proseguir en la última memoria indicada –la referida a 2018– dada la cifra, como hemos expuesto, de 200.562 reclamaciones interpuestas en 2018.

De manera paralela, la situación en la Jurisdicción Contencioso-Administrativa en España no difiere mucho de la descrita para la vía económico-administrativa, ya que según la Memoria del Consejo General del Poder Judicial del año 2020 (correspondiente al ejercicio 2019), ingresaron en dicha jurisdicción un total de 249.367 asuntos, suponiendo un incremento del 19,7 % respecto del año anterior[1].

Esta situación ha motivado la búsqueda, por parte de diferentes sectores implicados, de otros medios alternativos de resolución de conflictos que puedan revertir la situación expuesta.

En este sentido, a lo largo de los últimos años se han llevado a cabo algunas reformas normativas con el objetivo de mejorar los índices de conflictividad existentes en este ámbito. De todas ellas podrían mencionarse la implementación de los acuerdos previos de valoración entre la Administración y los particulares en determinados supuestos[2], o la introducción –en el año 2003 con ocasión de la aprobación de la vigente Ley 58/2003, de 17 de diciembre, General Tributaria (en adelante, LGT)– de las actas con acuerdo en el procedimiento de Inspección tributaria[3].

Los anteriores ejemplos constituyen buena muestra del intento de nuestro legislador de introducir medidas en el seno de los procedimientos tributarios que puedan evitar o reducir la conflictividad entre la Administración tributaria y los particulares, aunque se trata de medidas

[1] Memoria anual de 2020 (correspondiente al ejercicio 2019) del Consejo General del Poder Judicial. Disponible en http://www.poderjudicial.es/cgpj/es/Poder-Judicial/Consejo-General-del-Poder-Judicial/Actividad-del-CGPJ/Memorias/Memoria-anual-2020--correspondiente-al-ejercicio-2019-

[2] Contemplados en el artículo 91 de la Ley 58/2003, de 17 de diciembre, General Tributaria.

[3] Reguladas en el artículo 155 LGT.

puntuales que no han producido el efecto deseado, ya que como hemos visto, los índices de litigiosidad en nuestro país continúan siendo elevados.

En ningún caso se decidió implementar, en fase de recurso, la institución arbitral en el ámbito tributario, pese a que desde el inicio de la primera década del siglo XXI se han venido planteando muchas y muy variadas propuestas de introducción de la técnica arbitral en la parcela jurídico-tributaria de nuestro ordenamiento[4].

Incluso, en la reforma de la LGT operada mediante la aprobación de la Ley 34/2015, de 21 de septiembre, de modificación parcial de la Ley General Tributaria[5], nuevamente se volvió a desaprovechar la posibilidad de implantar el arbitraje en materia tributaria, optando por modificar algunas cuestiones esenciales del procedimiento abreviado de las reclamaciones económico-administrativas.

No obstante, en los momentos presentes, el incremento de los conflictos en esta materia, el retraso en la resolución de los recursos, o el número de casos que llegan a los Tribunales, entre otros motivos que cabría citar, siguen aconsejando la introducción de fórmulas alternativas que reduzcan la litigiosidad en materia tributaria en España[6], de entre las cuales, el arbitraje se presenta como un método idóneo para obtener la solución de las controversias a través de un procedimiento ágil, de bajo coste y definitivo en orden a la satisfacción de las mutuas pretensiones.

[4] Efectuamos un breve recorrido cronológico sobre las propuestas de implantación del arbitraje tributario en España en VICENTE-ARCHE COLOMA, Paula. “De nuevo sobre la implantación del Arbitraje tributario en el Derecho interno español: una propuesta *de lege ferenda*”, en VVAA “Medios Alternos de Solución de Controversias en Materia Fiscal”, Thomson Reuters Mexico, Aranzadi, 2019, págs. 218 a 253 y, con carácter previo, en “La situación actual de la implantación del arbitraje tributario en España”, En Revista *Arbitragem tributaria*, editada por el Centro de Arbitragem Administrativa (CAAD) de Portugal, nº 7, 2017.

[5] Modificación que fue desarrollada con posterioridad, en el ámbito que nos concierne, mediante el Real Decreto 1073/2017, de 29 de diciembre, por el que se modifica el Reglamento general de desarrollo de la Ley 58/2003, de 17 de diciembre, General Tributaria, en materia de revisión en vía administrativa, aprobado por el Real Decreto 520/2005, de 13 de mayo.

[6] En relación con el estado de la litigiosidad tributaria en España puede consultarse LAGO MONTERO, J.M. “Del estado actual de la litigiosidad y sus causas determinantes. La escasa mutabilidad de los factores que la generan”. En VVAA. *Litigiosidad Tributaria: Estado, Causas y Remedios*. Dirigido por J.M. Lago Montero. Ed. Thomson Reuters Aranzadi, Navarra, 2017, págs. 23 y ss.

De conformidad con las consideraciones precedentemente apuntadas, dedicaremos el presente trabajo a examinar la posible implantación del arbitraje como método de resolución de conflictos surgidos en materia tributaria, examinando el marco legal que podría habilitarlo, así como su compatibilidad con los principios de indisponibilidad de la obligación tributaria y de legalidad en esta materia.

2. Marco legal habilitante de la implementación del arbitraje tributario en España

La previsión de la implantación del arbitraje como técnica aplicable en el ámbito jurídico-público está reconocida en los vigentes artículos 86 y 112.2 de la Ley 39/2015, de 1 de octubre, de Procedimiento Administrativo Común de las Administraciones Públicas (en adelante, LPACAP) que son los que, en la actualidad[7], regulan tal posibilidad.

El primer artículo de los indicados permite la celebración de acuerdos, pactos, convenios o contratos entre las Administraciones públicas y los ciudadanos[8], mientras que el segundo de ellos ya concreta la posibilidad de sustituir los recursos sustanciados en vía administrativa *por otros procedimientos de impugnación, reclamación, conciliación, mediación y* ***arbitraje***[9],

[7] Hay que recordar que los artículos que previeron dicha posibilidad por vez primera fueron los 88 y 107.2 de la Ley 30/1992, de 26 de noviembre, de Régimen Jurídico de las Administraciones Públicas y del Procedimiento Administrativo Común, cuyo contenido se corresponde con los actuales 86 y 112.2 LPACAP, respectivamente.

[8] Dicho artículo prevé, en su apartado 1, *que las Administraciones Públicas podrán celebrar acuerdos, pactos, convenios o contratos con personas tanto de Derecho público como privado, siempre que no sean contrarios al ordenamiento jurídico ni versen sobre materias no susceptibles de transacción y tengan por objeto satisfacer el interés público que tienen encomendado, con el alcance, efectos y régimen jurídico específico que, en su caso, prevea la disposición que lo regule, pudiendo tales actos tener la consideración de finalizadores de los procedimientos administrativos o insertarse en los mismos con carácter previo, vinculante o no, a la resolución que les ponga fin.*

[9] En concreto, el artículo 112.2 LPACAP dispone que *las leyes podrán sustituir el recurso de alzada, en supuestos o ámbitos sectoriales determinados, y cuando la especificidad de la materia así lo justifique, por otros procedimientos de impugnación, reclamación, conciliación, mediación y arbitraje, ante órganos colegiados o Comisiones específicas no sometidas a instrucciones jerárquicas, con respeto a los principios, garantías y plazos que la presente Ley reconoce a las personas y a los interesados en todo procedimiento administrativo.*

En las mismas condiciones, el recurso de reposición podrá ser sustituido por los procedimientos a que se refiere el párrafo anterior, respetando su carácter potestativo para el interesado.

dando entrada con ello a la posibilidad de implementar medidas de carácter convencional como alternativa a los recursos sustanciados en vía administrativa.

Además de las disposiciones expuestas con anterioridad, también otros preceptos prevén, tanto a nivel internacional como interno, la posibilidad de someter a arbitraje las disputas surgidas, específicamente, en el ámbito tributario.

En el primero de los indicados, hay que recordar que el apartado 5 del artículo 25 del Modelo de Convenio de la OCDE –incluido en la revisión efectuada en 2008–, posibilita acudir al arbitraje como forma de resolver las controversias que se suscitan en el marco de la fiscalidad internacional, y cuyo contenido se ha incluido por nuestro país en los convenios bilaterales para evitar la Doble Imposición Internacional suscritos con algunos países[10]. E igualmente, cabría recordar la Convención multilateral para aplicar las medidas relacionadas con los tratados fiscales para prevenir la erosión de las bases imponibles y el traslado de beneficios, en el que se prevé un procedimiento arbitral ante la existencia de este tipo de conflictos transfronterizos.

En el ámbito de Derecho interno, los artículos 23 y 24 de la Ley Orgánica 8/1980, de Financiación de las Comunidades Autónomas (en adelante, LOFCA) prevén la constitución de una Junta Arbitral que resolverá los conflictos entre el Estado y las Comunidades Autónomas en materia de tributos cedidos.

Pero, sobre todo, el artículo 116 de la Ley 47/2003, General Presupuestaria (en adelante, LGP) acuerda el sometimiento a arbitraje en los conflictos que se planteen respecto de los avales que garanticen operaciones de crédito exterior. Incluso, el propio artículo 7.3 LGP dispone que *no se podrá transigir judicial ni extrajudicialmente sobre los derechos de la Hacienda Pública estatal, ni someter a arbitraje las contiendas que se susciten*

La aplicación de estos procedimientos en el ámbito de la Administración Local no podrá suponer el desconocimiento de las facultades resolutorias reconocidas a los órganos representativos electos establecidos por la Ley.

[10] Tal es el caso del Convenio suscrito entre el Reino de España y el Reino Unido de Gran Bretaña e Irlanda del Norte para evitar la doble imposición y prevenir la evasión fiscal en materia de impuestos sobre la renta y sobre el patrimonio y su Protocolo, hechos en Londres el 14 de marzo de 2013 (BOE 15 de mayo de 2014).

respecto de los mismos, sino mediante real decreto acordado en Consejo de Ministros, previa audiencia del de Estado en pleno[11].

De conformidad con este último precepto, puede comprobarse que, en determinados ámbitos, no sólo no se prohíbe el sometimiento a arbitraje de las contiendas que se susciten en torno a los derechos de la Hacienda Pública estatal, sino que únicamente se condiciona a su realización mediante Real Decreto acordado en Consejo de Ministros, previa audiencia del de Estado en pleno.

Por todo ello, consideramos que puede afirmarse que la institución arbitral no es del todo desconocida para el ordenamiento tributario español, estando prevista su aplicación en determinados casos y con determinados requisitos o condiciones, por lo que no existiría problema, al menos en principio, en incluir el arbitraje como método de resolución de conflictos en el ámbito tributario, dado que, como veremos a continuación, en la actualidad podría decirse que se consideran superadas las teorías que negaban su implementación basándose en los principios de indisponibilidad de la obligación tributaria y de legalidad; cuestiones a las que dedicaremos el siguiente epígrafe.

3. Arbitraje tributario: su compatibilidad con los principios de legalidad e indisponibilidad de la obligación tributaria

La institución arbitral constituye, como es sabido, un método *heterocompositivo* de resolución de conflictos intersubjetivos, alternativo al proceso, que se caracteriza porque es un tercero ajeno a las partes quien resuelve el litigio con efectos idénticos a la cosa juzgada. Según GIMENO SENDRA, "arbitraje y proceso no constituyen, en el ámbito del Derecho privado, fórmulas excluyentes, sino que, al contrario, son complementarias. Es más, la existencia de factores tales como la lentitud y carestía de la justicia civil, unidos a la sobrecarga de trabajo de los Tribunales, aconseja al Estado a potenciar este "equivalente jurisdiccional", como se ha

[11] En el mismo sentido, el artículo 31 de la Ley 33/2003, del Patrimonio de las Administraciones Públicas determina que *no se podrá transigir judicial ni extrajudicialmente sobre los bienes y derechos del Patrimonio del Estado, ni someter a arbitraje las contiendas que se susciten sobre los mismos, sino mediante real decreto acordado en Consejo de Ministros, a propuesta del de Hacienda, previo dictamen del Consejo de Estado en pleno.*

denominado al arbitraje, pues los laudos arbitrales gozan de los mismos efectos que las sentencias y suelen emitirse en un período más corto de tiempo"[12].

Dicha institución se encuentra regulada, con carácter general, en la Ley 60/2003, de 23 de diciembre, de Arbitraje, cuyo artículo 2 prevé que *son susceptibles de arbitraje las controversias sobre materias de libre disposición conforme a derecho*, quedando excluidos de su ámbito de aplicación *los arbitrajes laborales*[13].

La libre disposición de la materia que pueda ser objeto de un procedimiento arbitral, unido al hecho de que se trata de una técnica que se desenvuelve a través de 3 momentos, el primero de los cuales –la formalización del convenio arbitral– es donde se manifiesta el consentimiento de las partes en orden a someter la controversia (surgida o que pueda surgir) a la resolución de un tercero, han sido los principales obstáculos que, de antiguo, se han esgrimido para negar la posible implementación de la técnica arbitral en el ámbito tributario.

Tradicionalmente se ha sostenido la inaplicabilidad de los métodos convencionales en esta materia en base al carácter indisponible de la obligación tributaria. Al caracterizarse la obligación tributaria por ser una obligación *ex lege*, cuyo objeto es indisponible[14], aquélla se encuentra sometida a la voluntad de la Ley y no a la de las partes que intervienen en ella[15].

Se consideraba que las funciones desarrolladas por la Administración tributaria no podían ser sustituidas por acuerdos libremente pactados

[12] GIMENO SENDRA, Vicente. *Introducción al Derecho Procesal.* 2ª Edición. Ed. UNED-Castillo de Luna ediciones jurídicas, Madrid, 2017, pág. 32.

[13] Artículo 1.4 de la Ley 60/2003.

[14] Dicho carácter se recoge en los artículos 17.5, 18 y 75 de la LGT y 7.3 de la LGP.

[15] En este sentido, vid. FERREIRO LAPATZA, José Juan. "Las funciones liquidadoras de la Inspección de los Tributos". Civitas, REDF, nº 11, 1976, págs. 424 a 426; CALERO RODRÍGUEZ, Juan Ramón. "La conformidad del sujeto pasivo con las actas de Inspección". En VVAA. *Estudios de Derecho Tributario*, Volumen II. Ed. IEF, Madrid, 1979, págs. 1444 a 1446; TORREGROSA I CARNÉ, Mª Dolors. "El procedimiento de gestión y la Ley 30/1992". En VVAA. *Incidencia en los procedimientos tributarios de la Ley 30/1992 de Régimen Jurídico de las Administraciones Públicas y del Procedimiento Administrativo Común.* Ed. Marcial Pons, Madrid, 1995, pág. 85.

entre aquélla y los contribuyentes, no pudiendo disponerse libremente de los elementos esenciales de la obligación tributaria[16].

No obstante, con ocasión de la posibilidad, concedida en el ámbito del Derecho administrativo, de admitir, como hemos visto, la celebración de pactos, acuerdos o convenios entre la Administración y los particulares, así como de la viabilidad de sustituir los recursos administrativos procedentes por otros procedimientos de impugnación, reclamación, conciliación, mediación o *arbitraje*, parece que se admite la intervención de la voluntad de los particulares en el desarrollo de los procedimientos administrativos[17].

Pues bien, en el concreto ámbito tributario, los autores han venido manifestando la conveniencia de la utilización de las técnicas convencionales en el seno de los procedimientos tributarios, dado que fijar unilateralmente los elementos de la obligación tributaria no garantiza una mayor protección del interés social. Al contrario, la intervención de la voluntad de los particulares puede coadyuvar a obtener unas mayores garantías de corrección y rapidez en el procedimiento, así como una mayor eficacia[18].

Sin embargo, hay que advertir que la aplicabilidad de las técnicas convencionales en el ámbito tributario no es admisible con carácter absoluto, sino que será necesario, lógicamente, salvaguardar las garantías constitucionalmente exigidas y los intereses jurídico-públicos en juego, fundamentalmente en lo que se refiere a la indisponibilidad de la

[16] En este sentido, puede consultarse SÁINZ DE BUJANDA, Fernando. “Nacimiento de la obligación tributaria”. *Hacienda y Derecho*, Vol. IV. IEP, Madrid, 1966, pág. 20; Id. “La gran paradoja de la Ley General Tributaria”. RDFHP, nº 54, junio 1964, pág. 290. SDFUM. *Notas de Derecho financiero*. Tomo I. Volumen II. Servicio de Publicaciones UCM, Madrid, 1967, pág. 304.

[17] Sobre esta cuestión, puede consultarse DELGADO PIQUERAS, Francisco. *La Terminación Convencional del procedimiento Administrativo*. Ed. Aranzadi, Pamplona, 1995, pág. 177; y GONZÁLEZ PÉREZ, Jesús y GONZÁLEZ NAVARRO, Francisco. *Comentarios a la Ley de Régimen Jurídico de las Administraciones Públicas y Procedimiento Administrativo Común*. Volumen II, 2ª edición. Ed. Civitas, Madrid, 1999, pág. 2028.

[18] Así lo considera GONZÁLEZ-CUÉLLAR SERRANO, Mª Luisa. *Los procedimientos tributarios: su terminación transaccional*. Ed. Colex, Madrid, 1998, pág. 102. En el mismo sentido, se muestran partidarios de la aplicación de las técnicas convencionales SERRANO ANTÓN, Fernando. *La terminación convencional de procedimientos tributarios y otras técnicas transaccionales*. Asociación Española de Asesores Fiscales, Madrid, 1996, pág. 58; FERREIRO LAPATZA, José Juan. “Resolución extrajudicial de conflictos tributarios”. QF, nº 3, febrero 2002, pág. 10.

obligación tributaria como obligación nacida de la ley –y no de la voluntad de los particulares–, así como el principio de legalidad, que podrían calificarse como los principales límites a su admisibilidad[19].

De tal forma, en la actualidad, las teorías proclives a la introducción de las fórmulas convencionales en el ámbito tributario interpretan la indisponibilidad de la obligación tributaria en el sentido del crédito tributario *stricto sensu*, es decir, como derecho de contenido económico del cual es acreedora la Hacienda Pública –que nunca podrá ser dispuesto por las partes–; pero dicha indisponibilidad no alcanza a la posibilidad de que la voluntad del acreedor y deudor de la relación pueda intervenir en algunos aspectos del mismo[20].

En otras palabras, tal y como ya manifestó en su día el profesor SÁINZ DE BUJANDA, "los hechos imponibles –en su triple aspecto objetivo, temporal y personal– las bases y los tipos de gravamen serían los definidos en la ley, y sólo su concreción quedaría confiada –dentro del marco que la propia ley habría de señalar en términos rigurosos–a fórmulas administrativas de tipo concordado"[21].

Se trata, en definitiva, de introducir las técnicas convencionales en aquéllos ámbitos en los que existe una cierta discrecionalidad por parte de la Administración[22], ya que, como acertadamente advierte

[19] Para un estudio más profundo sobre el tema puede consultarse nuestra monografía *El arbitraje en el Ordenamiento tributario español: una propuesta*. Ed. Marcial Pons, Madrid-Barcelona, 2005, págs. 32 y ss.

[20] En relación con esta cuestión, ACOSTA ESPAÑA manifiesta que "con el nacimiento de la relación tributaria nace un conjunto de derechos y obligaciones cuyo contenido esencial no puede ser dispuesto, pero que admite una serie de negocios jurídicos sobre algunos aspectos del mismo, siempre que se mantengan las relaciones inderogables". Vid. ACOSTA ESPAÑA, Rafael. "Artículo 36". En VVAA. *Comentarios a las leyes tributarias y financieras.* Dirigido por Narciso Amorós Rica. Tomo I. Ed. Edersa, 1982, pág. 325. En el mismo sentido, ARIAS ABELLÁN, Mª Dolores. "La indisponibilidad de la obligación tributaria: análisis del artículo 36 de la L. G. T.". En VVAA. *Comentarios a la Ley General Tributaria y líneas para su reforma.* Libro homenaje a Fernando Sáinz de Bujanda. Volumen I. Ed. IEF, Madrid, 1991, pág. 627.

[21] SÁINZ DE BUJANDA, Fernando. "Nacimiento de la obligación...". Ob. cit., pág. 250

[22] Vid. MORENO FERNÁNDEZ, Juan Ignacio. *La discrecionalidad en el Derecho tributario.* Ed. Lex Nova, Valladolid, 1998, pág. 48; FERREIRO LAPATZA, José Juan. "Solución convencional de conflictos en el ámbito tributario: una propuesta concreta". QF, nº 9, 2003, pág. 14; Id. "Terminación convencional de los procedimientos inspectores". En VVAA.

DE PALMA DEL TESO, " puede hablarse de ejercicio paccionado de la discrecionalidad. La tradicional actuación unilateral abre paso al acuerdo y la negociación entre las partes"[23].

Ese margen de decisión se produce, a juicio de diversos autores, por la existencia, en nuestro ordenamiento tributario, del principio de reserva relativa de ley, siendo el acuerdo de voluntades entre la Administración y los particulares el que puede completar ese grado de relatividad o de flexibilidad al que no llega la legalidad tributaria[24].

De acuerdo con lo que antecede, podemos concluir que, en el marco de la obligación tributaria, está vetada la intervención de la voluntad de las partes –Administración y obligado tributario– para modificar alguno de los elementos sustanciales de la misma –que siempre deben acatar lo dispuesto en la Ley–, pero ello no prohíbe la manifestación del consentimiento de cualquiera de ellas en la determinación o concreción de alguno de sus aspectos no sometidos al principio de legalidad.

Así, serán viables los pactos, acuerdos o convenios que, en el marco del tributo, se dirijan a *especificar cuestiones sobre las que exista una incertidumbre*[25] –por ejemplo, cuantificar algún elemento de la base imponible en relación al valor de mercado– *o un conflicto*, utilizando vías alternativas a la emisión

Alternativas convencionales en el Derecho Tributario. Ed. Marcial Pons, Madrid-Barcelona, 2003, pág. 325; NAVARRO EGEA, Mercedes. "El <<acuerdo>> como solución convencional en los procedimientos de aplicación de los tributos". Impuestos, nº 21, 2002, pág. 31.

23 DE PALMA DEL TESO, Ángeles. *Los acuerdos procedimentales en el Derecho Administrativo.* Ed. Tirant lo Blanch, Valencia, 2000, pág. 181.

24 A juicio de RAMALLO MASSANET, "hay que sacar el análisis y calificación de cualquier tipo de mecanismo convencional, en cualquiera de sus fórmulas, del ámbito de problemas derivados de la autonomía privada de la voluntad y de sus límites, tanto constitucionales como ordinarios, y situarlo en el terreno de la predeterminación legal de los elementos de la obligación tributaria, es decir, en el de las fuentes normativas secundarias con el fin de completar la reserva relativa de ley". Vid. RAMALLO MASSANET, Juan. "La voluntad del contribuyente en la determinación de la deuda tributaria". En VVAA. *Alternativas convencionales en el Derecho Tributario.* Ed. Marcial Pons, Madrid-Barcelona, 2003, pág. 293. En el mismo sentido, DE PALMA DEL TESO, Ángeles. *Los acuerdos procedimentales...* Ob. cit., pág. 182.

25 Vid. ZORNOZA PÉREZ, Juan J. "Convenios, acuerdos y otras técnicas transaccionales en el Derecho tributario español: análisis desde el Derecho comparado". En VVAA. *Alternativas convencionales en el Derecho Tributario.* Ed. Marcial Pons, Madrid-Barcelona, 2003, págs. 362 y 363; SÁNCHEZ LÓPEZ, Mª Esther. "El acuerdo de voluntades en el ámbito tributario". Revista jurídica de Castilla-La Mancha, nº 32, 2002, pág. 210.

del acto administrativo unilateral o a la resolución que ponga fin a un recurso administrativo tributario.

Precisamente es en este último ámbito citado, el de la *resolución de los conflictos planteados en materia tributaria*, donde se desarrollaría la figura objeto de nuestro estudio, esto es, el arbitraje como posible medio de solución de los litigios tributarios y a la que, como veremos a continuación, no pueden oponerse como límites a su implantación ni el principio de indisponibilidad de la obligación tributaria ni el de legalidad.

En una primera aproximación, podríamos convenir que el arbitraje constituye una técnica, a través de la cual, dos partes, que se encuentran enfrentadas sobre una misma cuestión presente o futura, deciden, de mutuo acuerdo, someter su resolución a un tercero –denominado árbitro–, obligándose ambas a acatar la decisión emitida por este último.

Esta figura, a juicio de GUASP DELGADO, está compuesta por tres momentos diferenciados, en el primero de los cuales es donde se manifiesta la voluntad de las partes a través de la concertación del *compromiso* (que constituye un contrato formalizado entre ellas), a través del cual se comprometen a respetar la decisión que adopte un tercero[26].

De tal forma, las partes en conflicto podrán acudir al arbitraje siempre que ambas así lo hayan convenido a través de la formalización del correspondiente *convenio arbitral* en ese primer momento o, dicho en otras palabras, siempre que, a través del mutuo consentimiento, hayan acordado resolver dicha cuestión a través de un tercero ajeno a las partes; circunstancia ésta que, a nuestro parecer, refleja que el arbitraje forma parte de las técnicas convencionales aplicadas en el ámbito jurídico-público, como una modalidad de intervención de la voluntad de los particulares en los procedimientos administrativos.

El problema se centra, pues, en examinar si las partes –Administración y obligado tributario– pueden *disponer* de la materia tributaria para que

[26] El segundo momento está constituido, a su juicio, por el denominado *contrato de dación y recepción del arbitraje*, a través del cual los terceros aceptan su encargo y se vinculan así con las partes para solucionar su tarea. Y finalmente, el tercero se referiría al *procedimiento arbitral*, en el que las partes en conflicto y los árbitros formulan y deciden la controversia que da vida y engendra todo el fenómeno a que el arbitraje se refiere. Vid. GUASP DELGADO, Jaime. *El arbitraje en Derecho español. Su nueva regulación conforme a la Ley de 22 de diciembre de 1953.* Ed. Bosch, Barcelona, 1953, pág. 77.

la controversia –surgida o que pueda surgir– se pueda resolver mediante la técnica arbitral.

Frente a alguna postura que ha negado dicha posibilidad[27], los autores que han tratado el tema vienen considerando que la indisponibilidad afecta a los elementos de la obligación tributaria sometidos al principio de legalidad, pero que ello no es óbice para admitir la intervención de la voluntad de las partes en alguna otra cuestión no sujeta a aquél principio, tal y como sucede, como hemos expuesto, en cuestiones donde se admita un cierto margen de discrecionalidad o exista una incertidumbre.

Si la discrecionalidad administrativa, a juicio de CAYÓN GALIARDO, solamente puede existir "donde el legislador expresamente lo hubiese consentido"[28], bastaría con que la Ley previese la posibilidad de someter la controversia a arbitraje para que la Administración, discrecionalmente, decidiera su sujeción al procedimiento arbitral. De esta manera, el principio de legalidad no constituiría un límite a la introducción de dicha figura[29].

Según FALCÓN Y TELLA, "la indisponibilidad del crédito tributario no impide a la Administración someterse a arbitraje, sino que únicamente exige que sea el legislador el que defina con suficiente precisión los supuestos y el alcance de este mecanismo de solución de conflictos"[30].

[27] Así lo consideran CHILLÓN MEDINA, José Mª y MERINO MERCHÁN, José Fernando. *Tratado de arbitraje privado interno e internacional.* 2ª edición. Ed. Civitas, Madrid, 1991, pág. 185.

[28] Vid. CAYÓN GALIARDO, Antonio. "La interdicción de la discrecionalidad en la gestión tributaria". Civitas, REDF, nº 36, octubre-diciembre 1982, pág. 567.

[29] "Lo que ocurre –según SÁNCHEZ MORÓN– es que no toda la actividad administrativa está rigurosamente predeterminada por las normas jurídicas ni la función de administrar (...) Es en el ámbito de la discrecionalidad donde la habitual decisión unilateral de la Administración puede ser sustituida por un procedimiento negociado y, en su caso, por una decisión bilateral". Vid. SÁNCHEZ MORÓN, Miguel. "La apertura del procedimiento administrativo a la negociación con los ciudadanos". En VVAA. *La apertura del procedimiento administrativo a la negociación con los ciudadanos en la Ley 30/1992 de Régimen Jurídico de las Administraciones Públicas y del Procedimiento Administrativo Común.* IVAP, Oñati, 1995, págs. 15 y 16.

[30] FALCÓN Y TELLA, Ramón. "El arbitraje tributario". En VVAA. *Convención y arbitraje en el Derecho Tributario.* Coed. IEF-Marcial Pons, Madrid, 1996, pág. 259. En el mismo sentido, SERRANO ANTÓN, Fernando. *La terminación convencional de procedimientos...* Ob. cit., pág. 106; GONZÁLEZ-CUÉLLAR SERRANO, Mª Luisa. "El arbitraje en el Derecho

Esto es lo que sucede, por ejemplo, con lo dispuesto en el artículo 75 de la LGT pues al establecer que *las deudas tributarias sólo podrán condonarse en virtud de ley, en la cuantía y con los requisitos que en la misma se determinen*, no se está negando la posibilidad de condonar dichas deudas, sino que se está facultando a la Administración para efectuarlas cuando se encuentre legalmente autorizada para ello y de acuerdo con los requisitos establecidos en la Ley.

En los momentos actuales, se afirma que "el arbitraje puede predicarse tanto de normas que tengan una atribución imperativa de jurisdicción como de aquellos ámbitos del Derecho regulados por normas de Derecho imperativo necesario"[31], dado que, en un arbitraje de Derecho, el árbitro aplicará el Derecho necesario cuando venga exigido por el Ordenamiento.

Ahora bien, en cuanto a la posible existencia de un límite material constituido, concretamente, por la indisponibilidad de la materia tributaria, debemos traer a colación la postura mantenida en su día por el profesor CALVO ORTEGA, quien entiende que la indisponibilidad de la obligación tributaria no constituye un límite a la aplicación del arbitraje tributario, pero por otros motivos muy distintos; postura con la que mostramos nuestra plena adhesión.

Según el citado autor, en realidad, "nada tiene que ver la indisponibilidad de situaciones tributarias con el sometimiento a arbitraje de las controversias fiscales. Cuando se habla de indisponibilidad se hace referencia a la no disposición de las situaciones jurídicas por acto administrativo. El sometimiento de una controversia concreta a arbitraje no se incluye en el principio de indisponibilidad. Es una decisión instrumental, no una disposición"[32].

A su juicio, "disponer es novar, cambiar un elemento de la obligación por voluntad de sus sujetos, acreedor y deudor. (...) Pero el arbitraje es algo muy distinto a todo esto. Es que las mismas partes de la obligación

tributario". RCEF, nº 7, febrero 1997, pág. 28; CRUZ PADIAL, Ignacio. "¿Es posible el arbitraje tributario?". Impuestos, nº 11, 1999, pág. 29.

[31] Así lo considera MERINO MERCHÁN, José Fernando. "El arbitraje y el Derecho público español. Una propuesta legislativa". En VVAA. *Una propuesta para la introducción en nuestro sistema administrativo y tributario de medidas alternativas de resolución de conflictos (ADR)*. Dirigido por Pablo Chico de la Cámara. INAP, Madrid, 2017, pág. 93.

[32] CALVO ORTEGA, Rafael. "Litigiosidad fiscal y arbitraje tributario". Impuestos, nº 15-16, agosto 2001, pág. 31, nota a pié nº 17.

o la ley en el caso del arbitraje obligatorio establezcan que un conflicto entre ellos deba ser resuelto por un árbitro. Pero no hay disposición. Las partes, por el contrario, han mantenido hasta el último momento, hasta el laudo, sus pretensiones; es decir, su confrontación; sin ceder (sin disponer) un ápice"[33].

Estamos plenamente de acuerdo con el precitado autor en que, en esta materia, el arbitraje tributario no entra en contradicción con el principio de indisponibilidad de la materia tributaria, sencillamente porque este último no rige en el ámbito de aplicación de la figura objeto de estudio. Desarrollemos con mayor detenimiento esta cuestión.

La disponibilidad de la materia objeto de arbitraje puede presentarse, tal y como expone ROCA MARTÍNEZ, desde una doble vertiente, tanto desde un plano objetivo –referido, con carácter general, a la materia objeto de compromiso– como desde otro subjetivo –caracterizado por la concreta relación de cada sujeto compromitente con la materia controvertida–.

En nuestro caso, el problema se ciñe fundamentalmente a la primera perspectiva expuesta, esto es, al ámbito material del arbitraje, debido a que se suele entender, como lo hace este último autor citado, que el criterio que delimita el ámbito objetivo de dicha institución radica en el interés que subyace en la relación jurídica controvertida. Así, "cuando aparece un interés social o público, el Estado limita la autonomía de la voluntad de las partes, estableciendo normas de carácter imperativo e impidiendo que las controversias que puedan surgir en dicho ámbito sean resueltas por sujetos u órganos distintos de los establecidos por él para tal fin"[34].

Sin embargo, creemos que, precisamente, es en esta última afirmación realizada por el precitado autor donde radica la inexistencia de limitaciones al establecimiento del arbitraje en el ámbito tributario. En nuestra opinión, una cosa es que la obligación tributaria, sus elementos esenciales, su nacimiento, así como las reglas para su correcta aplicación, sean materias reservadas a la Ley –quedando excluida, por tanto, la intervención de la voluntad de las partes–, y otra muy distinta es que, ante la existencia de una controversia entre la Administración y el obligado tributario, ambos sujetos decidan encomendar su resolución a un tercero –árbitro–.

[33] CALVO ORTEGA, Rafael. "En defensa del arbitraje tributario". CT, nº 100, 2001, pág. 154.

[34] ROCA MARTÍNEZ, José María. *Arbitraje e instituciones arbitrales.* Ed. Bosch, Barcelona, 1992, pág. 122.

A nuestro juicio, en tal hipótesis, las partes *no disponen* de la obligación tributaria, porque ésta ya ha nacido, se ha aplicado y se ha desarrollado de acuerdo con el mandato establecido en la Ley. Lo único que sucede es que, ante la existencia de un conflicto, los intervinientes en dicha obligación, en vez de solucionar el litigio a través de los cauces ordinarios de los recursos y reclamaciones administrativas, deciden someter la controversia a la autoridad de un árbitro, que se presenta como un tercero a las partes, obligándose a acatar la decisión que este último adopte[35].

Si la *disposición* sobre algún elemento exige, a juicio de CALVO ORTEGA, "una titularidad determinada previamente"[36], estamos de acuerdo con dicho autor cuando afirma que en este ámbito no se produce disponibilidad alguna. Las partes no son titulares, ni del derecho de crédito, ni tampoco de los elementos que integran la obligación tributaria. Son titulares del derecho a que la controversia sea resuelta por un órgano distinto al que examina los conflictos en vía administrativa. Y realmente, no se trata de una verdadera titularidad –entendida en sentido técnico--jurídico–, sino de la posibilidad de someter el conflicto a un órgano distinto al tradicionalmente competente.

Es decir, cuando las partes deciden, prestando su mutuo consentimiento, que la resolución del caso se lleve a cabo mediante el procedimiento arbitral, no están disponiendo de ningún elemento de la obligación tributaria, ni esencial ni de cualquier otro tipo, simplemente eligen, en vez de la vía administrativa de recurso, el procedimiento arbitral. Constituye, en definitiva, una *convención* sobre el *modo de resolver* el conflicto –que será alternativo al recurso administrativo correspondiente–.

Evidentemente, la postura que mantenemos es acorde con lo expuesto con anterioridad, es decir, que el ámbito en que se desenvolvería el arbitraje tributario sería el establecido en el vigente artículo 112.2 de la Ley 39/2015, que configura el arbitraje como método alternativo a los

[35] Así lo entiende, respecto al arbitraje administrativo y negando el carácter transaccional de esta figura, LÓPEZ MENUDO, al afirmar que "mediante el arbitraje, la Administración no cede, o se allana, o tolera, o abandona, el cumplimiento de la norma imperativa, sino que defiere la solución del conflicto a un órgano que, por hipótesis, cuidará de la legalidad y juridicidad conforme a los principios constitucionales". Vid. LÓPEZ MENUDO, Francisco. "Arbitraje y Derecho público". Justicia Administrativa, nº 2, 1999, pág. 19.

[36] CALVO ORTEGA, Rafael. "Litigiosidad fiscal y arbitraje..." Ob. cit., pág. 24, en nota a pié nº 4.

recursos administrativos. Por ello, partimos de la base de que el acto administrativo objeto de controversia ya habría sido emitido por el órgano competente. De acuerdo con ello, estimamos que, en este ámbito, no se produce disponibilidad sobre ningún elemento de la obligación tributaria, porque ésta ya habría nacido y se habría determinado. Sólo en el caso de que existiera controversia en relación con algún elemento de aquélla, la cuestión podría someterse a la revisión, bien del órgano que resuelva el recurso administrativo, o bien del árbitro[37].

Ahora bien, afirmar que el sometimiento de una cuestión litigiosa a arbitraje no implica disponibilidad alguna de la obligación tributaria, no significa, en ningún caso, que la previsión de dicho sometimiento no deba venir regulada por Ley. Administración y obligado tributario se encuentran sometidos, en sus actuaciones, a la Ley; por ello, sólo será válida la sujeción al procedimiento arbitral cuando así venga reconocido legalmente. Una vez que la normativa habilite tal posibilidad, ambas partes podrían válidamente someter la controversia a arbitraje.

En efecto, dos argumentos avalan, a nuestro juicio, la anterior afirmación. Por una parte, el sometimiento de la Administración a la legalidad –previsto en los artículos 103.1[38] y 105[39] de la Constitución– exige que la actuación conducente a acordar la resolución de una controversia a través del procedimiento arbitral deba efectuarse de acuerdo con lo dispuesto en la Ley[40]. Por otro, la correcta salvaguarda de los derechos de

[37] Para profundizar en el tema, puede consultarse nuestra monografía *El arbitraje en el Ordenamiento tributario español: una propuesta*... Ob. cit., págs. 53 y ss.

[38] Dicho artículo establece *que la Administración Pública sirve con objetividad los intereses generales y actúa de acuerdo con los principios de eficacia, jerarquía, descentralización, desconcentración y coordinación, con sometimiento pleno a la ley y al Derecho.*

[39] El mencionado precepto dispone que la ley regulará: (...) *c) el procedimiento a través del cual deben producirse los actos administrativos, garantizando, cuando proceda, la audiencia del interesado.*

[40] En este sentido, DELGADO PIQUERAS mantiene que la previsión contemplada en el artículo 105.c de la Constitución –que establece "una reserva de ley respecto del procedimiento a través del cual deben producirse los actos administrativos"– exige "que el ejercicio de potestades públicas mediante contratos se fragüe también en el seno y conforme a la disciplina del procedimiento administrativo". Vid. DELGADO PIQUERAS, Francisco. *La Terminación Convencional del procedimiento*... Ob. cit., págs. 162 y 163.
Igualmente, BUSTILLO BOLADO mantiene que el posible sometimiento de la Administración a arbitraje, tanto para relaciones de Derecho público como de Derecho privado, "requeriría una Ley específica estatal que hoy por hoy en nuestro Ordenamiento Jurídico no existe".

los particulares requiere, asimismo, que dicha posibilidad se encuentre amparada legalmente.

Por esta causa, estimamos que la facultad de someter a dicho instituto las controversias surgidas en materia tributaria debe regularse mediante norma de rango legal, en concreto por nuestra LGT (regulando sus elementos esenciales) sin perjuicio de que su desarrollo pueda efectuarse reglamentariamente[41]. Ésta es la fórmula utilizada en la actualidad, como vimos, en el artículo 7.3 de la LGP –en la que no se prohíbe el sometimiento de controversias a arbitraje, sino que se condiciona al cumplimiento de determinados requisitos– y debería ser la que, llegado el caso, adoptara nuestro legislador si finalmente acordara su introducción en nuestra Ley General Tributaria.

En definitiva, ni el principio de legalidad ni el de indisponibilidad de la obligación tributaria constituyen límites que, en la actualidad, puedan impedir la implementación de la técnica arbitral en el ámbito tributario. Para GARCÍA NOVOA y CHICO DE LA CÁMARA, "los derechos o las situaciones jurídicas no son disponibles o indisponibles por naturaleza, sino que es la ley o el ordenamiento jurídico, el que determina esta disponibilidad o indisponibilidad"[42]. Incluso, existen otros principios que podrían justificar su posible establecimiento, tales como el principio de eficacia, el de seguridad jurídica, el de proporcionalidad, así como los criterios de simplificación del sistema tributario y de practicabilidad de las normas tributarias[43].

Vid. BUSTILLO BOLADO, Roberto O. *Convenios y Contratos Administrativos: Transacción, Arbitraje y terminación Convencional del Procedimiento.* Ed. Aranzadi, Elcano, 2001, pág. 311, exigiendo, en un momento posterior, que dicha Ley "debería expresar claramente cuál es su ámbito objetivo" (Ob. cit., pág. 313).

41 Así lo planteamos con anterioridad en VICENTE-ARCHE COLOMA, Paula. *El arbitraje en el ordenamiento tributario español: una propuesta...* Ob. cit., págs. 55 a 57.

42 Vid. GARCÍA NOVOA, César y CHICO DE LA CÁMARA, Pablo. "Concepto, caracteres y valoración constitucional del arbitraje". En VVAA. *Una propuesta para la implementación de medidas alternativas de solución de conflictos (ADR) en el sistema tributario español con especial referencia al arbitraje.* Dirigido por Pablo Chico de la Cámara. Fundación Impuestos y Competitividad, Madrid, 2015, pág. 199.

43 Véase, en este sentido, CHICO DE LA CÁMARA, Pablo. "Hacia una nueva cultura de resolución de conflictos en la esfera del Derecho Público mediante el uso de las ADR (Alternative Dispute Resolutions)". En VVAA. *Una propuesta para la introducción en nuestro*

Por esta causa, entendemos que nada obsta, al menos en principio, para que la voluntad de las partes –Administración y obligado tributario– puedan intervenir –en cualquier momento posterior al nacimiento de la obligación tributaria– en orden a formalizar el convenio arbitral. De esta manera, y una vez materializado el litigio, podrá acudirse, en vez de al recurso o reclamación procedente, al procedimiento arbitral. Todo ello, naturalmente, cuando una norma de rango legal –en nuestro caso, la Ley General Tributaria– hubiera previsto dicha posibilidad.

Referencias

ACOSTA ESPAÑA, Rafael. "Artículo 36". En VVAA. *Comentarios a las leyes tributarias y financieras.* Dirigido por Narciso Amorós Rica. Tomo I. Ed. Edersa, 1982.

ARIAS ABELLÁN, Mª Dolores. "La indisponibilidad de la obligación tributaria: análisis del artículo 36 de la L. G. T.". En VVAA. *Comentarios a la Ley General Tributaria y líneas para su reforma.* Libro homenaje a Fernando Sáinz de Bujanda. Volumen I. Ed. IEF, Madrid, 1991.

BUSTILLO BOLADO, Roberto O. *Convenios y Contratos Administrativos: Transacción, Arbitraje y terminación Convencional del Procedimiento.* Ed. Aranzadi, Elcano, 2001.

CALERO RODRÍGUEZ, Juan Ramón. "La conformidad del sujeto pasivo con las actas de Inspección". En VVAA. *Estudios de Derecho Tributario,* Volumen II. Ed. IEF, Madrid, 1979.

CALVO ORTEGA, Rafael. "Litigiosidad fiscal y arbitraje tributario". Impuestos, nº 15-16, agosto 2001.

CALVO ORTEGA, Rafael. "En defensa del arbitraje tributario". CT, nº 100, 2001.

CAYÓN GALIARDO, Antonio. "La interdicción de la discrecionalidad en la gestión tributaria". Civitas, REDF, nº 36, octubre-diciembre 1982.

CHICO DE LA CÁMARA, Pablo. "Hacia una nueva cultura de resolución de conflictos en la esfera del Derecho Público mediante el uso de las ADR (Alternative Dispute Resolutions)". En VVAA. *Una propuesta para la introducción en nuestro sistema administrativo y tributario de medidas alternativas de resolución de conflictos (ADR).* Dirigido por Pablo Chico de la Cámara. INAP, Madrid, 2017.

CHILLÓN MEDINA, José Mª y MERINO MERCHÁN, José Fernando. *Tratado de arbitraje privado interno e internacional.* 2ª edición. Ed. Civitas, Madrid, 1991.

CRUZ PADIAL, Ignacio. "¿Es posible el arbitraje tributario?". Impuestos, nº 11, 1999.

DE PALMA DEL TESO, Ángeles. *Los acuerdos procedimentales en el Derecho Administrativo.* Ed. Tirant lo Blanch, Valencia, 2000.

sistema administrativo y tributario de medidas alternativas de resolución de conflictos (ADR). Dirigido por Pablo Chico de la Cámara. INAP, Madrid, 2017, págs.. 40 a 45.

DELGADO PIQUERAS, Francisco. *La Terminación Convencional del procedimiento Administrativo*. Ed. Aranzadi, Pamplona, 1995.

FALCÓN Y TELLA, Ramón. "El arbitraje tributario". En VVAA. *Convención y arbitraje en el Derecho Tributario*. Coed. IEF-Marcial Pons, Madrid, 1996.

FERREIRO LAPATZA, José Juan. "Las funciones liquidadoras de la Inspección de los Tributos". Civitas, REDF, nº 11, 1976.

FERREIRO LAPATZA, José Juan. "Resolución extrajudicial de conflictos tributarios". QF, nº 3, febrero 2002.

FERREIRO LAPATZA, José Juan. "Solución convencional de conflictos en el ámbito tributario: una propuesta concreta". QF, nº 9, 2003.

FERREIRO LAPATZA, José Juan. "Terminación convencional de los procedimientos inspectores". En VVAA. *Alternativas convencionales en el Derecho Tributario*. Ed. Marcial Pons, Madrid-Barcelona, 2003.

GARCÍA NOVOA, César y CHICO DE LA CÁMARA, Pablo. "Concepto, caracteres y valoración constitucional del arbitraje". En VVAA. *Una propuesta para la implementación de medidas alternativas de solución de conflictos (ADR) en el sistema tributario español con especial referencia al arbitraje*. Dirigido por Pablo Chico de la Cámara. Fundación Impuestos y Competitividad, Madrid, 2015.

GIMENO SENDRA, Vicente. *Introducción al Derecho Procesal*. 2ª Edición. Ed. UNED-Castillo de Luna ediciones jurídicas, Madrid, 2017.

GONZÁLEZ-CUÉLLAR SERRANO, Mª Luisa. "El arbitraje en el Derecho tributario". RCEF, nº 7, febrero 1997.

GONZÁLEZ-CUÉLLAR SERRANO, Mª Luisa. *Los procedimientos tributarios: su terminación transaccional*. Ed. Colex, Madrid, 1998.

GONZÁLEZ PÉREZ, Jesús y GONZÁLEZ NAVARRO, Francisco. *Comentarios a la Ley de Régimen Jurídico de las Administraciones Públicas y Procedimiento Administrativo Común*. Volumen II, 2ª edición. Ed. Civitas, Madrid, 1999.

GUASP DELGADO, Jaime. *El arbitraje en Derecho español. Su nueva regulación conforme a la Ley de 22 de diciembre de 1953*. Ed. Bosch, Barcelona, 1953.

LAGO MONTERO, J.M. "Del estado actual de la litigiosidad y sus causas determinantes. La escasa mutabilidad de los factores que la generan". En VVAA. *Litigiosidad Tributaria: Estado, Causas y Remedios*. Dirigido por J.M. Lago Montero. Ed. Thomson Reuters Aranzadi, Navarra, 2017.

LÓPEZ MENUDO, Francisco. "Arbitraje y Derecho público". Justicia Administrativa, nº 2, 1999.

MERINO MERCHÁN, José Fernando. "El arbitraje y el Derecho público español. Una propuesta legislativa". En VVAA. *Una propuesta para la introducción en nuestro sistema administrativo y tributario de medidas alternativas de resolución de conflictos (ADR)*. Dirigido por Pablo Chico de la Cámara. INAP, Madrid, 2017.

MORENO FERNÁNDEZ, Juan Ignacio. *La discrecionalidad en el Derecho tributario*. Ed. Lex Nova, Valladolid, 1998.

NAVARRO EGEA, Mercedes. "El <<acuerdo>> como solución convencional en los procedimientos de aplicación de los tributos". Impuestos, nº 21, 2002.

RAMALLO MASSANET, Juan. "La voluntad del contribuyente en la determinación de la deuda tributaria". En VVAA. *Alternativas convencionales en el Derecho Tributario*. Ed. Marcial Pons, Madrid-Barcelona, 2003.

ROCA MARTÍNEZ, José María. *Arbitraje e instituciones arbitrales*. Ed. Bosch, Barcelona, 1992.

SÁINZ DE BUJANDA, Fernando. "Nacimiento de la obligación tributaria". *Hacienda y Derecho*, Vol. IV. IEP, Madrid, 1966.

SÁINZ DE BUJANDA, Fernando. "La gran paradoja de la Ley General Tributaria". RDFHP, nº 54, junio 1964.

SÁNCHEZ MORÓN, Miguel. "La apertura del procedimiento administrativo a la negociación con los ciudadanos". En VVAA. *La apertura del procedimiento administrativo a la negociación con los ciudadanos en la Ley 30/1992 de Régimen Jurídico de las Administraciones Públicas y del Procedimiento Administrativo Común*. IVAP, Oñati, 1995.

SDFUM. *Notas de Derecho financiero*. Tomo I. Volumen II. Servicio de Publicaciones UCM, Madrid, 1967.

SÁNCHEZ LÓPEZ, Mª Esther. "El acuerdo de voluntades en el ámbito tributario". Revista jurídica de Castilla-La Mancha, nº 32, 2002.

SERRANO ANTÓN, Fernando. *La terminación convencional de procedimientos tributarios y otras técnicas transaccionales*. Asociación Española de Asesores Fiscales, Madrid, 1996.

TORREGROSA I CARNÉ, Mª Dolors. "El procedimiento de gestión y la Ley 30/1992". En VVAA. *Incidencia en los procedimientos tributarios de la Ley 30/1992 de Régimen Jurídico de las Administraciones Públicas y del Procedimiento Administrativo Común*. Ed. Marcial Pons, Madrid, 1995.

VICENTE-ARCHE COLOMA, Paula. *El arbitraje en el Ordenamiento tributario español: una propuesta*. Ed. Marcial Pons, Madrid-Barcelona, 2005.

VICENTE-ARCHE COLOMA, Paula. "La situación actual de la implantación del arbitraje tributario en España", En Revista *Arbitragem tributaria*, Centro de Arbitragem Administrativa (CAAD), Portugal, nº 7, 2017.

VICENTE-ARCHE COLOMA, Paula. "De nuevo sobre la implantación del Arbitraje tributario en el Derecho interno español: una propuesta *de lege ferenda*", en VVAA "Medios Alternos de Solución de Controversias en Materia Fiscal", Thomson Reuters Mexico, Aranzadi, 2019.

ZORNOZA PÉREZ, Juan J. "Convenios, acuerdos y otras técnicas transaccionales en el Derecho tributario español: análisis desde el Derecho comparado". En VVAA. *Alternativas convencionales en el Derecho Tributario*. Ed. Marcial Pons, Madrid-Barcelona, 2003.

11.
Viabilização da Arbitragem Tributária por Ato Administrativo

Marcelo Ricardo Wydra Escobar

Introdução

Com a discussão do tema no âmbito do Senado Federal em decorrência dos Projetos de Lei do Senado nº 4.257/19, de autoria do Senador Antonio Anastasia – que propõe alterações na Lei de Execuções Fiscais, para que dela conste expressamente a possiblidade da adoção da arbitragem tributária –, bem como do Projeto de Lei nº 4.468/20, de autoria da Senadora Daniella Ribeiro que cria a "*Arbitragem Especial Tributária*"[1], o debate em relação a arbitragem tributária tomou lugar de destaque.

Desnecessário digressionar quanto a imprescindibilidade do exegeta lançar mão de uma interpretação não apenas sistemática, mas multidisciplinar, de forma a extrair com precisão as conclusões afetas a cada ramo do Direito.

E com base nestas premissas, pretendemos lançar um olhar crítico a temas acadêmicos tidos por verdades absolutas, de forma a vencermos os óbices que impedem o fluxo de evolução das ditas verdades, e a partir dessas novas premissas, focarmos na experiência já sedimentada da exitosa arbitragem comercial, para dela extrair os princípios e ideias que já

[1] Vide comentários ao Projeto de Lei nº 4.468/20 em: ESCOBAR, Marcelo Ricardo; **Um devaneio noturno, o PL nº 4.468/20 e a 'arbitragem' especial tributária**. Consultor Jurídico. Opinião, 04 de setembro de 2020. Disponível em: < https://www.conjur.com.br/2020-set-04/marcelo-escobar-arbitragem-especial-tributaria >, acesso em 28/09/20.

passaram pelo escrutínio do Pretório Excelso, como forma de vislumbrar caminhos análogos que, por tomarem as mesmas premissas, não tenham sabor de total novidade – e cuja legalidade e constitucionalidade não mais se discute.

O resultado das presentes linhas é indicar que inobstante os atuais projetos de lei, esta visão multidisciplinar e empírica é indissociável do debate acadêmico, que deve ser a via de junção de ambos os projetos com acréscimos e supressões necessárias para que o instituto ganhe força e seja dilapidado, e não polarizado e esvaziado.

1. Quebra de paradigmas: Brasil, realmente um país de *civil law*?

Feitos os registros iniciais, dentre os temas que raramente são objeto de questionamento, contestamos o suposto fato do Brasil ser um país de *civil law*[2], posto que na realidade brasileira, tanto em questões relativas à arbitragem, quanto em matérias relacionadas ao Direito Tributário temos um fenômeno recorrente, consubstanciado na eficácia da norma condicionar-se a um julgamento posterior pelo Pretório Excelso.

No tocante à arbitragem, a Lei Brasileira de Arbitragem ("LBA") foi publicada em 23 de setembro de 1996, todavia, somente passou a ter eficácia plena após o julgamento da ADI pelo STF, que reconheceu sua constitucionalidade em decisão datada de 12 de dezembro de 2001, quando do julgamento do Agravo Regimental na Sentença Estrangeira nº 5.206-7, proveniente do Reino da Espanha[3]. Quanto as matérias

[2] Para uma análise mais aprofundada da questão vide: ESCOBAR, Marcelo Ricardo. **Arbitragem Tributária no existente arcabouço legislativo brasileiro – Sistema brasileiro da 'UnCommon Law'**. "*in*" PISCITELLI, Tathiane; MASCITTO, Andréa; MENDONÇA, Priscila Faricelli. Arbitragem tributária: desafios institucionais brasileiros e a experiência portuguesa. São Paulo: Thomson Reuters Brasil, 2018, p. 217-224.

[3] EMENTA: (...) 2. Laudo arbitral: homologação: Lei da Arbitragem: controle incidental de constitucionalidade e o papel do STF. A constitucionalidade da primeira das inovações da Lei da Arbitragem – a possibilidade de execução específica de compromisso arbitral – não constitui, na espécie, questão prejudicial da homologação do laudo estrangeiro; a essa interessa apenas, como premissa, a extinção, no direito interno, da homologação judicial do laudo (arts. 18 e 31), e sua conseqüente dispensa, na origem, como requisito de reconhecimento, no Brasil, de sentença arbitral estrangeira (art. 35). A completa assimilação, no direito interno, da decisão arbitral à decisão judicial, pela nova Lei de Arbitragem, já bastaria, a rigor, para autorizar a homologação, no Brasil, do laudo arbitral estrangeiro, independentemente de sua

tributárias, despiciendo trazer exemplos de normas que tão logo promulgadas passam a ter sua constitucionalidade questionadas, bem como do longo período até que a discussão transite em julgado.

Uma vez registrada a realidade brasileira, cuja excessiva judicialização das normas faz com que até que haja pronunciamento definitivo quanto a constitucionalidade de diplomas emanados através de um processo bicameral de representantes eleitos de forma legítima e democrática, traz não apenas uma dificuldade de lidar com tais normas até que esse percurso se encerre, mas também um custo financeiro imensurável atrelado a essa peculiaridade.

Desta feira, de rigor reiterar que a LBA já passou por esse escrutínio judicial, sendo, desde 2001, inquestionavelmente é uma opção segura e devidamente constitucionalizada para a solução adequada de controvérsias.

prévia homologação pela Justiça do país de origem. Ainda que não seja essencial à solução do caso concreto, não pode o Tribunal – dado o seu papel de "guarda da Constituição" – se furtar a enfrentar o problema de constitucionalidade suscitado incidentemente (v.g. MS 20.505, Néri). 3. Lei de Arbitragem (L. 9.307/96): constitucionalidade, em tese, do juízo arbitral; discussão incidental da constitucionalidade de vários dos tópicos da nova lei, especialmente acerca da compatibilidade, ou não, entre a execução judicial específica para a solução de futuros conflitos da cláusula compromissória e a garantia constitucional da universalidade da jurisdição do Poder Judiciário (CF, art. 5º, XXXV). Constitucionalidade declarada pelo plenário, considerando o Tribunal, por maioria de votos, que a manifestação de vontade da parte na cláusula compromissória, quando da celebração do contrato, e a permissão legal dada ao juiz para que substitua a vontade da parte recalcitrante em firmar o compromisso não ofendem o artigo 5º, XXXV, da CF. Votos vencidos, em parte – incluído o do relator – que entendiam inconstitucionais a cláusula compromissória – dada a indeterminação de seu objeto – e a possibilidade de a outra parte, havendo resistência quanto à instituição da arbitragem, recorrer ao Poder Judiciário para compelir a parte recalcitrante a firmar o compromisso, e, conseqüentemente, declaravam a inconstitucionalidade de dispositivos da Lei 9.307/96 (art. 6º, parág. único; 7º e seus parágrafos e, no art. 41, das novas redações atribuídas ao art. 267, VII e art. 301, inciso IX do C. Pr. Civil; e art. 42), por violação da garantia da universalidade da jurisdição do Poder Judiciário. Constitucionalidade – aí por decisão unânime, dos dispositivos da Lei de Arbitragem que prescrevem a irrecorribilidade (art. 18) e os efeitos de decisão judiciária da sentença arbitral (art. 31). (SE 5206 AgR, Relator(a): Min. SEPÚLVEDA PERTENCE, Tribunal Pleno, julgado em 12/12/2001, DJ 30-04-2004 PP-00029 EMENT VOL-02149-06 PP-00958).

2. Constatação do óbvio: a LBA versa sobre Arbitragem *lato sensu*

Da constatação do final do tópico anterior, outra que parece óbvia, faz-se necessária, qual seja, a de que a LBA não é um diploma que dispõe sobre arbitragem comercial, mas sim sobre arbitragem *lato sensu*, tanto que define, dentre outras questões, a convenção de arbitragem e seus efeitos, o mesmo fazendo em relação aos árbitros, ao procedimento de arbitragem, a sentença arbitral e suas hipóteses de anulação.

A LBA não restringe sua utilização às *arbitragens comerciais*, de forma que outros segmentos do Direito que não a utilizavam até recentes alterações legislativas, quando inseridas as devidas autorizações legais, passaram a fazê-lo como forma de dirimir suas controvérsias, haja vista o acréscimo do art. 507-A na CLT[4]. Ressaltamos o exemplo trabalhista, posto que não vacilou – e para que arbitragem fosse, não poderia fazê-lo de outra maneira –, ao prever na legislação base (CLT) a permissão pela adoção do instituto, que evidentemente remete as diretrizes já sedimentadas da LBA, sendo que o procedimento, por conta de suas peculiaridades, foi customizado pelas instituições[5].

A prática demonstra que as instituições arbitrais recebem pedidos de instauração de procedimentos nos termos da LBA, e como há a possibilidade da mesma instituição ostentar regulamentos diferentes para tipos diversos de arbitragens (comercial, trabalhista, dentre outras), com base na vinculação constante na convenção arbitral, direciona-se o conflito para o regulamento correspondente, ou seja, utiliza-se o regulamento UNCITRAL em casos de disputas comerciais, ou lança-se mão do regulamento específico para demandas trabalhistas, para causas dessa natureza.

E os motivos pelos quais as grandes Câmaras de todo o globo utilizam o regulamento da UNCITRAL merece um parêntese, pois, será desta excelência que retiraremos o exemplo histórico para o advento da arbitragem tributária no Brasil.

[4] Art. 507-A. Nos contratos individuais de trabalho cuja remuneração seja superior a duas vezes o limite máximo estabelecido para os benefícios do Regime Geral de Previdência Social, poderá ser pactuada cláusula compromissória de arbitragem, desde que por iniciativa do empregado ou mediante a sua concordância expressa, nos termos previstos na Lei no 9.307, de 23 de setembro de 1996. (Incluído pela Lei nº 13.467, de 2017).

[5] Vide Regulamento de Arbitragem Trabalhista da AMCHAM, da CAMARB, e diretrizes emanadas pelo CONIMA.

3. Indissociabilidade da exitosa experiência da arbitragem internacional e o papel do regulamento modelo de arbitragem da UNCITRAL

Depois de um hiato provocado pela Segunda Guerra Mundial, retomou-se o desenvolvimento pró-arbitragem em relações comerciais internacionais, destacando-se a assinatura da Convenção de Nova Iorque em 1958, a promulgação das Regras de Arbitragens da Comissão das Nações Unidas para o Direito Comercial Internacional ("UNCITRAL[6]") em 1976, e a adoção da Lei Modelo da UNCITRAL em 1985[7].

Esses dois últimos exemplos são os elos da similitude das legislações que tratam de arbitragem ao redor do mundo, bem como das regras procedimentais das mais renomadas Câmaras arbitrais, que refletem a tendência de internacionalização das relações comerciais mundiais.[8]

A UNCITRAL propôs, em 1973, o ambicioso projeto de elaboração de um regulamento de arbitragem modelo, criando um paradigma híbrido que funcionasse nos países de *common law*, *civil law* e quaisquer outros sistemas, com um cenário procedimental unificado, previsível e ao mesmo tempo estável para arbitragens internacionais, sem retirar o seu caráter de informalidade e flexibilidade[9]. As regras procedimentais modelo da UNCITRAL foram promulgadas pela Resolução UN Doc A/Res/31/98, aprovada pela Assembleia Geral da ONU em 15 de dezembro de 1976, recomendando o uso das regras "na resolução de litígios decorrentes das relações comerciais internacionais".[10]

Da mesma maneira que agiu com a elaboração das regras procedimentais modelo, a UNCITRAL, visando facilitar a arbitragem comercial internacional e garantir o seu pleno funcionamento e reconhecimento,

[6] Sigla decorrente do nome em inglês: *United Nations Commission on International Trade Law*.

[7] ESCOBAR, Marcelo Ricardo. **Arbitragem Tributária no Brasil**. São Paulo: Almedina, 2017, p. 58-61.

[8] CASELLA, Paulo Borba. **Efetividade da nova lei**. In: CASELLA, Paulo Borba (Coord.). Arbitragem – a nova lei brasileira e a praxe internacional. São Paulo: LTr, 1997, p. 13-20.

[9] BORN, Gary. **International Commercial Arbitration**. Vol I. Alphen aan den Rijn: Kluwer Law International, 2009, p. 151.

[10] BROCHES, Aron. **Selected essays: World Bank, ICSID, and other subjects of public and private international law**. Dordrecht: Martinus Nijhoff Publishers, 1994, p. 375.

tomou por base os defeitos identificados nas legislações de diversos países.

Percebe-se, portanto, que tanto o fato de vários Estados basearem suas leis de arbitragem nos trabalhos da UNCITRAL quanto de as principais Câmaras adotarem-nos como parâmetro tais trabalhos, em nada lhes tira o brilhantismo: uma de suas grandes virtudes é justamente replicar e adaptar modelos intensa e amplamente debatidos para funcionar nos diversos sistemas jurídicos, fazendo com que quem os utilize se insira num contexto atual, globalizado e maduro.

O fruto desses trabalhos, que foram e são colhidos na medida em que cada país e cada Câmara adota os modelos sugeridos pela UNCITRAL, trazem segurança aos atores da arbitragem que se deparam com leis e regulamentos de seu amplo conhecimento em qualquer país ou instituição do mundo.

Fechando o parêntese, parece-nos que esse exemplo através do qual um modelo híbrido de regulamento de arbitragem foi adotado pelas principais câmaras de arbitragem do mundo, fazendo com que o próprio mercado se auto regulamentasse exaltando as instituições que replicaram o modelo, e deixando às margens as que optaram por sua conta e risco formularem suas próprias propostas de regulamentos de arbitragem.

Assim, caso se evolua para replicar a exitosa experiência do regulamento UNCITRAL para demandas comerciais, adaptando seu exemplo e evidentemente customizando-o para as peculiaridades das disputas tributárias, antes de vislumbrarmos em âmbito local qual autoridade poderia centralizar a questão em âmbito nacional como a ONU o fez, e qual o braço técnico equiparado a UNCITRAL poderia desenvolver o rascunho de um regulamento de arbitragem tributária, imprescindível que rompamos as últimas barreiras, ao analisarmos a possibilidade da utilização da arbitragem tributária no arcabouço legislativo existente no Brasil, bem como a disponibilidade do crédito tributário[11].

[11] Para um aprofundamento da questão, vide: ESCOBAR, Marcelo Ricardo. **Arbitragem Tributária no existente arcabouço legislativo brasileiro – Sistema brasileiro da 'UnCommon Law'**. "*in*" PISCITELLI, Tathiane; MASCITTO, Andréa; MENDONÇA, Priscila Faricelli. Arbitragem tributária: desafios institucionais brasileiros e a experiência portuguesa. São Paulo: Thomson Reuters Brasil, 2018, p. 217-254.

4. Previsões de suspensão e exclusão do crédito tributário pela arbitragem no bojo do CTN

Quanto ao primeiro aspecto, da previsão de utilização da arbitragem tributária na legislação existente, tendemos a reconhecer que a arbitragem é hipótese clara tanto de suspensão, quanto de extinção do crédito tributário, já previstas no bojo do próprio CTN.

A simplicidade do argumento também reside em suas justificativas, reiterando a necessidade do distanciamento dos ranços acadêmicos e da leitura sistêmica dos normativos sobre o tema.

Quanto a previsão de extinção do crédito tributário pela sentença arbitral, imperioso chamarmos atenção para o fato de que os arts. 141[12] e 156, inciso X do CTN preceitua a extinção do crédito tributário pela "*decisão passada em julgado*". Sistemicamente temos a inequívoca equiparação da sentença arbitral à hipótese prevista no art. 156, X, do CTN, pois, tanto a LBA (art. 31[13]), quanto o CPC (515, inciso VII[14]), equiparam a sentença arbitral ao título executivo judicial, ou seja, à decisão judicial transitada em julgado.

Partindo-se da premissa de que a expressão "*trânsito em julgado*" é uma consequência da legitimidade das decisões jurisdicionais[15], em sendo legítima a sentença arbitral, esta é um título executivo judicial, ou, nos termos do inciso X, do art. 156 do CTN, ou seja, configura hipótese de extinção do crédito tributário já inserida em legislação complementar, nos termos do art. 146, inciso II, da CF/88[16].

[12] Art. 141. O crédito tributário regularmente constituído somente se modifica ou extingue, ou tem sua exigibilidade suspensa ou excluída, nos casos previstos nesta Lei, fora dos quais não podem ser dispensadas, sob pena de responsabilidade funcional na forma da lei, a sua efetivação ou as respectivas garantias.

[13] Art. 31. A sentença arbitral produz, entre as partes e seus sucessores, os mesmos efeitos da sentença proferida pelos órgãos do Poder Judiciário e, sendo condenatória, constitui título executivo.

[14] Art. 515. São títulos executivos judiciais, cujo cumprimento dar-se-á de acordo com os artigos previstos neste Título: (...) VII – a sentença arbitral;

[15] SOARES, Carlos Henrique. **Novo Conceito de Trânsito em Julgado – The new concept of transit in rem judicatam**. Revista CEJ, Brasília, Ano XIV, n. 51, p. 85-88, out./dez. 2010.

[16] Art. 146. Cabe à lei complementar: (...) III – estabelecer normas gerais em matéria de legislação tributária, especialmente sobre: (...)

O mesmo raciocínio se aplica a previsão de suspensão do crédito tributário por sentença arbitral, nos termos do art. 151, V, do CTN[17], posto que elegeu a expressão: "*a concessão de medida liminar ou de tutela antecipada, em outras espécies de ação judicial*", sendo certo, contudo, que além do raciocínio já utilizado para a extinção do crédito tributário, há que se pontuar que o art. 31 da LBA[18] estipula que "*a sentença arbitral produz, entre as partes e seus sucessores, os mesmos efeitos da sentença proferida pelos órgãos do Poder Judiciário*", ou seja, ao prever a hipótese de suspensão do crédito tributário "*em outras espécies de ação judicial*", o CTN contemplou a sentença arbitral dentre as hipóteses de suspensão haja vista a previsão em lei ordinária afirmando que a "*sentença arbitral produz (...) os mesmos efeitos da sentença proferida pelos órgãos do Poder Judiciário*".

Encerrando o tópico referente à previsão em lei complementar da arbitragem em matéria tributária, vale ressaltar que o inciso V do art. 151 foi acrescido quando da promulgação da LC nº 104/01, justamente por conta da necessidade de ampliação da interpretação da previsão contida no inciso IV do mesmo artigo que restringia a suspensão apenas quando concedida "*medida liminar em mandado de segurança*". Desta maneira, ao ampliar as hipóteses de suspensão da exigibilidade do crédito tributário, optou o legislador a inserir dispositivo amplo, permitindo a suspensão tanto em concessão de medidas liminares ou tutelas antecipadas em "*outras espécies de ação judicial*", sendo despiciendo digressionar sobre a reiteração prática da concessão de decisões deste tipo em procedimentos arbitrais, diante da dicção do parágrafo único do art. 22-B da LBA[19] que permite aos árbitros, inclusive, "*manter, modificar ou revogar a medida cautelar ou de urgência concedida pelo Poder Judiciário*".

Também registramos que caso haja interesse comum entre a Fazenda Pública e o contribuinte, antevemos a submissão de conflitos tributários

[17] Art. 151. Suspendem a exigibilidade do crédito tributário: (...) V – a concessão de medida liminar ou de tutela antecipada, em outras espécies de ação judicial; (Incluído pela Lcp nº 104, de 2001)

[18] Art. 31. A sentença arbitral produz, entre as partes e seus sucessores, os mesmos efeitos da sentença proferida pelos órgãos do Poder Judiciário e, sendo condenatória, constitui título executivo.

[19] Art. 22-B. Instituída a arbitragem, caberá aos árbitros manter, modificar ou revogar a medida cautelar ou de urgência concedida pelo Poder Judiciário. (Incluído pela Lei nº 13.129, de 2015)

à arbitragem através da formalização de negócio jurídico processual nos termos dos arts. 190[20] e 191[21] do CPC, por exemplo, nos autos de uma ação declaratória ou mesmo de uma execução fiscal.

Sedimentada a questão da previsão normativa para utilização da arbitragem no âmbito tributário, nos debruçaremos na segunda questão proposta antes de passarmos para a adaptação do regulamento UNCITRAL das arbitragens comerciais para um regulamento híbrido e norteador no âmbito da seara tributária, qual seja, a disponibilidade do crédito tributário.

5. Ainda tem lugar a discussão da (in)disponibilidade do crédito tributário?

Quanto a disponibilidade do crédito tributário, requisito imprescindível para sua arbitrabilidade, nos termos do art. 1º da LBA, também não vislumbramos maiores óbices para vencer esta última barreira.

Pela leitura do CTN extraímos que o crédito tributário é constituído pelo procedimento administrativo tendente a verificar o fato gerador, também determinado de lançamento[22], e que pode ser modificado, inclusive quanto sua extensão e efeitos[23]. Especialmente no que concerne à hipótese de modificação do lançamento, o CTN também é claro ao prever que este pode ser alterado através da resistência do contribuinte exercida através do procedimento administrativo tributário[24].

Desta forma, o que ocorre na prática é o aperfeiçoamento do lançamento através do procedimento administrativo tributário, até que por seu intermédio, se aprimore e se constitua o crédito tributário. Denominamos

[20] Art. 190. Versando o processo sobre direitos que admitam autocomposição, é lícito às partes plenamente capazes estipular mudanças no procedimento para ajustá-lo às especificidades da causa e convencionar sobre os seus ônus, poderes, faculdades e deveres processuais, antes ou durante o processo. Parágrafo único. De ofício ou a requerimento, o juiz controlará a validade das convenções previstas neste artigo, recusando-lhes aplicação somente nos casos de nulidade ou de inserção abusiva em contrato de adesão ou em que alguma parte se encontre em manifesta situação de vulnerabilidade.

[21] Art. 191. De comum acordo, o juiz e as partes podem fixar calendário para a prática dos atos processuais, quando for o caso.

[22] Art. 142 do CTN.

[23] Art. 139 do CTN.

[24] Art. 145 do CTN.

aperfeiçoamento o ato que tem início com a fiscalização, culmina em eventual autuação fiscal, podendo ser impugnada e objeto de recurso por parte dos contribuintes, resistências estas que serão analisadas em primeira e segunda instância administrativas, que poderão manter o auto de infração, reduzi-lo, ou até mesmo cancelá-lo.

Ora, se no processo de aperfeiçoamento do lançamento não há que se falar em crédito tributário efetivamente constituído, mas meramente em expectativa por parte da administração consubstanciada em um trabalho fiscal que será objeto de revisão por parte das autoridades administrativas julgadoras, não se pode falar em indisponibilidade, posto que sequer está-se diante de algo já concretizado, mas em processo de apuramento, melhora, evolução.

O auto de infração que reflete apenas o início do processo de lançamento – que é aperfeiçoado ao longo do procedimento administrativo tributário – reflete mera expectativa por parte da Administração Pública, uma vez que o trabalho fiscal é passível de erros, de excessos, ou imperfeições. Neste momento, discutir sobre a disponibilidade do crédito tributário retira (*lexis*) do debate qualquer emoção (*timia*), configurando verdadeira hipótese de alexitimia, posto não se estar sequer diante de algo materializado – tanto que pode ser revisto e até excluído –, quiçá indisponível.

Analisada a disponibilidade do "*crédito tributário*" até a conclusão do seu lançamento, o próximo questionamento residiria se essa disponibilidade também estaria presente posteriormente à inscrição do crédito em dívida ativa (arts. 201 a 204 do CTN).

Sem maiores delongas posto que desnecessárias, devolve-se o questionamento acima na figura dos denominados *parcelamentos especiais*, como o Programa de Recuperação Fiscal ("REFIS"), instituído pela Lei nº 9.964, de 10 de abril de 2000; o Parcelamento Especial ("PAES"), disposto na Lei nº 10.684, de 30 de maio de 2003; o Programa de Regularização Tributária ("PERT" ou "Novo REFIS") – previsto na Lei nº 13.496, de 24 de outubro de 2017, dentre outros, inclusive nos âmbitos estaduais e municipais.

Ou seja, inclusive depois da efetiva constituição do crédito tributário a própria Administração Pública dispõe do crédito nos exemplos dos parcelamentos acima referidos sempre que edita diploma normativo específico, sendo que antes de sua constituição, também há exemplo notório de disposição de parcela significativa dos tributos pela Administração, quando da instituição do SIMPLES, que reduz significativamente a carga tributária abarcando diversos tributos com redução substancial de alíquotas.

Uma pá de cal foi recentemente colocada nessa discussão, quando publicada a Lei nº 13.988/20, que ao prever a transação de litígios de natureza tributária retirou qualquer sabor quanto a discussão da disponibilidade do crédito tributário, pois, se transacionável é, arbitrável também será, sendo a transação tributária como porta de entrada da arbitragem tributária, pois, passa a ser indisputável que ao transacionar qualquer tributo estará a Administração Pública dispondo de parcela dele.

Ainda para que não se cogite ausência de indicação da autoridade competente, de rigor relembrar que o parágrafo único do art. 171 do CTN já indicava quando da sua promulgação que a "lei" indicaria a autoridade competente para autorizar a transação, sendo que essa lacuna foi preenchida desde 2015 pela inserção do § 2º ao art. 1º da LBA, quando das alterações advindas com a Lei nº 13.129, de 2015, que *"a autoridade ou o órgão competente da administração pública direta para a celebração de convenção de arbitragem é a mesma para a realização de acordos ou transações"*. Como dito acima a lei de transação tributária (Lei nº 13.988/20), cinco anos após a alteração da LBA ora indicada, tornou a tratar da suposta lacuna da autoridade competente em seu art. 13[25].

6. Como adaptar as lições da arbitragem internacional para a Arbitragem Tributária no Brasil e a força dos regulamentos de arbitragem, e o possível papel de protagonismo da AGU e da CCAF

Vencidas as barreiras acima vislumbradas, vejamos agora a forma de adaptação do exitoso exemplo do regulamento UNCITRAL para a confecção de um regulamento customizado para a arbitragem tributária.

Ressaltamos, novamente, que deve haver um procedimento específico de arbitragem tributária, dada sua singular particularidade, e chamamos atenção para o fato de que as normas que estabelecem as regras procedimentais nas arbitragens estão, integralmente, previstas em leis.

[25] Art. 13. Compete ao Procurador-Geral da Fazenda Nacional, diretamente ou por autoridade por ele delegada, assinar o termo de transação realizado de forma individual.

A LBA prevê a arbitragem institucionalizada em seu art. 5º[26], prevendo que contendo previsão neste sentido na convenção de arbitragem "*a arbitragem será instituída e processada de acordo com tais regras*" da instituição eleita pelas partes.

E é justamente das regas das instituições que se extrai questões de seriedade tamanha para a condução e desfecho dos procedimentos arbitrais, sendo que a tão alardeada confidencialidade da arbitragem aplicável aos procedimentos privados, não decorre de previsão legal posto que a LBA nada versa sobre o sigilo dos procedimento, sendo que este decorre de regra estampada nos regulamentos das instituições.

Outro ponto que ressalta a força dos regulamentos de arbitragem, decorre do êxito de sua oposição contra pretensão da própria Receita Federal do Brasil (RFB"), na oportunidade em que Câmaras de Arbitragem[27] recorreram ao Judiciário em 2013[28-29] para obstar as

[26] Art. 5º Reportando-se as partes, na cláusula compromissória, às regras de algum órgão arbitral institucional ou entidade especializada, a arbitragem será instituída e processada de acordo com tais regras, podendo, igualmente, as partes estabelecer na própria cláusula, ou em outro documento, a forma convencionada para a instituição da arbitragem.

[27] CBMA, CAM-CCBC, e CAMARB.

[28] Vide processo nº 0017682-42.2013.4.02.5101, que originalmente tramitou perante a 28ª Vara Federal do Rio de Janeiro, e atualmente encontra-se junto a 4ª Turma do TRF da 2ª região, que em julgamento ocorrido em 13/02/20 deu provimento à apelação interposta por Centro Brasileiro de Mediação e Arbitragem – CBMA reconhecendo a inexistência de obrigação das associações que prestam serviços de arbitragem de fornecer informações de terceiros ao fisco, em acórdão assim ementado: "*TRIBUTÁRIO. APELAÇÃO EM MANDADO DE SEGURANÇA. REFORMADA SENTENÇA QUE JULGOU PROCESSO EXTINTO, SEM RESOLUÇÃO DO MÉRITO. QUESTÃO DE DIREITO. SÚMULA 625 DO STF. JULGAMENTO DO MÉRITO. ART. 513, §3º, DO CPC/73.* ***INEXISTÊNCIA DE OBRIGAÇÃO DAS ASSOCIAÇÕES QUE PRESTAM SERVIÇO DE ARBITRAGEM DE FORNECER INFORMAÇÕES DE TERCEIROS AO FISCO.*** *RESERVA LEGAL. INOCORRÊNCIA DE PREVISÃO NO ROL DO ART. 197 DO CTN OU EM OUTRO DIPLOMA LEGAL. INAPLICABILIDADE DE ATO INFRALEGAL. APELAÇÃO PROVIDA. (...) 3. O princípio da legalidade é um cânone do direito tributário em um Estado Democrático de Direito, só devendo a Administração atuar quando a legislação expressamente a permita. O intuito é conferir segurança jurídica aos administrados, impondo limites claros e precisos à atuação do Estado, principalmente quando se pretende restringir bens e direitos, como ocorre na atuação do fisco em cobrar e instituir tributos. 4. A Constituição Federal, art. 146, III, impõe reserva legal em relação a determinados temas em sede tributária, exigindo Lei Complementar, como é o caso das normas gerais em matéria de legislação tributária. Recepção do Código Tributário Nacional como a Lei Complementar que dispõe sobre a matéria. 5. O art. 197 do CTN lista rol de entidades e*

fiscalizações deflagradas pela RFB exigindo informações dos procedimentos arbitrais que administravam – solicitou-se o envio dos nomes das partes e montantes em disputa –, contando com posicionamento recente emanado pelo TRF da 2ª Região reconhecendo a inexistência de obrigação das associações que prestam serviços de arbitragem de fornecer informações de terceiros ao fisco por não estarem elencadas no rol das entidades obrigadas a apresenta-las, ressaltando que tal pretensão extrapolaria os termos do art. 197 do CTN[30].

pessoas que estão obrigadas, sempre terceiros. O art. 197, VII do CTN exige lei para que o fisco possa requisitar, de quaisquer outras entidades ou pessoas, informações de terceiros. Dessa forma, inaplicáveis são as disposições de atos normativos infralegais que ampliam dito rol ou contrariam as normas gerais supracitadas, sob pena de ofensa ao art. 197 do CTN, ao art. 146 da Constituição Federal, ao princípio da segurança jurídica e da reserva legal. 6. Os centros de arbitragem não são instituições que estão previstas no rol do art. 197 do CTN, ou em qualquer outro diploma legal, como exige o art. 197, VII do CTN. Dessa forma, a prestação de informações de terceiros só pode ser imposta às pessoas físicas e jurídicas expressas no art. 197 do CTN ou em lei, não podendo ser estendida pelas demais normas que compõem a legislação tributária, como decretos e regulamentos normativos. Discussão sobre a existência de dever legal de sigilo pelas entidades que realizam a arbitragem se revela irrelevante no presente caso, já que a análise do art. 197 do CTN basta para solver a controvérsia. 7. Decreto nº 3.000, Regulamento do Imposto de Renda- RIR, não constitui base normativa apta a obrigar que o Centro Brasileiro de Mediação e Arbitragem cumpra com o Termo de Intimação que determina a entrega de cópia de sentenças ou acordos exarados nos processos arbitrais de janeiro de 2008 a dezembro de 2011, assim como dos honorários daqueles que contrataram os serviços de mediação ou arbitragem. 8. Concessão da segurança, em sede de apelação, para desobrigar a CBMA de prestar quaisquer informações ou entregar documentos pertinentes a terceiros envolvidos nos processos de arbitragem que lhe tenham sido submetidos, devendo a União Federal se abster de lhe impor qualquer penalidade pecuniária ou sanção administrativa por deixar de apresentar à SRFB as cópias das sentenças ou acordos exarados nos processos arbitrais que lhe foram submetidos no período de janeiro de 2008 a dezembro de 2011, bem como as informações concernentes aos valores envolvidos e natureza/objeto das demandas, conforme exigido através do "Termo de Intimação Fiscal", referente ao MPF nº 07.1.08.00-2012-03551-9, recebido em 15.03.2013. 9. Apelação da impetrante provida. Segurança concedida".

[29] Vide Processo nº 0011011-83.2013.403.6100, perante a 22ª Vara Cível Federal de São Paulo.

[30] Art. 197. Mediante intimação escrita, são obrigados a prestar à autoridade administrativa todas as informações de que disponham com relação aos bens, negócios ou atividades de terceiros: I – os tabeliães, escrivães e demais serventuários de ofício; II – os bancos, casas bancárias, Caixas Econômicas e demais instituições financeiras; III – as empresas de administração de bens; IV – os corretores, leiloeiros e despachantes oficiais; V – os inventariantes; VI – os síndicos, comissários e liquidatários; VII – quaisquer outras entidades ou pessoas que a lei designe, em razão de seu cargo, ofício, função, ministério, atividade ou profissão. Parágrafo único. A obrigação prevista neste artigo não abrange a prestação de informações

Retomando o raciocínio, demonstramos que o êxito da arbitragem decorreu da centralização e tecnicidade de uma respeitada instituição – a ONU, através do seu braço técnico, a UNCITRAL – que realizou um trabalho híbrido, apto a funcionar nos mais diferentes sistemas como *common law* e *civil law*, tal paradigma consubstanciou-se fundamentalmente – para o presente estudo – em duas plataformas: (i) uma lei modelo de arbitragem; e (ii) um regulamento modelo de arbitragem destinado às instituições.

Transpondo esse exemplo operante em grande parte do mundo globalizado para o sistema brasileiro com foco na viabilização da arbitragem tributária, devemos perquirir qual instituição teria, no âmbito nacional, o protagonismo que a ONU desempenhou através do seu braço técnico, a UNCITRAL.

Por se tratar de uma questão de interesse geral, entendemos que no Brasil, o papel centralizador deva ser desempenhado pela União Federal, e, da mesma maneira com que a ONU contou com seu braço especializado, a União Federal também ostenta em sua estrutura um órgão de extrema relevância, técnica e respeito, hábil de protagonizar o papel unificador no que concerne à elaboração de um regulamento de arbitragem tributária.

Referimo-nos à Advocacia Geral da União, que por sua vez, também possui a estrutura organizacional necessária e apta a lidar com a tecnicidade necessária para o fim almejado.

Indicamos o papel principal que pode ser desempenhado pela AGU, haja vista sua estrutura conta com mecanismos vinculantes de toda a Administração direta e indireta, desde que observados os requisitos para tanto.

O diploma que rege a AGU, traz peculiaridades tamanhas no bojo da LC nº 73/1993, posto que há previsão expressa entre seus arts. 39 a 44, de que o parecer do Advogado Geral da União, quando aprovado pelo Presidente da República e posteriormente publicado, vincula os órgãos e as entidades da Administração Pública Federal, que ficam obrigadas a lhe dar fiel cumprimento.

quanto a fatos sobre os quais o informante esteja legalmente obrigado a observar segredo em razão de cargo, ofício, função, ministério, atividade ou profissão.

Com base nestas peculiaridades, temos que o paradigma pretendido para a regulamentação da arbitragem tributária no âmbito da AGU, deve perquirir o histórico de criação, competência e atuação da Câmara de Conciliação e Arbitragem da Administração Federal ("CCAF"), onde divergências entre a própria Administração Pública têm lugar há anos, inclusive em matéria tributária[31].

Ressaltamos que apesar de constar arbitragem em seu nome, a CCAF não administra procedimentos de arbitragem[32], todavia, o que se coloca não é a ideia da Câmara desempenhar um papel que é de conhecimento notório não exercer, mas sim protagonizar o debate, através da discussão técnica com os atores interessados – como fez o a UNCITRAL – idealizando e estruturando um regulamento de arbitragem tributária híbrido e apto a encampar os anseios dos entes federativos já permitidos no âmbito da conciliação[33], que estariam vinculados caso o resultado dos trabalhos ainda fosse objeto de parecer do órgão com a consequente chancela do Chefe do Executivo.

Senão, vejamos.

Pode-se dizer que o marco legal que abriu caminho para o posterior surgimento da CCAF consubstancia-se na da Lei Complementar n. 73, de 10 de fevereiro de 1993 – art. 4º[34], incisos X[35], XI[36], XII[37], XIII[38] e § 2º[39] –,

[31] Vide Parecer AGU/SRG nº 01 de 2007

[32] Tal como expressamente consignado no Parecer nº 0001/2019/CCAF/CGU/AGU.

[33] Nos termos da Portaria AGU nº 1.099, de 28/07/2008, que dispõe sobre a conciliação, em sede administrativa e no âmbito da Advocacia-Geral da União, das controvérsias de natureza jurídica entre a Administração Pública Federal e a Administração Pública dos Estados ou do Distrito Federal, bem como do art. 13, inciso III, do Decreto nº 7.392/2010; e da Portaria 481, de 06/04/2009.

[34] Art. 4º – São atribuições do Advogado-Geral da União: [...]

[35] X – fixar a interpretação da Constituição, das leis, dos tratados e demais atos normativos, a ser uniformemente seguida pelos órgãos e entidades da Administração Federal.

[36] XI – unificar a jurisprudência administrativa, garantir a correta aplicação das leis, prevenir e dirimir as controvérsias entre os órgãos jurídicos da Administração Federal; [...]

[37] XII – editar enunciados de súmula administrativa, resultantes de jurisprudência iterativa dos Tribunais; [...]

[38] XIII – exercer orientação normativa e supervisão técnica quanto aos órgãos jurídicos das entidades a que alude o Capítulo IX do Título II desta Lei Complementar; [...]

[39] § 2º – O Advogado-Geral da União pode avocar quaisquer matérias jurídicas de interesse desta, inclusive no que concerne a sua representação extrajudicial.

e, posteriormente, da Medida Provisória n. 2.180-35, de 24 de agosto de 2001, em especial pelo teor de seus art. 3º – que acrescentou o art. 8-C à Lei n. 9.028/1995[40] –, e art. 11[41].

Referido art. 11 da MP n. 2.180-35/2001 estabelece ser dever do Advogado Geral da União lançar mão de todas as providências necessárias para resolver em sede administrativa as controvérsias de natureza jurídica existentes entre entidades da Administração Federal indireta, ou entre esses entes e a União.

Quase seis anos após a promulgação da MP n. 2.180-35/2001, o Advogado Geral da União editou a Portaria n. 118 de 1º de fevereiro de 2007, que, dentre outras disposições, trouxe a possibilidade de instalação de câmaras de conciliação *ad hoc* até que se instalasse a câmara permanente[42], bem como, com nítido objetivo de capacitação de seus integrantes, determinou que a Escola da Advocacia-Geral da União "promoverá cursos visando capacitar integrantes da Instituição e de seus órgãos vinculados para participarem de câmaras de conciliação"[43].

Passados sete meses da supramencionada norma complementar superveniente, foi editado[44] o Ato Regimental n. 05 de 27 de setembro de 2007, estabelecendo no art. 17 as competências da CCAF[45], e no

[40] Art. 8º-C. O Advogado-Geral da União, na defesa dos interesses desta e em hipóteses as quais possam trazer reflexos de natureza econômica, ainda que indiretos, ao erário federal, poderá avocar, ou integrar e coordenar, os trabalhos a cargo de órgão jurídico de empresa pública ou sociedade de economia mista, a se desenvolverem em sede judicial ou extrajudicial. Parágrafo único. Poderão ser cometidas, à Câmara competente da Advocacia-Geral da União, as funções de executar a integração e a coordenação previstas neste artigo.

[41] Art. 11 da MP n. 2.180-35/01: "*Estabelecida controvérsia de natureza jurídica entre entidades da Administração Federal indireta, ou entre tais entes e a União, os Ministros de Estado competentes solicitarão, de imediato, ao Presidente da República, a audiência da Advocacia-Geral da União*"; e Parágrafo único: "*Incumbirá ao Advogado-Geral da União adotar todas as providências necessárias a que se deslinde a controvérsia em sede administrativa*".

[42] Art. 1º da Portaria n. 118/07.

[43] Art. 6º da Portaria n. 118/07.

[44] Fazemos ainda registro ao Memorando Circular n. 8, de 15 de junho de 2007, proveniente do Consultor-Geral da União, explicitando os requisitos essenciais para a instalação das Câmeras de Conciliação.

[45] Art. 17. Compete à Câmara de Conciliação e Arbitragem da Administração Federal – CCAF:
I – identificar os litígios entre órgãos e entidades da Administração Federal;
II – manifestar-se quanto ao cabimento e à possibilidade de conciliação;

art. 18 atribuindo o desempenho de tais competências para a 1ª e 2ª Coordenações-Gerais de Conciliação e Arbitragem[46].

O deslinde, em sede administrativa, de controvérsias de natureza jurídica entre órgãos e entidades da Administração federal foi previsto no mesmo dia, através da Portaria n. 1.281, de 27 de setembro de 2007[47].

III – buscar a conciliação entre órgãos e entidades da Administração Federal; e
IV – supervisionar as atividades conciliatórias no âmbito de outros órgãos da Advocacia-Geral da União.
Art. 18. Integram a CCAF a 1ª e a 2ª Coordenações-Gerais de Conciliação e Arbitragem, às quais incumbe desempenhar as competências estabelecidas no caput.

[46] Art. 18. Integram a CCAF a 1ª e a 2ª Coordenações-Gerais de Conciliação e Arbitragem, às quais incumbe desempenhar as competências estabelecidas no caput.

[47] PORTARIA N. 1.281, DE 27 DE SETEMBRO DE 2007 [...]
Art. 1º O deslinde, em sede administrativa, de controvérsias de natureza jurídica entre órgãos e entidades da Administração Federal, por meio de conciliação ou arbitramento, no âmbito da Advocacia-Geral da União, far-se-á nos termos desta Portaria.
Art. 2º Estabelecida controvérsia de natureza jurídica entre órgãos e entidades da Administração Federal, poderá ser solicitado seu deslinde por meio de conciliação a ser realizada:
I – pela Câmara de Conciliação e Arbitragem da Administração Federal – CCAF;
II – pelos Núcleos de Assessoramento Jurídico quando determinado pelo Consultor-Geral da União;
III – por outros órgãos da Advocacia-Geral da União quando determinado pelo Advogado--Geral da União.
Parágrafo único. Na hipótese dos incisos II e III do caput, as atividades conciliatórias serão supervisionadas pela CCAF.
Art. 3º A solicitação poderá ser apresentada pelas seguintes autoridades:
I – Ministros de Estado,
II – dirigentes de entidades da Administração Federal indireta,
III – Procurador-Geral da União, Procurador-Geral da Fazenda Nacional, Procurador-Geral Federal e Secretários-Gerais de Contencioso e de Consultoria.
Art. 4º A solicitação deverá ser instruída com os seguintes elementos:
I – indicação de representante(s) para participar de reuniões e trabalhos;
II – entendimento jurídico do órgão ou entidade, com a análise dos pontos controvertidos; e
III – cópia dos documentos necessários ao deslinde da controvérsia.
Art. 5º Recebida a solicitação pela CCAF, será designado conciliador para atuar no feito.
Art. 6º O conciliador procederá ao exame preliminar da solicitação.
Parágrafo único. Na hipótese de cabimento, será dada ciência da controvérsia ao órgão ou entidade apontado pelo solicitante, para que apresente os elementos constantes do art. 4º.

Como demonstrado, se não apenas a instituição da CCAF mas o seu regulamento adveio de um ato administrativo no âmbito da AGU, esta poderia, seguindo as mesmas bases, editar – ouvindo a sociedade civil, entidades representantes dos contribuintes e representantes dos entes federativos – um regulamento específico para reger a arbitragem tributária, e, sendo esse regulamento objeto de parecer com o devido trâmite, logo de início vincularia toda a Administração direta e indireta, ao menos no âmbito federal, nos termos dos já mencionados arts. 39 a 44 da LC nº 73/1993.

Art. 7º Instruído o procedimento, o conciliador manifestar-se-á sobre a possibilidade de conciliação.
Parágrafo único. Aprovada a manifestação, o conciliador, se for o caso, designará data para o início das atividades conciliatórias, cientificando os representantes indicados.
Art. 8º O conciliador poderá, em qualquer fase do procedimento:
I – solicitar informações ou documentos complementares necessários ao esclarecimento da controvérsia;
II – solicitar a participação de representantes de outros órgãos ou entidades interessadas;
III – sugerir que as atividades conciliatórias sejam realizadas por Núcleo de Assessoramento Jurídico ou por outros órgãos da Advocacia-Geral da União.
Art. 9º O conciliador e os representantes dos órgãos e entidades em conflito deverão, utilizando-se dos meios legais e observados os princípios da Administração Pública, envidar esforços para que a conciliação se realize.
Art. 10. Havendo a conciliação, será lavrado o respectivo termo, que será submetido à homologação do Advogado-Geral da União.
Parágrafo Único. O termo de conciliação lavrado pelos órgãos referidos nos incisos II e III do art. 1º e homologado pelo Advogado-Geral da União será encaminhado à CCAF.
Art. 11. A Consultoria-Geral da União, quando cabível, elaborará parecer para dirimir a controvérsia, submetendo-o ao Advogado-Geral da União nos termos dos arts. 40 e 41 da Lei Complementar n. 73, de 10 de fevereiro de 1993.
Art. 12. A Escola da Advocacia-Geral da União promoverá cursos objetivando capacitar integrantes da Instituição e de seus órgãos vinculados a participarem de atividades conciliatórias.
Art. 13. Poderão ser designados conciliadores:
I – os integrantes da Consultoria-Geral da União, por ato do Consultor-Geral da União;
II – os integrantes da Advocacia-Geral da União, por ato do Advogado-Geral da União.
Art. 14. O Consultor-Geral da União poderá expedir normas complementares para o desempenho das atividades conciliatórias.
Art. 15. Esta Portaria entra em vigor na data de sua publicação.
Art. 16. Fica revogada a Portaria n. 118, de 1º de fevereiro de 2007.
JOSÉ ANTONIO DIAS TOFFOLI

De se destacar o teor da Portaria CGU nº 14, de 11 de julho de 2014[48], que recomenda às Consultorias Jurídicas da União nos Estados "a instalação das Câmaras Locais de Conciliação possibilitando a instauração e a condução de procedimentos conciliatórios, com o objetivo de solucionar controvérsias entre órgãos e entidades da Administração Pública Federal, bem como entre esses e a Administração Pública dos Estados, do Distrito Federal, e dos Municípios"[49], para atuarem conforme as orientações da CCAF[50].

No que se refere aos demais entes federativos, tal como as diretrizes da UNICTRAL não vinculam internamente os diversos Estados – que não obstante em sua maioria seguem seu modelo – , em tese, os Estados e os Municípios igualmente não se vinculam ao regramento da AGU – o qual será certamente considerado com vistas a não apenas unificar os procedimentos em âmbito nacional, mas também evitar a judicialização de suas diretrizes discordes com os modelos locais.

A presente sugestão, além de pretender indicar um modelo unificado – ou ao menos com grande parte de premissas semelhantes –, visa evitar o verdadeiro caos tributário, pois, se cada Município e Estado resolver legislar sobre arbitragem, bem como sobre arbitragem tributária, Alfredo Augusto Becker muito possivelmente psicografaria em substituição ao célebre "*Carnaval Tributário*", uma nova versão intitulada "*Manicômio Jurídico Tributário*".

Além de homogeneizar o instituto da arbitragem tributária nos âmbitos federal, estadual, municipal e distrital, observando a forma sugerida através de atos administrativos emanados pela AGU, estar-se-ia também em plena consonância com o sistema tributário brasileiro: o próprio CTN elenca em seus arts. 96[51] e 100, inciso I, como normas complementares

[48] Que recomenda às Consultorias Jurídicas da União nos Estados a instalação das Câmaras Locais de Conciliação possibilitando a instauração e a condução de procedimentos conciliatórios, com o objetivo de solucionar controvérsias entre órgãos e entidades da Administração Pública Federal, bem como entre esses e a Administração Pública dos Estados, do Distrito Federal, e dos Municípios.

[49] Art. 1º da Portaria n. 14, de 11 de julho de 2014.

[50] Art. 2º da Portaria n. 14, de 11 de julho de 2014.

[51] Art. 96. A expressão "legislação tributária" compreende as leis, os tratados e as convenções internacionais, os decretos e as normas complementares que versem, no todo ou em parte, sobre tributos e relações jurídicas a eles pertinentes.

das leis, dos tratados, e das convenções internacionais e dos decretos: "*os atos normativos expedidos por autoridades administrativas*".

Veja-se que o CTN não utilizou a grafia autoridades administrativas *tributárias*, mas sim apenas e tão somente autoridades administrativas, não apenas validando a presente sugestão, mas também a inserindo no sistema tributário vigente exemplos como a criação da CCAF por ato administrativo da AGU, e dando plena legalidade e constitucionalidade não apenas ao regulamento de mediação da CCAF, mas também a um eventual e futuro regulamento de arbitragem a ser customizado pela AGU, submetido à análise e parecer vinculativo nos termos dos arts. 39 a 44 da LC nº 73/1993.

Conclusões

Diante de todo o exposto, resumimos a presente sugestão – observada uma lei ordinária no âmbito nacional versando sobre questões mais restritas relativas à arbitragem tributária, como arbitrabilidade objetiva, requisitos e regras para cadastramento de Câmaras Arbitrais, observância do regulamento ora proposto, dentre outras – levando em consideração uma ampla interpretação sistemática através dos inúmeros atos e normas que regem a questão, quais sejam: arts. 96 e 100, I, do CTN + art. 4º, 39 a 44 da LC nº 73/93 + art. 8º-C, da Lei nº 9.028/95 + art. 11 da MP nº 2.108-35/01 + Ato Regimental AGU nº 5/07 + Portaria AGU nº 1.281/07 + Parecer AGU/SGR nº 01/2007 + Portaria AGU nº 1.099/08 + Parecer PGFN/CAT nº 195/2009 + Decreto nº 7.392/10; restando apenas a edição das regras procedimentais da arbitragem tributária por ato administrativo no âmbito da CCAF.

Também como já ressalvado acima, não se trata de pretensão de fazer com que a CCAF administre os procedimentos arbitrais tributários, posto já haver parecer da AGU em sentido contrário, sendo que não administrar procedimentos não significa que não pode criar ou propor regras que servirão como modelo reconhecido e híbrido para arbitragem tributária, tal como a UNCITRAL o fez com o regulamento para arbitragens comerciais, deixando para que as câmaras já existentes replicassem seu regulamento modelo específico para os casos de arbitragem tributária, na mesma linha como já se faz nas arbitragens comerciais e trabalhistas.

Desta maneira, se evitaria não apenas gastos públicos desnecessários por parte dos entes federativos para que instituíssem e mantivessem câmaras arbitrais próprias – expertise esta que sabidamente não detêm, devendo esse encargo recair sobre as instituições já existentes e consolidadas, que contam com orçamentos e pessoal próprio e especializado –, como também evitar-se-ia a corrida desordenada de confecções de legislações específicas e que tem sérias chances de preverem questões já sedimentadas pela LBA – o que deve ser evitado a todo custo, posto que certamente seriam novamente levadas ao crivo do STF diante do nosso sistema único, que potencializa a judicialização de todo e qualquer novo diploma normativo.

A crítica se estende para desnecessidade da rediscussão da constitucionalidade de pilares já consagrados na LBA, ultrapassando para afastar também a teimosia frenética e dispensável mania de inserir na lei questões que já se encontram pacificadas e presentes no sistema vigente, evitando interpretações tóxicas para a arbitragem *lato sensu*, – tal como ocorreu quando da inserção, em 2015, do trecho específico prevendo a possiblidade da adoção da arbitragem pela administração direta e indireta no §1º ao art. 1º da LBA[52] – o que deve ser repelido com veemência, pois, já nos deparamos com alterações legislativas desnecessárias no âmbito da arbitragem, que não tardaram a refletir em decisões completamente diversas das que vinham sedimentando o instituto ao longo dos anos[53-54].

Diante do exposto, somos partidários do entendimento que o sistema proposto, além dos benefícios ora descritos – em especial mas não se limitando a ampla jornada para sua eficácia plena após decisão terminativa do STF –, ainda afastaria a confecção de uma legislação própria conflitante com a LBA, ao nosso ver desnecessária para a arbitragem tributária, pois, caso se opte por esse caminho através de lei especifica e geral, não se

[52] Alterações advindas com a lei 13.129/2015.

[53] Vide crítica no primeiro parágrafo do artigo disponível em: ESCOBAR, Marcelo Ricardo; TOLEDO, José Eduardo Tellini. **Fatos e Fakes sobre arbitragem tributária**. Migalhas de Peso, 03 de junho de 2020. < https://www.migalhas.com.br/depeso/328174/fatos-e-fakes--sobre-arbitragem-tributaria >, acesso em 25/07/2020.

[54] Vide voto do Ministro Luis Felipe Salomão proferido no julgamento de 27/11/19 – fls. 55/56 do acórdão do Conflito de Competência 151.130 – SP (2017/0043173-8): "*(...) Nesse sentido, muito embora se alegue, no caso, a possibilidade de submissão do ente público à arbitragem, mesmo antes da edição da lei 13.129/2015 – e até mesmo antes da edição da lei 9.306/97 –, penso que tal não autoriza a utilização e extensão do procedimento arbitral à União na condição de sua acionista controladora, seja em razão da ausência de lei autorizativa, seja em razão do próprio conteúdo da norma estatutária, a partir da qual não se pode inferir a referida autorização (...)*".

poderá dizer que teremos arbitragem tributária no Brasil, posto que ao desvincular as questões tributárias do âmbito da LBA, os sistema próprio no âmbito tributário, arbitragem não será.

Desta feita, diante da existência de dois projetos de lei sobre o mesmo tema tal como destacado no introito, advoga-se a sugestão de tentativa de reunião de ambos com as adaptações necessárias, acrescendo-se sugestões dos diversos setores interessados, de forma a criar um único e forte diploma, que atenda a necessidade do instituto, sem que haja polarização de ideias e o consequente esvaziamento da intenção, tão próxima de se tornar realidade. Da mesma forma, pelo fato de um projeto tratar da arbitragem tributária apenas antes da constituição do crédito tributário, e outro restringi-la à fase de execução fiscal, indaga-se por qual motivo em eventual junção de esforços e trabalhos também não se acresceria a possibilidade da inserção a arbitragem tributária durante a discussão do processo administrativo tributário.

Uma última ponderação se faz necessária, de forma a ressaltar que a presente crítica é feita em relação a pretensão dos entes federativos criarem leis próprias sobre arbitragem abarcando questões já contidas e sedimentadas na LBA, sendo que em nenhum momento se advoga tese que limitaria suas competências tributárias, que caso entendam necessário editar leis específicas indicando as autoridades competentes para assinar as convenções arbitrais, limitar aos temas que poderão se submeter à arbitragem – arbitrabilidade objetiva –, certamente andarão na mão da história trazendo segurança jurídica aos seus contribuintes.

Referências

BORN, Gary. **International Commercial Arbitration**. Vol I. Alphen aan den Rijn: Kluwer Law International, 2009.

BROCHES, Aron. **Selected essays: World Bank, ICSID, and other subjects of public and private international law**. Dordrecht: Martinus Nijhoff Publishers, 1994.

CASELLA, Paulo Borba. **Efetividade da nova lei**. In: CASELLA, Paulo Borba (Coord.). Arbitragem – a nova lei brasileira e a praxe internacional. São Paulo: LTr, 1997.

ESCOBAR, Marcelo Ricardo. **Arbitragem Tributária no Brasil**. São Paulo: Almedina, 2017, p. 58-61.

ESCOBAR, Marcelo Ricardo. **Arbitragem Tributária no existente arcabouço legislativo brasileiro – Sistema brasileiro da 'UnCommon Law'**. "*in*" PISCITELLI,

Tathiane; MASCITTO, Andréa; MENDONÇA, Priscila Faricelli. Arbitragem tributária: desafios institucionais brasileiros e a experiência portuguesa. São Paulo: Thomson Reuters Brasil, 2018.

ESCOBAR, Marcelo Ricardo; TOLEDO, José Eduardo Tellini. **Fatos e Fakes sobre arbitragem tributária**. Migalhas de Peso, 03 de junho de 2020. < https://www.migalhas.com.br/depeso/328174/fatos-e-fakes-sobre-arbitragem-tributaria >, acesso em 25/07/2020.

ESCOBAR, Marcelo Ricardo; **Um devaneio noturno, o PL nº 4.468/20 e a 'arbitragem' especial tributária**. Consultor Jurídico. Opinião, 04 de setembro de 2020. Disponível em: < https://www.conjur.com.br/2020-set-04/marcelo-escobar-arbitragem-especial-tributaria >, acesso em 23/09/20.

SOARES, Carlos Henrique. **Novo Conceito de Trânsito em Julgado – The new concept of transit in rem judicatam**. Revista CEJ, Brasília, Ano XIV, n. 51, p. 85-88, out./dez. 2010.

12.
Transação Tributária nos Âmbitos Estadual e Municipal

Andréa Mascitto

Introdução

Embora a transação nos âmbitos estadual e municipal não seja propriamente uma novidade, a efetiva instituição da transação federal mediante a conversão da Medida Provisória nº 899/19 na Lei nº 13.988/20, assim como a repercussão de seu sucesso[1], vem atraindo a atenção de Estados e Municípios que ainda não tinham instituído esse mecanismo e os levado a seguir os passos do Governo Federal.

Estudo feito em 2017[2] pelo grupo de estudos que coordeno no Núcleo do mestrado profissional da FGV Direito SP dedicado a métodos alternativos de solução de controvérsias em matéria tributária, observou que até então apenas 22% dos Estados e 62% dos Municípios brasileiros tinham editado leis tratando da transação tributária. O artigo chamava atenção ao espaço que havia para ampliação do instituto nas mais diferentes esferas, até porque não havia transação federal à época.

São Paulo (tanto Estado como Município), por exemplo, tampouco tinha qualquer previsão de uso do instituto. Foi só em 2020, e na "carona" da lei federal, que vieram a Lei Estadual nº 17.293/20 e a Lei Municipal nº 17.324/20.

[1] https://www.gov.br/pgfn/pt-br/assuntos/noticias/2021/pgfn-negocia-dividas-de-r-81-9-bilhoes-em-programas-de-transacao.

[2] Cujo resultado resumido foi publicado em 19.4.2018 no Jota. Link: https://www.jota.info/opiniao-e-analise/artigos/a-realidade-da-transacao-tributaria-no-brasil-19042018.

Chamava ainda atenção que a legislação existente era, via de regra, demasiadamente simplista e algumas leis se limitavam a transcrever o artigo 171, do Código Tributário Nacional ("CTN"), sendo comum que a transação se mostrasse cabível em hipóteses restritas em que as chances de cobrança do débito tributário eram absolutamente remotas sob a ótica da Fazenda. Alguns poucos modelos, porém, foram muito bem pensados, mas pouco repercutidos e podem, agora, servir de ensinamento para a legislação porvir.

É nesse contexto, portanto, que esse breve artigo se propõe a endereçar 2 (dois) pontos de reflexão, sem qualquer pretensão de esgotá-los, quais sejam:

(i) a autonomia dos Estados para a adoção de modelos de transação ou a sua vinculação a determinadas regras e modelos que lhe impõem qualquer tipo de uniformidade ou restrição (ex. CONFAZ ou regras de cunho orçamentário); e
(ii) os diferentes modelos de transação e se deve ser valorizada a uniformidade ou a diversidade vinculada à realidade de cada localidade.

1. Autonomia X Vinculação e restrições por regras tributárias ou orçamentárias

Nota-se que há uma certa preocupação dos Estados quanto à possibilidade ou não de instituição de transação sem prévia aprovação do CONFAZ e também sob a perspectiva orçamentária.

O CONFAZ editou 2 (dois) Convênios sobre o tema: 24/75, revogado pelo 169/17, os quais estabeleceram condições gerais para transação, dentre outros institutos de suspensão e extinção do crédito tributário. Ali é indicado que os Estados podem transacionar (relativamente ao ICMS) desde que sem renúncia do imposto, em situações excepcionais, e que qualquer condição mais favorável de concessão desses "benefícios" dependerá de autorização em Convênio específico.

Portanto, uma primeira questão que surge é: a instituição da transação estadual (de ICMS) depende de Convênio CONFAZ e, em caso positivo, esse Convênio deve estipular a sua forma (uniformidade e restrição aos Estados)?

A despeito da previsão acima mencionada, entendo que a resposta é não, por vários motivos. Primeiro, e mais importante, porque a transação, na sua essência (de negociação que objetiva terminação de litígio com concessões de parte a parte) não deveria ser contemplada como "benefício", mas sim negociação. Depois porque é causa de extinção do crédito tributário previsto no Código Tributário Nacional ("CTN"), recepcionado como Lei Complementar pela Constituição Federal, e que depende tão somente da edição da lei de autonomia de cada ente para que possa trazer as condições pelas quais está disposto a negociar. Por fim, porque deve respeitar as peculiaridades e cada realidade local como será tratado no próximo item.

Nesse sentido vale citar decisão na ADI 2405, ajuizada contra ação Lei do Rio Grande do Sul[3] e julgada em 2002, quando a maioria dos Ministros do Supremo Tribunal Federal entendeu que, genericamente, o estado-membro pode estabelecer regras específicas de quitação de seus próprios créditos tributários e, portanto, o dispositivo era constitucional. Entendo que raciocínio análogo deve ser aplicado nesta hipótese.

Entretanto, não se pode desconsiderar que o CONFAZ trouxe um elemento importante de atenção, que é uma restrição à renúncia do imposto.

Há aqueles que defendem que essa previsão pretendeu restringir a transação a descontos apenas multa e juros, tal qual ocorreria em uma situação de anistia, sem que pudesse se transacionar o principal; contudo, independentemente de qual a extensão da restrição[4] e se regra de hierarquia inferior ao CTN poderia trazer essa previsão, vale investigar e discutir aqui algo maior: qual a natureza jurídica de uma transação e se ela de fato implica renúncia.

A questão da renúncia de receita tributária é polêmica e está ancorada no artigo 14, da Lei Complementar 101/00 ("Lei de Responsabilidade Fiscal"), que diz que *"a concessão ou ampliação de incentivo ou benefício de natureza tributária da qual decorra renúncia de receita deverá estar acompanhada de*

[3] Redação do artigo 114, da Lei Estadual nº 6.537/73.

[4] A título comparativo, em âmbito federal apenas é permitida a redução do principal na hipótese de transação do contencioso de relevante e disseminada controvérsia, ao fundamento de que recai dúvidas sobre a própria interpretação das regras tributárias que ensejariam o direito do ente governamental exigir o tributo.

estimativa do impacto orçamentário-financeiro no exercício em que deva iniciar sua vigência e nos dois seguintes, atender ao disposto na lei de diretrizes orçamentárias" e algumas condições ali estipuladas, como por exemplo a previsão de medidas de compensação. Referida lei diz que a renúncia compreende anistia, remissão, subsídio, crédito presumido, isenções em caráter não geral etc, não falando expressamente em transação. Isto é, sem que se limite a principal, multa e juros.

Nesse contexto, observa-se que algumas leis (não só estaduais, mas também municipais), a exemplo da Lei Complementar nº 68/08 do Município de Curitiba, trouxeram o atendimento à lei orçamentária e à lei de responsabilidade fiscal como condição para a autorização da transação. Confira-se:

> "Art. 2º
>
> (...)
>
> § 4º É condição para o deferimento do pedido a realização de avaliação financeira, a ser procedida pela Secretaria Municipal de Finanças, atestando que a transação atende ao disposto na Lei Orçamentária Anual, na Lei de Diretrizes Orçamentárias e no Plano Plurianual e que atende às normas de finanças públicas previstas na Lei Complementar nº 101, de 4 de maio de 2000."

Porém, enquanto instrumento de negociação, cuja *genesis* decorre de uma avaliação da recuperabilidade (na verdade, irrecuperabilidade) efetiva daquela receita sob a perspectiva do ente, e não de concessão de benefícios per se, parece-me que a natureza da transação dispensa a discussão sobre renúncia porque caso não realizada a transação, aquela receita muito provavelmente nunca ingressaria nos cofres públicos.

Esse foi o posicionamento do legislativo, que em 2020 editou a Lei Complementar nº 174/20, cujo artigo 3º é expresso no sentido de que *"a transação resolutiva de litígio relativo à cobrança de créditos da Fazenda Pública não caracteriza renúncia de receita para fins do disposto no art. 14 da Lei Complementar nº 101, de 4 de maio de 2000"*.

Portanto, entendo que os entes públicos das mais diferentes esferas detêm autonomia para a edição das suas respectivas leis de transação, muito embora não se possa ignorar que um modelo mais padronizado facilitaria o uso do instrumento.

2. Diferentes Modelos

O uso de um modelo padrão, porém, deve ser visto com cautela. Como dito no início deste artigo, a transação federal estimulou que Estados e Municípios passassem a desenvolver suas legislações internas para passar a prever o instituto, mas será que o modelo federal deve ser seguido por todos?

Particularmente, enxergo este ponto com muita cautela.

Primeiro porque o modelo federal ainda comporta ajustes, a exemplo de comentários que tive oportunidade de tecer em outros artigos[5].

Depois porque acredito que cada ente deve buscar construir suas regras a partir do que funcionaria diante da sua realidade, devendo ser levados em consideração fatores como o perfil da dívida (índice de inadimplência de dívidas, tempo da dívida, valores devidos e não pagos, tempo e custo de tramitação das execuções fiscais, percentual de crédito executado, índice de recuperabilidade etc), assim como o perfil dos contribuintes.

Por fim, porque deve ser considerado como o instituto "conversará" com as demais regras postas. Exemplo claro disso é a vedação da transação federal com o que se intitulou "devedor contumaz".

Alguns entes dispõem de regra que define o conceito de "devedor contumaz", como é o caso de São Paulo, cuja Lei nº 1.320/18 – que regulamenta o Programa "Nos Conformes" – definiu aquele com dívidas de ICMS por mais de 6 (seis) meses. Nesse caso, se a lei de transação de São Paulo usasse esse termo, não poderia permitir que as pessoas que se encaixassem nesse conceito – trazido por outra lei que não tem a ver com transação – transacionassem. Mas se o perfil da dívida que se quer alcançar é justamente aquelas vencidas há muito tempo e sem chance de recuperabilidade, encaixando-se o perfil de devedores e de dívidas justamente como aqueles que devem por períodos mais longos do que esse, estaria trazendo previsão que não auxiliaria na sua pretensão, certo?

[5] Como por exemplo: MASCITTO, Andrea; PISCITELLI, Tathiane. *Transação tributária federal aprovada e evoluções necessárias do instituto.* JOTA, Abril/2020. Disponível em: https://www.jota.info/paywall?redirect_to=//www.jota.info/opiniao-e-analise/artigos/transacao-tributaria-federal-aprovada-e-evolucoes-necessarias-do-instituto-15042020.

Esse é um bom exemplo para ilustrar que conhecer o perfil da dívida e dos devedores, assim como a necessidade de cada ente e seu arcabouço legislativo (ao qual a regra de transação se integrará) é fator importantíssimo para a definição do modelo a ser adotado, não bastando replicar modelos já existentes.

Isso não significa que não se pode buscar inspiração em bons exemplos; mas tão somente que se deve ter o cuidado de adaptá-los.

Nesse sentido, faço uso dessa oportunidade para referenciar modelo de transação que muito me agradou, que é o do Município de Blumenau[6].

A Lei nº 8.532/17, do Município de Blumenau, permite a transação de débitos inscritos em dívida ativa Municipal, objeto de Execuções Fiscais e ações iniciadas até 31/12/2014, com valor de até 40 salários mínimos, em relação aos quais não haja qualquer acusação de crime contra a ordem tributária. Permite a concessão de descontos de até 100% de juros e multa, e até 70% de principal, mediante pagamentos parcelados (de 6 a 24 meses) com garantia.

Apesar de à primeira vista poder parecer um simples programa que contempla um misto de anistia e remissão, com escopo demasiadamente restrito (em termos de valor e de limitação temporal das ações), esse modelo traz, na minha visão, as seguintes qualidades:

- Prevê a criação de uma "Câmara de transação" no âmbito da Procuradoria Municipal, a quem compete propor ou analisar proposta de transação apresentada pelo contribuinte e cujos integrantes devem seguir regras de impedimento e suspeição, arcando com eventual responsabilidade administrativa ou criminal por seus atos.
- Conta com audiência e efetiva oitiva de lado a lado. Ou seja, há um efetivo diálogo para que a Procuradoria possa compreender os detalhes e a situação do contribuinte, cabendo solicitar

[6] POMPERMAIER, Cleide Regina Furlani; FARIAS, Ângela dos Santos; AMARAL E SILVA, Emanuel Schenkel do. *Três anos de transação de créditos municipais em Blumenau: um balanço.* JOTA, Novembro/2020. Disponível em: https://www.jota.info/opiniao-e-analise/colunas/pauta-fiscal/ transacao-de-creditos-municipais- em-blumenau-um-balanco-06112020#:~:text=A%20experi%C3%AAncia %20da%20transa%C3%A7%C3%A3o%20de,quanto %20%C3%A0%20operacionaliza%C3%A7%C3% A3o%20do%20instituto.

documentação probatória, mas caracterizando-se como um processo de maior sensibilidade da real condição do contribuinte para fins de pagamento da dívida, que vai além da "letra fria" da lei.

- Apresenta requisitos claros para "pontuação" que indicará o percentual a que o contribuinte fará jus naquela negociação, a saber:

    (i) o histórico fiscal do devedor;
    (ii) a situação financeiro-econômica do contribuinte e existência ou não de bens capazes de garantir o pagamento do crédito;
    (iii) o tempo de duração do processo em Juízo e seus custos, e a economicidade que o acordo pode gerar aos cofres públicos;
    (iv) a chance de êxito do Município na causa; e
    (v) a existência de precedentes jurisprudenciais contra a tese do credor já pacificadas por súmula dos tribunais superiores, repercussão geral ou recursos repetitivos.

- Identifica os requisitos que precisarão estar contemplados no termo de acordo de transação, deixando claro suas motivações e condições, incluindo as condições econômico-financeiras consideradas, e a descrição das concessões mútuas feitas por cada parte, dentre outros.
- Fomenta a cultura da transação e do diálogo desde a Universidade, pois o Município de Blumenau firma convênio com a Fundação Universidade Regional de Blumenau (Furb), permitindo que os alunos de graduação participem da avaliação das propostas de transação no Núcleo de Prática Jurídica da Faculdade de Direito e indiquem o adimplemento ou não dos requisitos legais para parametrização justificada não só da aceitação da transação, mas quais os seus termos (percentual de desconto, prazo etc), o que é evidentemente revisto pela "Câmara de transação".

A transação de Blumenau foi vencedora da 17ª edição do Prêmio Innovare[7] (2020), premiação que "destaca as boas práticas da área jurídica,

[7] https://www.furb.br/web/1704/noticias/projeto-em-parceria-com-npj-conquista-premio-nacional/8494

idealizadas e realizadas por advogados, defensores, promotores, magistrados e por profissionais interessados em aprimorar a Justiça brasileira, facilitando o acesso da população ao atendimento"[8] e é enaltecida pelo Tribunal de Justiça de Santa Catarina[9].

O diálogo efetivo, a forma organizada e os passos para a mudança de cultura merecem de fato serem reconhecidos e, na minha visão, deveriam servir de estímulo para que o Município de Blumenau amplie as hipóteses de cabimento da transação e para que outros Municípios e Estados nele se inspirem.

Conclusões

Neste artigo, ressaltamos com entusiasmo que foi notado o espaço que existe para ampliação do uso da transação, em especial nos Estados e Municípios e esse espaço deverá passar a ser ocupado, sem medo (afastado em parte por normas mais recentes, como é o caso da Lei Complementar 174/20, que deixou claro que a transação não se qualifica como renúncia) e com os devidos cuidados, para que seja implementada uma realidade de diálogo que favoreça tanto os cofres públicos, num esforço promovido pelas Procuradorias, como os contribuintes e lhes permita revigorar suas atividades econômicas em pró do desenvolvimento das mais diversas regiões do país.

Além de instituir novas leis que efetivamente criem a transação tributária, é hora de:

- regulamentar leis não regulamentadas (como a própria Lei nº 17.324/20, do Município de São Paulo, cuja previsão legal de regulamentação era setembro/20 mas até agora não veio, mas tem

[8] https://www.premioinnovare.com.br/noticia/transacao-tributaria-desafoga-vara-de--execucoes-fiscais-de-blumenau.

[9] https://www.tjsc.jus.br/web/imprensa/-/transacao- tributaria-da-comarca-de--blumenau-e-finalista-do-premio-innovare-2020?inheritRedirect=true#:~:text=Transa%C3%A7%C3%A3o%20tribut%C3%A1ria% 20da%20comarca%20de%20Blumenau%20%C3%A9%20finalista% 20do%20Pr%C3%AAmio%20Innovare%20 2020,-17%20Novembro%202020&text=O%20projeto%20Transa%C3%A7%C3%A3o%20Tribut%C3%A1ria%2C%20desenvolvido,17%C2%AA%20edi%C3% A7%C3%A3o%20do%20Pr%C3%AAmio%20Innovare.

grande importância para sanear as lacunas deixadas pelos vetos à lei ao longo do processo legislativo[10]);

- rever, ampliar e aplicar leis "abandonadas" (como é o caso da Lei nº 5.966/15, do Município do Rio de Janeiro); e
- inspirar-se em modelos bem construídos e bem sucedidos para adaptação e implementação conforme cada realidade local.

Esse é o caminho que está em linha com as melhores práticas já adotadas por diversos países.

Referências

ALVIM, Leonardo. *O uso da jurimetria na transação do contencioso tributário.* JOTA, Dezembro/2020. Disponível em: https://www.jota.info/opiniao-e-analise/colunas/pauta-fiscal/o-uso-da-jurimetria-na-transacao-de-contencioso-tributario-17122020#:~:text=A%20Lei%20n.%C2%BA%2013.988,chamada%20%E2%80%9Ctransa%C3%A7%C3%A3o%20de%20contencioso%E2%80%9D.

PEROBA, Luiz Roberto; MASCITTO, Andrea. *Contribuintes podem propor temas tributários a serem transacionados.* MIGALHAS, Junho/2020. Disponível em: https://migalhas.uol.com.br/depeso/329744/contribuintes-podem-propor-temas-tributarios-controversos-a-serem-transacionados.

MARTONE, Rodrigo Corrêa; MASCITTO, Andrea; VENTURA, Bruno Matos. O ESTADO DE SÃO PAULO, Julho/2020. Disponível em: https://politica.estadao.com.br/blogs/fausto-macedo/uso-de-precatorio-de-terceiros-na-transacao-tributaria-beneficios-ainda-maiores-nas-negociacoes/

MASCITTO, Andrea; PISCITELLI, Tathiane; FERNANDES, André Luiz. *Transação tributária federal e os avanços da MP nº 899/19.* JOTA, Novembro/2019. Disponível em: https://www.jota.info/paywall?redirect_to=//www.jota.info/opiniao-e-analise/colunas/pauta-fiscal/transacao-tributaria-federal-e-os-avancos-da-mp-no-899-19-21112019

MASCITTO, Andrea; FERNANDES, André Luiz Fonseca. *Medidas para mitigar os impactos do coronavírus na economia.* JOTA, Março/2020. Disponível em: https://www.jota.info/opiniao-e-analise/colunas/pauta-fiscal/medidas-para-mitigar-os-impactos-do-coronavirus-na-economia-20032020

[10] Vide artigo *São Paulo cria alternativas para a solução de controvérsias tributárias,* disponível em: https:// www.jota.info/opiniao-e-analise/colunas/pauta-fiscal/sao-paulo-cria-alternativas-para-a-solucao-de-controversias-tributarias-26032020.

MASCITTO, Andrea; PISCITELLI, Tathiane. *São Paulo cria alternativas para a solução de controvérsias tributárias.* JOTA, Março/2020. Disponível em: https://www.jota.info/paywall?redirect_to=//www.jota.info/opiniao-e-analise/colunas/pauta-fiscal/sao-paulo-cria-alternativas-para-a-solucao-de-controversias-tributarias-26032020

MASCITTO, Andrea; PISCITELLI, Tathiane. *Transação tributária federal aprovada e evoluções necessárias do instituto.* JOTA, Abril/2020. Disponível em: https://www.jota.info/paywall?redirect_to=//www.jota.info/opiniao-e-analise/artigos/transacao-tributaria-federal-aprovada-e-evolucoes-necessarias-do-instituto-15042020

MASCITTO, Andrea; PISCITELLI, Tathiane; MENDONÇA, Priscila Faricelli. *Reforma Processual Tributária: a hora é agora.* VALOR ECONÔMICO, Julho/2020. Disponível em: https://valor.globo.com/reforma-tributaria/arena-tributaria/artigo/reforma-processual-tributaria-a-hora-e-agora.ghtml

MASCITTO, Andrea; FERNANDES, André Luiz Fonseca. *À espera da transação tributária no contencioso.* MIGALHAS, Agosto/2020. Disponível em: https://migalhas.uol.com.br/depeso/331924/a-espera-da-transacao-tributaria-no-contencioso

MASCITTO, Andrea; FERNANDES, André Luiz Fonseca. *Transação no contencioso pode engavetar milhares de processos.* LEX LATIN, Agosto/2020. Disponível em: https://br.lexlatin.com/opiniao/transacao-no-contencioso-pode-engavetar-milhares-de-processos

MASCITTO, Andrea; BETONI, Marco. *A preocupação dos contribuintes com o sigilo de informações divulgadas ao Fisco numa transação.* O ESTADO DE SÃO PAULO, Setembro/2020. Disponível em: https://politica.estadao.com.br/blogs/fausto-macedo/a-preocupacao-dos-contribuintes-com-o-sigilo-de-informacoes-divulgadas-ao-fisco-numa-transacao/

MASCITTO, Andrea; FERNANDES, André Luiz Fonseca. *O início da transação tributária no contencioso.* JOTA, Setembro/2020. Disponível em: https://www.jota.info/paywall?redirect_to=//www.jota.info/opiniao-e-analise/artigos/transacao-tributaria-contencioso-26092020

MASCITTO, Andrea; FERNANDES, André Luiz Fonseca. MARTINS, Mariana Cardoso. Regime paulista de transação tributária. JOTA, Janeiro/2021. Disponível em: https://www.jota.info/opiniao-e-analise/artigos/regime-paulista-de-transacao-tributaria-05012021

MENDONÇA, Priscila Faricelli de. *Arbitragem e transação tributárias.* Gazeta Jurídica. São Paulo: 2014.

PIETROPAOLO, João Carlos. *Transação tributária em São Paulo: uma pequena alteração e muitas possibilidades.* JOTA, Dezembro/2020. Disponível em: https://www.jota.info/opiniao-e-analise/colunas/pauta-fiscal/transacao-tributaria-em-sao-paulo-uma-pequena-alteracao-e-muitas-possibilidades-24122020]

POMPERMAIER, Cleide Regina Furlani; FARIAS, Ângela dos Santos; AMARAL E SILVA, Emanuel Schenkel do. *Três anos de transação de créditos municipais em Blumenau: um balanço.* JOTA, Novembro/2020. Disponível em: https://www.jota.info/opiniao-e-analise/colunas/pauta-fiscal/transacao-de-creditos-municipais-em-blumenau-um-balanco-05112020#:~:text=A%20experi%C3%AAncia%20da%20transa%C3%A7%C3%A3o%20de,quanto%20%C3%A0%20operacionaliza%C3%A7%C3%A3o%20do%20instituto.

13.
Impactos da Transação (Lei n. 13.988/2020) no Exercício da Jurisdição Tributária

Paulo Cesar Conrado
André Luiz Fonseca Fernandes

Transação, em nível tributário, tem suas primeiras marcas normativas registradas nos artigos 156 e 171 do Código Tributário Nacional. O primeiro desses dispositivos ocupa-se do aspecto eficacial da transação, dizendo-a implicativa da extinção do crédito tributário; o segundo, de timbre mais ontológico, procura relatar seu conteúdo, fazendo-o de modo a asseverar que:

> "a lei pode facultar, nas condições que estabeleça, aos sujeitos ativo e passivo da obrigação tributária celebrar transação que, mediante concessões mútuas, importe em determinação de litígio e consequente extinção de crédito tributário."

Tomada por esse segundo viés, a transação tributária tem seu foco primariamente direcionado sobre a ideia de litígio, sendo a extinção do crédito a que ele (o litígio) se vincula elemento secundário – e contingencial, podemos reconhecer desde logo.

A mediatidade do efeito extintivo do crédito que a transação propicia(ria) – característica que, se foi aparentemente olvidada pelo art. 156, não pode sê-lo por seu intérprete – faz revelar sua posição instrumental, em tom assemelhado ao processo (judicial ou administrativo), circunstância que requisita sua associação com outras figuras jurídicas, justamente as que lhe darão (à transação) a desejável consistência, mantendo-a em pé – atuam, nesse sentido, o parcelamento, a moratória, a anistia, a renúncia à jurisdição cognitiva, a renúncia a determinada classe de garantia, entre outras hipóteses.

São esses elementos conteudísticos que definirão o ritmo prático da transação, instituto que os instrumentaliza.

Em si mesma, é certo concluir, portanto: a transação não é autossuficiente.

Da constatação de seu caráter instrumental à sua aproximação com a ideia de processualidade (e de jurisdição, por conseguinte), o salto é fácil: tanto quanto o processo (judicial ou administrativo, insista-se na referência a essa dicotomia), a transação atua como veículo canalizador da solução do litígio tributário, operação dependente do aperfeiçoamento prático do(s) conteúdo(s) preordenado(s) no respectivo instrumento[1].

Sem descartar seu timbre material – ainda que secundariamente, ele está presente –, podemos e devemos entender a transação como figura particularmente relevante ao domínio processual.

Ratifica essa afirmação, a constatável correlação (temporal) de sua introdução prática no mundo jurídico, via Lei n. 13.988/2020, com a prévia abertura de "espaço" ideológico propiciada pelo Código de Processo Civil de 2015.

Mesmo que presente no Código Tributário Nacional desde sua edição – há mais cinquenta anos, portanto –, a transação tornou-se pragmaticamente relevante, com efeito, após a vigência do Código de Processo Civil de 2015, diploma que trouxe novas luzes para a realidade processual nacional, enaltecendo valores como os da cooperação, da busca da consensualidade e da boa-fé – as bases da ideia da transação descrita pelo art. 171 do Código Tributário Nacional.

[1] É interessante notar que a transação tributária tem o condão de potencializar a legalidade tributária. Enquanto a legalidade tributária implica o consentimento genérico da sociedade à cobrança de tributos, um instrumento como a transação tributária federal suscita a particularização deste consentimento em relação ao caso concreto, seja, como se verá, fundado no inadimplemento da obrigação tributária legalmente prevista, seja fundado na narrativa de inviabilidade desta (Cf. BATISTA JÚNIOR, Onofre Alves. *Transações Administrativas: um Contributo ao Estudo do Contrato Administrativo como Mecanismo de Prevenção e Terminação de Litígios e como Alternativa à Atuação Administrativa Autoritária, no Contexto de uma Administração Pública mais Democrática*. São Paulo: Quartier Latin, 2007. p. 412).

Esse curioso movimento – em que a legislação processual, responsável pela disciplina da função jurisdicional, passa a tratar de instrumentos paralelos à própria jurisdição[2] – já havia aberto campo para outras especulações, como as que abordam as figuras da conciliação, da arbitragem e do negócio jurídico processual, estando a transação da Lei n. 13.988/2020 em direta correspondência com o "giro" proposto pelo Código de Processo Civil.

A perspectiva histórica – assim entendida a que analisa os eventos jurídicos em sua distribuição temporal-espacial, correlacionando-os –, pelo que se vê, confirma a ideia de que a figura de que falamos pode e deve ser vista não como quer a literalidade do art. 156 do Código Tributário Nacional, mas sim como instrumento paralelo à jurisdição tributária – conclusão extensível a outros tantos modelos sobre os quais a contemporaneidade pós-Código de Processo Civil de 2015 vem se dedicando.

Mas isso significa que, concretamente instalada a transação, a jurisdição sai de cena, sem mais?

A resposta a essa pergunta supõe o prévio reconhecimento da complexidade inerente ao "mundo real", aquele no qual os fatos operam.

Assim ocorre, adiantamos, porque tanto é possível imaginar casos em que a jurisdição é definitivamente "desativada" em razão da celebração da transação (o que significa, na prática processual, a extinção da demanda), como aqueles em que ela é temporariamente "paralisada", podendo ser "reativada", de todo modo, acaso frustrado o propósito último da transação (a solução material do litígio).

Para compreender essas variáveis – das quais se descortinam dois diferentes impactos da transação sobre o exercício da jurisdição, um deles de tom integrativo dos dois métodos, o convencional (representado pela jurisdição) com o alternativo (representado pela transação, em verdadeira sobreposição) –, necessário identificar as duas classes fundamentais de transação prescritas pela Lei n. 13.988/2020, relacionáveis ao tipo de conflito com que se conjugam.

[2] Não se esqueça, ainda, que a lei processual pode e deve ser tomada como referência atualizadora do direito material (Cf. CONRADO, Paulo Cesar. *Compensação Tributária Antes do Trânsito em Julgado*. In: *Contraponto Jurídico: Posicionamentos Divergentes sobre Grandes Temas do Direito*. São Paulo: Thomson Reuters Brasil, 2018. p. 1127).

Seguindo por esse caminho, podemos falar, em linha com a lei de regência, em "transação na cobrança" – modalidade vinculada aos litígios exacionais –, além da "transação no contencioso" – modalidade afeita aos litígios antiexacionais.

Os primeiros – os conflitos exacionais – são aqueles que, articulados por iniciativa do Fisco, tomam o estado de inadimplemento da obrigação tributária como referencial.

Dada a exigibilidade efetiva de determinado crédito, associada ao estado de pendência, ao Fisco é conferida a oportunidade de acionar o exercício da jurisdição executiva, canal que propicia a tomada do patrimônio do devedor à conta da satisfação do crédito inadimplido; esse é o fundamento básico das demandas ditas exacionais, encarnadas, em suma, no modelo das execuções fiscais.

É dessa espécie de conflito que trata(ria) a figura designada na Lei n. 13.988/2020 de "transação na cobrança", instrumento pragmaticamente alternativo à jurisdição executiva e que "substitui" as medidas que lhe são inerentes – todas fundadas na ideia de expropriação patrimonial.

Os conflitos antiexacionais, a seu turno, são articulados pelo sujeito passivo, servindo para colocar em xeque a exigibilidade da obrigação tributária. Diferente do que se vê com os processos exacionais, seu referencial incide sobre o estado de dúvida afirmado pelo sujeito quanto à exigibilidade da obrigação que já foi constituída ou da que está em vias de sê-lo.

Articuláveis tanto em via administrativa (classicamente, via impugnação de lançamento), como judicial (em que encontramos um amplo rol de possibilidades, caminhando desde as medidas preventivas até as repressivas da exigibilidade posta), esses conflitos – os antiexacionais – aparentam uma riqueza conteudística que não se verifica na primeira das categorias abordadas, fato que lhes daria uma coloração distinta, mormente quando traduzidos para o campo da transação.

Essa é, no entanto, uma impressão que não se mantém: seja qual for a forma pela qual se articulam, os conflitos antiexacionais partem, em suma, de uma mesma ideia – a afirmação de que a obrigação tributária debatida seria inviável, impondo-se, daí, seu afastamento, a ocorrer, tomada a via "clássica (a jurisdicional), por meio de decisão administrativa ou de sentença judicial. É isso que o contribuinte busca quando aciona o exercício da jurisdição, aí residindo, por correspondência, o objeto da "transação antiexacional" – ou "transação no contencioso", na terminologia da Lei n. 13.988/2020.

Esses primeiros registros, embora sirvam para distinguir uma e outra forma de exteriorização da conflituosidade tributária, deixam à mostra que, levadas ao plano da transação, as duas manifestações importam na "substituição" da jurisdição – a "transação na cobrança" oficia como instrumento alternativo à jurisdição executiva; a "transação no contencioso", à jurisdição que seria praticada nas demandas antiexacionais, de natureza essencialmente cognitiva.

Ao final, porém, esse efeito "substitutivo" da jurisdição tem, num e noutro caso, diferentes potências, daí advindo a pluralidade-complexidade de soluções a que nos referimos linhas atrás.

Pensemos, antes de tudo, que a "transação na cobrança" ajusta meios práticos de satisfação do crédito posto em estado de pendência, fazendo-o, como quer o art. 171 do Código Tributário Nacional, mediante concessões recíprocas.

Tanto quanto o processo correlato, é natural que essa modalidade de transação tenda à satisfação do crédito sobre o qual recai, atuando, porém, em regime consensual, à revelia de expropriação.

Para que isso ocorra, como já sinalizamos, a transação deverá ser estruturada sobre um "corpo" que lhe dará conteúdo, supondo-se a intervenção de figuras como o parcelamento, a moratória, a concessão de descontos, entre outras possibilidades.

Pois serão justamente esses elementos internos – os que dão conteúdo à transação – que definirão a exata dimensão do impacto gerado sobre a jurisdição executiva: se o caso concreto for daqueles que envolva o pronto pagamento com a contrapartida fazendária do desconto, a jurisdição executiva restará imediata e definitivamente comprometida, uma vez que da transação brotará, em associação, o efeito extintivo do crédito; se, entretanto, o caso for daqueles que se assentam no pagamento diferido no tempo, a transação implicará a temporária "paralisação" da jurisdição, efeito que perdurará enquanto pendente o parcelamento; se, ao final, a satisfação do crédito nos termos transacionados de fato ocorrer, o resultado projetado pelo canal alternativo da transação terá sido alcançado, ficando o exercício da jurisdição, aí sim, definitivamente comprometido – o processo, de suspenso, será extinto; no entanto, se o parcelamento for rompido, reativar-se-á o exercício da jurisdição executiva, uma vez substancialmente frustrado o meio alternativo.

Nesse último caso, note-se, os meios se sobrepõem, embora em etapas temporalmente dissociadas – o processo de execução surge ("surgindo" a correlata jurisdição), é paralisado ("paralisando-se" o exercício da jurisdição até ali ativa) e, na sequência, é reativado, com a natural "reativação" da jurisdição que lhe é subjacente. Nas hipóteses anteriores, da ultimação dos efeitos materiais desejados pela transação sobrevém a extinção do processo, uma vez desnecessário o exercício da jurisdição executiva.

Desdobramentos comportamentais distintos sinalizam, em suma, diferentes correlações dos meios de solução de litígio – o "ordinário" (jurisdicional) e o "alternativo" (transação).

Quando falamos de "transação no contencioso", as coisas se comportam de forma diferente.

É que, se o fato que dispara o conflito exacional é o inadimplemento, nas demandas antiexacionais, o ponto de partida é a dúvida instalada sobre a exigibilidade da obrigação, estado de coisas gerado pela postura assumida pelo sujeito passivo.

Observadas essas premissas, transacionar em nível de contencioso significa abrir mão (falamos, naturalmente, do sujeito passivo) da jurisdição cognitiva a ser exercida a partir da afirmada incerteza quanto à efetividade da obrigação tributária. Sensível à(s) concessão(ões) outorgada(s) pelo Fisco [que, diferentemente da "transação na cobrança", pode(m) abranger a remissão parcial do crédito tributário], o sujeito passivo como que deixa de lado a "tese" que sustenta – tendente a afastar, total ou parcialmente, o encargo tributário debatido –, assumindo o(s) compromisso(s) exigido(s) para fins de encaminhamento da transação.

A jurisdição de que falamos, literalmente voltada a "dizer o direito" (dentro dos limites que a demanda do sujeito passivo revela, evidentemente), é desativada, uma vez que a divergência em princípio suscitada é "substituída" pelo estado de convergência assumido pelas partes – Fisco e sujeito passivo.

O conflito é suplantado, em suma, independentemente da palavra do terceiro-julgador.

Poderíamos operar, aqui, com os mesmos exemplos de antes – o da concessão de desconto para pagamento imediato e o da concessão de parcelamento (em associação, obviamente, à definição da "tese" sobre a qual recai a demanda) –, o que poderia induzir, ao final, as mesmas conclusões já apontadas: no primeiro caso, do ajustamento da quitação imediata (com desconto), o crédito estaria extinto, o que de fato comprometeria o exercício da jurisdição antiexacional; no outro, do parcelamento, enquanto pendente, a jurisdição ficaria temporariamente "paralisada".

Pois é exatamente na extensão dos possíveis tratamentos eficaciais conferidos à "transação na cobrança" em relação à "transação no contencioso" que incide a "questão".

Como sinalizamos, a assunção da "transação no contencioso" significa, em termos prático-processuais, a superação do estado de dúvida trazido pela narrativa do sujeito passivo, tomando-se, em seu lugar, a posição proposta pelo Fisco no documento propositivo da transação (o edital respectivo).

Seja qual for o desdobramento prático verificado, mormente nos casos de pagamento diferido, a jurisdição antiexacional quedará, portanto, comprometida, tudo a significar que, feita a "transação no contencioso", o processo a que se vincula (judicial ou administrativo) deve ser extinto.

O exercício da jurisdição antiexacional é, nesses termos, prontamente obstado pela "transação no contencioso", dada a exclusão do estado de dissenso inicialmente afirmado pelo sujeito passivo, com a assunção do esperado consenso, justamente o que faz repelir, sem qualquer condicionante, o exercício daquela jurisdição.

Mas e se, no caso de pagamento diferido, o sujeito passivo romper o compromisso assumido, como deve proceder a Fazenda? Não será necessária a reativação da jurisdição para que seja satisfeita a obrigação incidentalmente posta em estado de pendência? Isso não significa que a transação, como no caso da cobrança, "falhou" em seu propósito?

Para compor essas questões, retomemos as definições com as quais iniciamos o presente texto: a transação, observados os termos do art. 171 do Código Tributário Nacional, pode e deve ser definida como forma alternativa de solução de litígio, não necessariamente como forma de extinção do crédito tributário (circunstância que, por contingencial, não integra de forma absoluta seu conceito); no caso em foco – da "transação antiexacional" com compromisso de pagamento diferido incidentalmente frustrado –, é de se considerar resolvido, com a celebração da transação, o litígio, embora o crédito tenha recaído em estado de pendência. Eventual reativação da jurisdição, na hipótese, não ocorrerá, portanto, sob o modelo primitivo (cognitivo), senão sob outro caminho, o exacional, tendendo à cobrança dos valores devidos pós-ruptura da transação.

Ao cabo de tudo, o que se constata, diferentemente da jurisdição executiva – não necessariamente suplantada com a celebração da transação –, é que a jurisdição antiexacional não convive com a transação respectiva (no contencioso), fato gerador de impacto direto em seu exercício.

Podemos reconhecer, em conclusão, que, se a "transação na cobrança" é marcada por efeitos contingenciais (tanto o terminativo do litígio, assim como o extintivo do crédito), a "transação no contencioso" carrega, de um lado, o efeito constante da determinação do litígio (obstativo, por consequência, da jurisdição cognitiva), e, de outro, o variável efeito extintivo do crédito – com evidentes consequências sobre a potencial ativação da jurisdição em sua forma executiva.

Referências

BATISTA JÚNIOR, Onofre Alves. *Transações Administrativas: um Contributo ao Estudo do Contrato Administrativo como Mecanismo de Prevenção e Terminação de Litígios e como Alternativa à Atuação Administrativa Autoritária, no Contexto de uma Administração Pública mais Democrática*. São Paulo: Quartier Latin, 2007.

CONRADO, Paulo Cesar. *Compensação Tributária Antes do Trânsito em Julgado*. In: *Contraponto Jurídico: Posicionamentos Divergentes sobre Grandes Temas do Direito*. São Paulo: Thomson Reuters Brasil, 2018.

14. Tax Treaty Arbitration

Angelina Papulova
Daniel Miotto

Introduction

Recently tax arbitration became one of the central topics of the international tax law after the implementation of arbitration provision into the mutual agreement procedure (MAP) article of the OECD Model Convention (OECD Model) in 2008 and into the MAP of the UN Model Tax Convention (UN Model) in 2011. Before those novellas, tax arbitration also existed in several instruments, from old bilateral double tax treaties of the first part of XX century and some contemporary bilateral double tax treaties to the EU Arbitration Convention.

However, the greatest attention appeared predominantly with the implementation of the mandatory arbitration provisions to Model Conventions. It can be explained by a major expansion of the potential field of application of arbitration provisions, considering the fact, that greater part of countries follows the OECD Model Convention, or the UN Model Convention when concluding or updating their double tax treaties. Additionally, the fact that an arbitration clause (although, being one of two alternatives for dispute resolution article) was included into the UN Model Convention, which is characterized, at the first place, as a model convention between developing and developed countries, demonstrates that tax arbitration is a persistent institute of interstate dispute resolution in international tax law nowadays.

Additional arbitration instruments followed new developments of the mandatory arbitration in Model Conventions. Firstly, it is Action 14 of the Base Erosion and Profit Shifting Project (BEPS) under the title of "Making Dispute Resolution Mechanisms More Effective", that confirmed the commitment of countries for the mandatory arbitration. Secondly, it is the Multilateral Convention to Implement Tax Treaty Related Measures to Prevent BEPS (MLI), which in its Part VI establishes the rules for mandatory binding arbitration. Thirdly, it is the EU Arbitration Directive (only for EU countries), the latest arbitration instrument that included further developments of the tax arbitration procedure.

The following chapter will present a brief overview of the tax treaty arbitration. In the first part, it will refer to definitions and the relation of tax treaty arbitration and the mutual agreement procedure. In the second part, kinds of arbitration will be characterized and differentiated. The third part will cover arbitration provisions under Article 25(5) of the OECD Model. And then, finally, information on current arbitration disputes and MAP cases will be presented.

2. Definition of tax treaty arbitration and the mutual agreement procedure

The rules on the mutual agreement procedure are included in the Article 25 of both the OECD and the UN Models under the same title.

Article 25 (1) of the OECD Model reads: "Where a person considers that the actions of one or both of the Contracting States result or will result for him in taxation not in accordance with the provisions of this Convention, he may, irrespective of the remedies provided by the domestic law of those States, present his case to the competent authority of either Contracting State. The case must be presented within three years from the first notification of the action resulting in taxation not in accordance with the provisions of the Convention."[1]

Tax arbitration is a second stage of the mutual agreement procedure. Generally, mutual agreement procedure is applied for the coordination between states' administrative bodies and, as a result, for the prevention and settlement of conflicts between the states over the application of the

[1] OECD Model Tax Convention on Income and Capital (2017) Article 25(1).

provisions of the treaty.[2] Tax arbitration can be provided only for unresolved issues arising from a case, which means that competent authorities have not reached an agreement regarding these questions during the first stage of mutual agreement procedure. This fact distinguishes tax arbitration under the OECD and the UN Models, the EU Arbitration Directive and the MLI from other types of commercial and investment arbitration where arbitration panel can have jurisdiction to decide the whole case.

Thus, it is possible to sum up following outstanding characteristics of the tax treaty arbitration:

- Arbitration is possible only between states. Natural persons and legal entities cannot be a party to a tax arbitration (only as a taxpayer);
- Issues agreed between tax authorities cannot be submitted to arbitration (even if a taxpayer does not agree with the reached conclusion);
- Arbitration can only be possible after the expiration of the period of possible agreement within the MAP;
- Arbitration can only be invoked in the situations of different interpretations of double tax treaties (DTT). The issue in question should cover cross-border taxation and cannot solely represent domestic taxation.

3. Tax treaty arbitration: a different tale from investment and trade or domestic arbitration

A term "arbitration" is widely used for the mechanisms of the resolution of all kinds of disputes.

In the international context, there are investment arbitration (arbitration clauses in bilateral investment treaties), trade arbitration (for example, United States-Mexico-Canada Agreement), and the arbitration within WTO Dispute Settlement Understanding (DSU).

[2] Mario Züger, *Arbitration under Tax Treaties, Improving Legal Protection in International Tax Law* (Amsredam: IBFD, 2001) p. 11.

Main differences of investment and trade arbitration from tax treaty arbitration:

- As a general rule, investment and trade agreements include arbitration clauses that provide that an arbitral panel examines issues at dispute regarding the application of an agreement or its interpretation and they basically constitute "a sole standing mechanism" (in a meanwhile, tax treaty arbitration, as it was mentioned above, is a second step within mutual agreement procedure and cannot be initiated independently);
- Arbitral panels have a full jurisdiction to decide the whole case and not only unresolved earlier issues;
- Non-tax treaties generally provide the classical "independent opinion" model. In tax treaties, nowadays, there are two types of arbitration– "baseball arbitration" and "independent opinion" arbitration, that will be described in the next part;
- There are no rules providing the right for appellation in tax treaties, as well as in BITs. However, the WTO DSU provides disputing parties with opportunity to challenge decision of the arbitral panel by application to the Appellate Body.[3]
- There are no sound mechanisms to ensure the enforcement and implementation of tax arbitration decisions.[4] Non-tax treaties provide more strict rules. WTO DSU provides that in the circumstances of the absence of the compliance with the recommendations or rulings of the DSB, the surveillance and suspension of particular concessions would be applied.[5]

In the domestic context, there is a Portuguese instrument of domestic arbitration, which (until now) is a unique mechanism of dispute resolution. Under Portuguese law public law matters can also be presented for arbitration (for example, tax law, administrative law or public procurement

[3] World Trade Organization Understanding on rules and procedures governing the settlement of disputes (1994) Article 17.

[4] For the advanced mechanism of enforcement see the procedure under the EU Arbitration Directive in Pistone P., Papulova A. Arbitration Procedure and the Implementation of Arbitral Awards in Domestic Law, in Lang, M., Rust, A., Schuch, J., Staringer, C. (eds.), Tax Treaties and Procedural Law, IBFD, 2020.

[5] WTO DSU (1994) Article 21.

law). There is a specific tax arbitration regime for cases considering tax matters.[6]

- Differently from tax treaty arbitration, domestic arbitration can consider legal issues of the domestic law;
- Domestic arbitration enable to resolve the dispute between public authority and private party.

4. Arbitration under the Article 25 (5) of the OECD Model Convention

4.1 The scope of arbitration

Article 25 (5) of the OECD Model Convention on Income and on Capital contains arbitration clause, which is the inseparable part of the mutual agreement procedure. Arbitration can be invoked in case when competent authorities were unable to reach agreement to resolve a tax dispute.[7]

According to the OECD MC, a taxpayer can submit in writing the case for the arbitration. The present rules are mandatory arbitration, since the submission happens at request of a taxpayer and does not depend on an agreement or authorization of competent authorities[8], and appeared to be the right of the taxpayer for invoking the procedure.[9]

The submission is possible within two years after competent authorities were presented a case and have not reached the agreement.[10]

Arbitration may be done only for unresolved issues arising from the case, which means that a decision on these issues has not been rendered by competent authority of either State. This distinguishes the arbitration under article 25(5) from other types of commercial arbitration where arbitration panel can have jurisdiction to decide the whole case.[11]

[6] Arbitration Guide IBA Arbitration Committee PORTUGAL (Updated February 2018) p. 4.

[7] OECD Model Tax Convention on Income and Capital (2017) Article 25(5)(b).

[8] Commentary on the Article 25 the OECD Model Tax Convention on Income and Capital (2017) para. 63.

[9] Mario Züger, *Arbitration under Tax Treaties, Improving Legal Protection in International Tax Law* (Amsredam: IBFD, 2001) p. 65.

[10] OECD Model (2017) 25(5)(b).

[11] Commentary on the Article 25 the OECD Model Tax Convention on Income and Capital (2017) para.64.

Aside from that, domestic legal remedies would be suspended until the final result of the mutual agreement procedure that involves arbitration. Then the taxpayer would have to choose between the agreement, waiving the remaining domestic legal remedies, or reject the agreement to hold on these remedies.[12]

However, but in any case, if the competent authority or national court have rendered the decision concerning the same issues after the submission arbitration and before arbitral decision, arbitration proceedings shall be terminated.[13]

4.2 The arbitration procedure

There is no predetermined arbitration procedure in the Article 25(5) of the OECD MC. Rules of the paragraph say, that states shall set the mode the application by mutual agreement. However, there is a Sample Mutual Agreement on Arbitration in the Commentaries to the Convention that countries may use as a basis for establishment their own procedures.

In the present work will be considered five key elements of the arbitration procedure.

4.3 Selection and the appointment of arbitrators

According to the Sample Mutual Agreement, an arbitration panel shall consist of three arbitrators with knowledge of international tax law. Two arbitrators are appointed by each State (that shall be impartial and not affiliated with competent authorities of contracting states) within 60 days after the request, the third – the Chair – is elected by two appointed arbitrators (not a resident/national of either States) within 60 days after the appointment of the second arbitrator. The selection of the arbitration confirms ad hoc nature of the procedure – there is no permanent organ assigned that could decide such disputes. Even with the condition, that the Director of the OECD Center for Tax Policy and Administration may select arbitrators in case when parties would fail to comply, it cannot be stipulated to be general supervision and, thus,

[12] Commentary on the Article 25 the OECD Model Tax Convention on Income and Capital (2017) para. 77.

[13] Commentary on the Article 25 the OECD Model Tax Convention on Income and Capital (2017) para. 79.1.

constitute institutional arbitration, rather than ad hoc.[14] Appointment valid in case of communication of the decision to both parties.

4.4 Arbitral proceedings

Arbitral proceedings are described in the Sample Mutual Agreement. The first proposed method is *"last best offer"/ "final offer"*.[15] Within 60 days of the appointment of the Chair each competent authority of parties submits their proposed resolution of the case. It could be specific monetary amounts or proposed resolution to the issue of application of the provisions of the Convention. Each party may also submit a supporting position paper; and a reply submission within 120 days after the appointment of the Chair. To the possible extent, arbitrators will use different means of conference connection or face-to-face meeting with parties. As a result, arbitrators by majority voting select one proposed resolution of the party without any explanation and rationale. The decision shall be provided within 60 days after the submission of the last reply submission, or in case of no reply submissions, within 150 days of the appointment of the Chair.

The optional arbitration process is *"independent opinion"*.[16] Within 60 days of the appointment of the Chair the competent authorities agree to use this approach, within 120 days after that decision, they shall submit any necessary information for the panel to decide a case. Furthermore, a taxpayer can deliver his position in writing to the panel, or if the parties so agree, even present his position orally. Parties shall agree and inform about the date and the place of the meeting.

Arbitrators shall decide the case with accordance with applicable provisions of the Convention and domestic legislation provisions, related to them.

[14] Jasmin Kollmann, Laura Turcan,'Dispute resolution mechanisms in tax treaties' in: Michael Lang, Jeffrey Owens (eds.) *International Arbitration in Tax Matters*, Volume 2 (Amsterdam: IBFD, 2015) p. 33.

[15] Annex to Commentary on the OECD Model Tax Convention on Income and Capital (2017) para. 2.

[16] Annex to Commentary on the OECD Model Tax Convention on Income and Capital (2017) para. 2.

Generally, the decision shall be delivered within 365 days after the appointment of the Chair. The decision is made by simple majority with mentioned legal sources and reasoning.[17]

4.5 Confidentiality of proceedings

Information shall be disclosed only to authorized representatives – to arbitrators and to maximum of three stuff for each arbitrator[18]; decision can be publicized only with the permission of all parties, including taxpayer, without any information of disclosing the identity.[19]

4.6 Costs of proceedings

Generally, each state and the taxpayer bear the cost related to their participation (travel costs, costs related to preparation and presentation of the position).[20] Furthermore, countries bear the cost for remuneration for each arbitrator appointed by their competent authority or appointed instead of them in case of their failure to appoint. They bear costs for the remuneration of the Chair and other costs they agreed to incur by equal shares. In case of holding the meeting costs are imposed on the hosting state.[21]

4.7 Finality and enforcement of awards

The delivered decision shall be final unless it will be found unenforceable by the domestic courts of one of the states. In this case, arbitration shall be considered not to have taken place (except for costs and confidentiality provisions).[22] The competent authority shall implement the decision

[17] Annex'Sample Mutual Agreement Procedure' to Commentary on the OECD Model Tax Convention on Income and Capital (2017) para. 5.1-5.6.

[18] Annex'Sample Mutual Agreement Procedure' to Commentary on the OECD Model Tax Convention on Income and Capital (2017) para 6.1, para 6.2

[19] Annex'Sample Mutual Agreement Procedure' to Commentary on the OECD Model Tax Convention on Income and Capital (2017) para 5.6

[20] Annex'Sample Mutual Agreement Procedure' to Commentary on the OECD Model Tax Convention on Income and Capital (2017) para 8 (a)

[21] Annex'Sample Mutual Agreement Procedure' to Commentary on the OECD Model Tax Convention on Income and Capital (2017) para

[22] Annex'Sample Mutual Agreement Procedure' to Commentary on the OECD Model Tax Convention on Income and Capital (2017) para 11

within 180 day after the delivery of the decision by means of mutual agreement that led to arbitration.[23]

4.8 The OECD Model and the UN Model arbitration clauses

It is possible to distinguish four main differences between the OECD Model and the UN Model rules.[24]

Firstly, the procedure can be invoked by the competent authority of any state in case when competent authorities were unable to reach the agreement within 3 years after application of the taxpayer to the competent authority.[25] These includes two differences from OECD document: a taxpayer is not authorized to initiate the procedure, and the given time length for the consideration of competent authorities is three years, instead of two years by OECD Model.

The reasons for these differences can originate from the nature of the UN Model as a convention between developed and developing states. The above mentioned rules complicate the application of the arbitration provision: the length of waiting period is extended and a taxpayer himself is unable to apply for the arbitration. It resembles the willingness of the developing countries to avoid arbitration. Arguments and contra arguments for that are included in the Commentary to Article 25 of the UN Model.[26] Main disadvantages of arbitration, from the point of view of the developing countries, are lack of expertise and, thus, unfair position against experienced developed states; interests of the states are not likely to be safeguarded by the private arbitrators, whose independence additionally is questionable; high cost of the proceedings that can be unaffordable for the developing states and the last, but not the least – states are not willing to limit their sovereignty in tax matters. However, there are arguments in favor of the arbitration: arbitration can provide more certainty than MAP; the limited time for reaching the

[23] Annex'Sample Mutual Agreement Procedure' to Commentary on the OECD Model Tax Convention on Income and Capital (2017) para 12

[24] Commentary on Article 25 (5) (alternative B) of the United Nations Model Double Tax Convention between Developed and Developing Countries (2011) para. 13.

[25] United Nations Model Double Tax Convention between Developed and Developing Countries (2011) Article 25 (alternative B) (5).

[26] Commentary on Article 25 (5) (alternative B) of the United Nations Model Double Tax Convention between Developed and Developing Countries (2011) para 4.

agreement would motivate authorities to reach the consensus without arbitration; reference to arbitration happens in rare cases, thus the costs are low; there are existing experienced and impartial arbitrators; and the last – it is in interests of the state to limit its sovereignty for the mandatory arbitration for the resolution of the case.

However, developing states still have significant doubts about arbitration. Unlike OECD Model, UN Model provides states with the right to override the panel decision in case if agreement with different terms would be reached within 6 months after the delivery of the final report. Nevertheless, as some scholars aptly note, that might lead to the different standard and might not prevent double-taxation.[27] For this reason, academics proposed to adopt the additional rule for the Article 25(5) of the UN Model, enabling a taxpayer to challenge the agreement of the competent authorities in case if it contradicts the aim of the elimination of double taxation. Furthermore, the proposal also includes shorter period of the reaching the initial agreement between states – two years, as it is enshrined in the OECD Model, instead of three years, and the right of taxpayer to initiate the proceedings.

The fourth underlined difference was the absence of the footnote about the preference of some countries not to include mandatory arbitration into MAP rules. UN Model did not have it from the beginning as Alternative A already represented this variant. However, such footnote has been amended in new 2017 version of the OECD.[28]

In summary, having considered both arbitration provisions under the OECD Model and the UN Model, it is possible to say, that they are based on the same structure and similar principles. However, described differences cannot be regarded as minor and meaningless. It seems that OECD Model in many aspects of the arbitration is more up-to-date and more taxpayer-oriented. However, with future developments and proposed amendments it appears that the situation will change and UN Model

[27] Jeffrey Owens, Arno E. Gildemeister, and Laura Turcan 'Proposal for a New Institutional Framework for Mandatory Dispute Resolution' Tax Notes International, June, 2016 p. 1002-1003.

[28] See Jasmin Kollmann, Laura Turcan, 'Dispute resolution mechanisms in tax treaties' in: Michael Lang, Jeffrey Owens (eds.) *International Arbitration in Tax Matters*, Volume 2 (Amsterdam: IBFD, 2015) p.39 and OECD/ G20 Base Erosion and Profir Shifting Project, Action 14 'Making Dispute Resolution Mechanisms More Effective' para. 23.

will adopt all new achievements in the field of tax law for the benefit of taxpayers from the developing countries, who in the first place, needs to be safeguarded.

5. Recent MAP and arbitration cases

There are no information of tax treaty arbitration due to the reasons of confidentiality and relatunce of states to publish the information.

There is only one case of the tax treaty arbitration known tot he public. It was decided by Court of Justice of the European Union (CJEU) – Austria v. Germany (C-648/15). Germany and Austria are the first (and until now, the only) countries that included the provision on the appointment the CJEU as the arbitrator under a tax treaty.[29]

The case represent the dispute submitted to the CJEU by Austria on the basis of the existing double tax treaty with Germany, which Article 25(5) provides the obligation to refer to the CJEU "in the case of difficulties or doubts concerning the interpretation or the application of this convention, for which no solution can be found during a mutual agreement procedure between the competent authorities arranged in accordance with the preceding paragraphs of this article within a period of three years from the initiation of that procedure".[30]

The Court ruled in favor of Austria. However, the result of the whole case cannot be predicted with the high probability,[31] taking into account, that CJEU took the position, which was directly opposing the position of the competent German court (BFH), and that German tax authorities can also reject to implement the decision.

Alternatively to tax treaty arbitration, MAP statistics are being published every year by the OECD (data presented by all members of the Inclusive Framework on BEPS).[32] Diagram below shows MAP cases

[29] Jana Fuksová, *The Role of the CJEU under the Austria-Germany double tax convention* in: Alicja Majdanska, Laura Turcan, *'OECD Arbitration in Tax Treaty Law'* (Vienna: Linde Verlag, 2018). p. 672.

[30] Austria v. Germany C-648/15 http://curia.europa.eu/juris/document/document.jsf?text=&docid=194281&pageIndex=0&doclang=EN&mode=lst&dir=&occ=first&part=1&cid=9769845

[31] Bob Michel, 'Austria v. Germany (Case C-648/15): The ECJ and Its New Tax Treaty Arbitration Hat', European Taxation January 2018. P. 13

[32] Available: http://www.oecd.org/tax/dispute/mutual-agreement-procedure-statistics.htm

that were closed in 2019. Only in 51% cases double taxation is fully eliminated. Next significant category is the unilateral relief – 15% of the cases finalized. On the other hand, in 6% of cases MAP access was denied, in other 6% – objections of taxpayers were not justified. Summing those categories with 2% of no agreement outcome, we can say that in nearly 14% of the cases finalized taxpayers were potentially denied access to tax arbitration. This number raises questions whether two-step system of tax treaty arbitration is justified and what can be potential solutions for this.

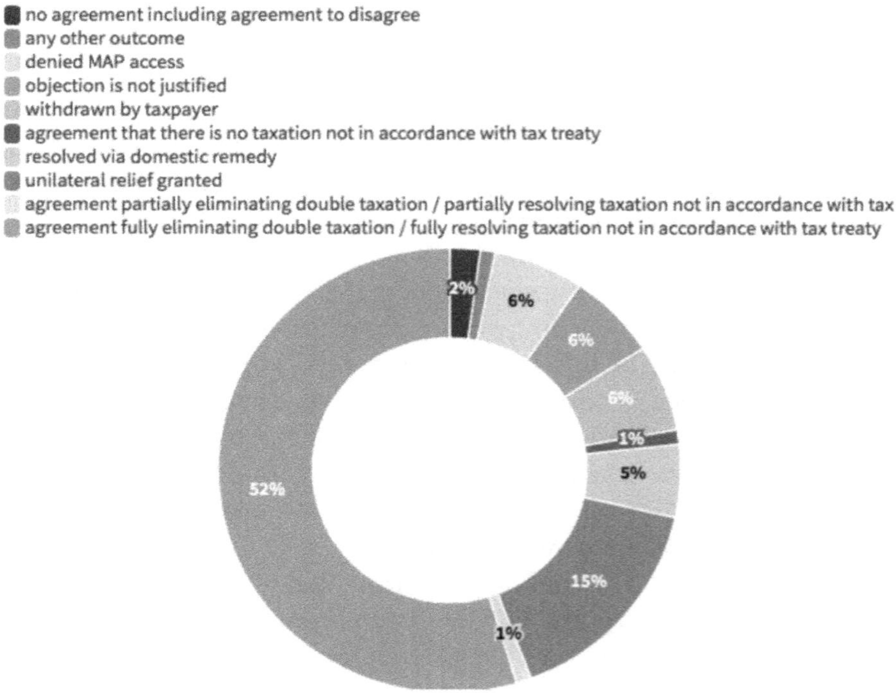

Conclusions

International tax law arbitration, until now, does not have much practice regarding tax arbitral decisions in general and their implementation in particular.

Following the comparison between tax arbitration and other types of arbitration it is possible to say, that it is not an arbitration in a common meaning. It has its own features, lacks effectiveness and closely connected with administrative matters of contracting states.

However, with further development and increasing interst for tax treaty arbitration, it has a chance for the improvement of access and effectiveness. The enhancement of its characteristics will inevitably lead to better safeguards for taxpayers' rights.

Tax treaty arbitration, as an alternative solution for taxpayers that they can use aside from domestic remedies. This fact makes tax treaty arbitration as a potential additional instrument for the taxpayers' justice. There is a lot of improvements to be done, but the example of some progressive instruments, such as the EU Arbitration Directive, gives reasonable hope to expect improvements in this area.